ANNE WEST

Sag Luder zu mir

Gute Mädchen sagen danke schön,
böse flüstern 1000 heiße Worte

Knaur

Originalausgabe 2001
Copyright © 2001 bei Droemersche Verlagsanstalt Th. Knaur Nachf.,
München
Alle Rechte vorbehalten. Das Werk darf – auch teilweise – nur mit Ge-
nehmigung des Verlags wiedergegeben werden.
Umschlaggestaltung: ZERO Werbeagentur, München
Umschlagabbildung: Zefa, Düsseldorf
Umbruch: Ventura Publisher im Verlag
Druck und Bindung: Clausen & Bosse, Leck
Printed in Germany
ISBN 3-426-61934-2

2 4 5 3 1

INHALTSVERZEICHNIS

Ende der Siebzigerjahre machten zwei Auswanderer aus Italien mit einem Riesenstudienschinken über den *Abschied vom Mythos Mann* in den USA Furore. Unter anderem wurde dort angeblich auch ein für alle Mal – bei viertausend Befragten durchaus repräsentativ und noch nicht verschreckt von Shere Hite – damit aufgeräumt, dass Männer in punkto »Vorspiel nach weiblichem Geschmack« keine Ahnung / keine Lust / kein Interesse / nicht genug Ausdauer haben.

Ich sach mal: Wer den Abstand zwischen ausgestrecktem Daumen und abgespreiztem kleinem Finger vehement und über Jahre mit einem pseudodreckigen Grinsen als dreißig Zentimeter bezeichnet – der wird auch weiterhin behaupten, fünfundvierzig Sekunden Fummeln sei ein Vorspiel.

Davon mal abgesehen haben Vorspiele, die sich als Vorworte verkleiden, sowieso wenig Sinn; es geht noch nicht richtig zur Sache, aufhören könnte man auch noch ohne weiteres, und so doll wie damals Petting ist es heute eh nicht mehr. Warum können es Autoren also nicht lassen, ein Vorwort zu verfassen? Und was hat das damit zu tun, dass fünfundvierzig Sekunden Vorspiel angeblich zu wenig sind; manche spucken schließlich einfach nur in die Finger?

Vorspiele und Vorworte haben eines gemeinsam: Sie können wahnsinnig unbefriedigend ausfallen und sind teilweise so nutzlos wie ein drittes Bein. Anheizen und dann doch nicht Klartext reden, sich bei hunderten von Leuten in vorauseilendem Gehorsam bedanken (»Ich danke heute meiner Mutter, meinem Onkel Phil, meiner kleinen Schwester, meiner Englischlehrerin, meinem ersten Spontanfick und meinem Goldfisch ...«) und dann letztlich doch einsehen, dass die Geschichte endlich anzufangen hat.

Okay, ich lasse den Dank weg und fang mal an. Aber dann lass ich auch die Story von meinem Lektor und mir weg, der mir einen Riesenschreck damit einjagte, als er eine zweite Anne West verlangte und ich vermutete, ich müsste den Sex neu erfinden. Hatte ich denn nicht alles gesagt, was ich wusste oder zusammengetragen hatte? Und war es in den paar Jahren wesentlich mehr geworden? Nö, meinte ich verzweifelt, das reicht nicht mal für zwei Seiten Großdruck, nebenbei musste ich arbeiten, mich neu verlieben, frisch und blutend trennen, für Freunde Geburtstagspartys ausrichten, umziehen, abnehmen, zunehmen, wieder abnehmen, nochmals umziehen und konnte nicht dauernd dröhnend stöhnend durch die Betten toben. Also, keine spannende Geschichte, nur das Leben, das so subjektiv ausfällt, dass man die Wahrheit dahinter gar nicht ahnt.

Ich lass auch die unsägliche Story weg, in der es mich jedes Mal zu Lachanfällen hinriss, sollte ich auch nur den Ansatz eines Koitus beschreiben. Ich konnte einfach nicht länger über Sex tiradieren und verlegte mich auf Food-und-Fun-Themen. Selbst als Gerichtsreporterin oder Fresstante quiekte ich bei zweideutigen Begriffen wie »Sackgasse« oder »Verlorene Eier« so übertrieben neckisch, dass die Kollegen mir ein Einzimmerbüro im Keller einrichteten und ich nur nachts arbeiten durfte, wenn das Gequieke keinen aus seinem Büroschlaf riss.

Keine Details gibt es auch von der Story, in der ich auf Grund der angeblich selbstverliebten Art, Geschichten zu schreiben, vor den Pranger geschleift und verbal gesteinigt wurde. Hey! So viele Menschen drehen pausenlos ihre eigene Moral durch den Fleischwolf, und ich habe doch nur das Papier malträtiert. Das hinderte die Meute aber nicht daran, mir mit Plakaten und Spruchbändern im Parkhaus aufzulauern und mir entgegenzuschmettern, dass sie alles schon wussten, was ich jemals zu Papier gebracht habe und jemals zu Papier bringen würde! Okay, sagte ich dann jedes Mal, ist gut, ich denke mir was Neues aus, kein Problem, es ist noch nicht alles gesagt, wartet nur ab, wenn ich euch was über Hodenspanner, Harnröhrenbisse und heiße Worte erzähle.

Nun sitze ich hier an meinem Klavier, rauche und schaue und denke an das Parkhausversprechen. Ich werde es brechen und nichts über Hodenspanner erzählen, da ich mit SM immer noch keine leibhaftigen Erfahrungen habe und sich so selten jemand dazu hinreißen lässt, mir seine Gelüste zu beichten. Schade.

Weiterhin halte ich an der bescheidenen Ansicht fest, dass jede Beziehung noch mehr Spaß machen würde, wenn die Leute täten, was ihnen Spaß macht, ohne dass sie sich zwingen müssen oder gezwungen werden. Aber das scheint kein Problem zu sein, das sich erledigen könnte, indem man diese schlichte Wahrheit einfach mal umsetzt – die Sprachlosigkeit und die Unfähigkeit, eine Partnerschaft so lang wie möglich aufrechtzuerhalten, wirken dem entgegen.

Die Halbwertszeit einer Beziehung ist ja teilweise kürzer als die von Hela-Ketchup, und der ist immerhin drei Jahre haltbar, obwohl sie die Konservierungsstoffe rauslassen. Und die Lieben werden immer kürzer! Was früher nebeneinander stattfand – fester Freund, Spielhascherl und Gelegenheitsflirt –, reiht sich heute wie eine Reihe von schlechten Tagen hintereinander. Kaum hat man sich aneinander gewöhnt, geht die ganze Kiste wieder auseinander, und das Spiel beginnt von neuem, bis es immer weniger Auswahl und immer weniger Freude gibt. Und das Warten – Warten auf den richtigen Menschen, oder wenigstens auf den halb richtigen, der es mit einem aushalten kann, auch wenn man mit der Zeit schon recht unausstehlich geworden ist –, dieses

Warten und Testen und Gucken und Probieren schlaucht ganz schön. Wir schleppen mehr und mehr moralischen Ballast mit uns rum, jede Enttäuschung lässt uns trudeln. Was haben die Leute eigentlich früher gemacht, als noch Geld das Wichtigste war und nicht der Lebens-, Liebens-, oder Leidensgefährte? Müssen die Zeit gehabt haben. Wahrscheinlich wurde von denen die neue Rechtschreibung erfunden.

Oder was soll man sonst davon halten, wenn sich alle naslang wer auseinander lebt, sich trennt und die Medien mit Argusaugen beobachten, wen das Liebeskarussell wohin spült? Wieso sonst sind in meiner Generation Zehnjahrespaare so selten wie ein Sechsmarkschein? Unsere Eltern haben es alle irgendwie fünfunddreißig oder mehr Jahre miteinander ausgehalten. Und wir – heiraten früh, trennen uns früh, heiraten mehrmals. Und beklagen uns.

Schluss mit der Klagemauer. Auch in unserem Alter ist Anstrengung der Mühe wert (auch wenn wir nie etwas gehabt haben, für das es sich lohnte; oder waren Sie, der Sie nun Anfang dreißig sind, mal für irgendwas auf der Straße, oder haben Sie jemals mit politischen Argumenten um Taschengeld gekämpft? Na? Unsere Altersgenossen sind Erntekinder, und die, die nachfolgen, erst recht, aber eine Ausführung spare ich mir jetzt, ich will nicht wieder in Parkhäusern überfallen werden); und jeder, der Selbstverwirklichung leben will, sollte wissen, dass er nur das verwirklichen kann, was in ihm steckt, nicht aber über die Grenzen des Bestehenden hinaus. Soll heißen: Sie werden nicht mehr sein, als Sie sind, aber seien Sie erst mal Sie selbst.

Um sich selbst kennen zu lernen, ist Kommunikation nach innen und nach außen erste Pflicht. Es gibt Zeiten, da sollten Sie nur mit sich selbst reden. Und es gibt die Zeit, in der Sie das Maul aufmachen und mit der Umwelt in Kontakt treten sollen. Und dann gibt es noch die besonderen Stunden, in denen Sie so reden, wie Sie es niemals auf der Straße hören werden. Aber wozu sonst leben wir, wenn es nicht ab und an ein bisschen schmutzig und verboten zugeht? Etwa um zu lamentieren?

Also leben wir und reden wir, spielen mit Worten, die aus uns selbst entspringen, ohne dabei geschwätzig zu sein. Auch wenn es so verdammt sozialpädagogisch daherkommt: Reden ist Pflicht in einer funktionierenden Liebe. Machen Sie den Mund auf, wenn Ihnen was nicht passt. Lernen Sie zuzuhören, wenn der andere redet. Verpflichten Sie sich selbst, nicht anderen von den Macken Ihres Liebsten oder Ihrer Fee vorzujaulen, sondern sprechen Sie mit dem Menschen, den es angeht. Lernen Sie einzusehen, dass irgendwann auch Reden nichts mehr nützt. Schmeißen Sie Ihre Mobiltelefone weg, und kommunizieren Sie Auge in Auge, dicht an dicht. Wählen Sie Worte sorgfältig, nicht als Waffe – wie das geht und warum das so sein muss, werden Sie hoffentlich auf den kommenden Seiten erfahren. Und weil das Leben auch mal schön sein muss, sagen Sie auch mal Luder zu ihr oder Superlover zu ihm. Worte sind nicht zurückzunehmen, also drehen Sie die Moral um, und geben Sie Worte, Gedanken, Hoffnungen, Wünsche weiter. Warten Sie nicht darauf, bis man Sie anspricht.

Legen wir uns also hin und flüstern und tüstern und spielen etwas vor, was wir gern sein möchten, und schon haben wir ein äußerst beredtes Vorspiel, eines, das noch nicht mal ein Vorwort ist. Hören wir auf, sprachlos die Kunst der Liebe zu pflegen, ziehen wir uns mit einem Menschen zurück, der offenen Ohres und Herzens ist, und machen ihn an, bis die Geilheit aus den Ohren kommt.

Herzlichst
Ihre Anne

1. Kapitel

৯♠৴

Sag mir was Schmutziges.
Über die Schwierigkeit, hemmungslos erotischen Blödsinn zu erzählen

Als er zum ersten Mal raunte: »Bück dich, du Luder«, fiel ich vor Lachen fast vom Sofa in die Pralinen. Es tut mir heute noch ganz schrecklich Leid, aber das kam zu unerwartet, zu bemüht und erinnerte mich an Pornos, in denen Frauen immer spitze Stöckelschuhe im Bett tragen und Lipgloss auf dem Mund und sich verwundert und ängstlich umschauen, wenn der Kerl sie von hinten nimmt. Achten Sie mal drauf: Der Gesichtsausdruck ist oft geprägt von: »Hey, hallo, was passiert denn da? Ooohh, was ist das? Hmm, es ist gut, aber was macht das Schwein da?«

Es ist so was von klar, was er da macht.

Und es scheint so was von unklar, warum Verbalerotik, was den Überwindungsgrad betrifft, gleich nach Bungee-jumping oder ähnlichen Mutproben kommt. Eigentlich eine Frechheit, dass nach diversen Umfragen jeder zweite Kerl wünscht, dass die Dame mal deutlich schmutzige Sachen äußert. Oder was sie will und wie sie es will. Ohne Maulsperre und möglichst im attraktiven Summ-Gesäusel auf tiefster Tonspur vorgetragen. – Hilfe, wie geht das? Die meisten von uns sind nun mal nicht als Gurrgurus auf die Welt gekommen, und diverse sprachliche Eigenheiten, die sich aus der Geburtsregion begründen, sind auch nicht gerade hilfreich. (»Stesch mir deine kleine Wurschtpaledde in meine scheckschy Schlitzsch, du Gloggentiescher.«) Ganz abgesehen davon, dass selbst abgebrühtesten Sexperten mal das Wort von F bis A im Halse stecken bleibt und sich die Dinge, so wie sie nun mal heißen, schlecht als sexy Bettgeflüster eignen. (»Presse deinen Penis fest zwischen meine Brüste und berühre gleichzeitig meine Vagina.«) Wow. Sextechniken, VHS, Grundkurs. Diesmal mit Partnertherapeutin Inge W. aus C.-R. Bitte bringen Sie geeignete Handtücher und Aufnahme-/Abspielgeräte mit.

Das größte Pflaster auf den Lippen: Scham. Peinlichkeit. Das Brr.

Der Partnertherapeut Klaus Heer aus Bern erklärt das Brr mit jenen Gehirnwindungen, die sich schwer tun, auf sprachlicher Schmuddelebene herumzutollen, und uns stattdessen die rote Karte präsentieren, soll's mal schmutzig werden. Die so genannte Broca-Windung steuert unsere Sprachmotorik, und in Untersuchungen flackert und flimmert sie nervös und orangerot auf dem Monitor, wenn das Horizontale ins Verbale übersetzt werden soll.

Und schon kommen wir ins Stottern, auch wenn es sich nur um die klare Anweisung handelt »Bitte leck mir meine Eier«. Ganz abgesehen von lustvollen Bekenntnissen, die direkt das beschreiben, was so gut tut. Dann heißt es lieber: »Nimm mich fest« (in die Arme?), »Schieb ihn mir rein« (den Toast in den Mund?), »Nimm ihn in den Mund« (den Lutscher?) oder »Mach's mir, besorg's mir«. Ich spare mir jetzt Kommentare auf diese Spitzenpornomonologe. »Ihn«, »sie«, »es« – Umschreibungen, die jeder kennt und an denen sich niemand die Zunge verbrennt. Wieso die Dinge beim Namen nennen, wenn's auch so geht?

Selbst ich musste mir sagen lassen, dass ich in *Gute Mädchen tun's im Bett, böse überall* zu oft blumig umschrieb, was doch ganz deutlich als Schwanz, Muschi, Arsch oder Brüste tituliert werden könnte. Okay, okay, dafür hatte ich viel Spaß mit der Suche nach neuen Wörtern für Gartenschlauch und Lustgrotte. Außerdem war ich jung und bräuchte das Geld, und die Seiten füllen sich ja schließlich nicht von selbst. (Übrigens sind mir achtundsiebzig Umschreibungen für »masturbieren« bekannt. Seien Sie froh, dass ich damit nicht auch noch Zeilen schinde.)

Umschreibungen und die konsequente Benutzung von unbestimmten und bestimmten Artikeln (»Wow, ist *der* aber groß!« Der? Der Abstand zwischen Arm und Reich? Der Kastenwagen? Doch nicht etwa der Penis im erigierten Zustand? Oder: »Du bist mir ja *eine*!« Eine? Eine was – Frau? Schlimme? Ludrige kleine geile Betthäsin? Oder was?) scheinen die Standardfremdsprache im Bett zu sein. Übrigens fast nur bei den Deutschen: Amerikaner und Engländer sind die lebhafteren Dirtytalker; aber kein Wunder, im normalen Straßensprachgebrauch lautet eh jedes zweite Wort »fuck you«. Die haben wahrscheinlich auch nicht so was Rotflimmerndes, Behinderndes wie diese verklemmten Broca-Windungen, aber wer weiß das schon. Während es also mit einem Briten oder Ami von »suck my dick« und »lick my pussy« nur so wimmelt, bleiben wir lieber bei den gedehnten Vokalen »oh«, »ah«, »ja«.

Kann man ja auch so weitermachen, keine Frage.

Nur: Haben Sie schon mal auf Ihren eigenen Porno im Kopf gehört? Was da passiert, wenn Sie mit sich und Ihrer Hand allein unter der Bettdecke sind? Schweigen da die Heerscharen von Footballspielern, blonden Sirenen, dickeirigen Mopedgangs, großschwänzigen Männern aus südlichen Kulturkreisen oder die neue sexy smarte Kollegin aus dem dritten Stock? Oder sagen sie Dinge wie »Mach die Beine breit, zeig mir deine Möse«, »Lass mich dein Sklave sein, und du bist die Göttin meiner Lust«, »Ich liebe es, deinen Atem an meinem Schwanz zu spüren« oder gar »Wenn ich an meinen Lippen lecke, schmecke ich deine Geilheit«, oder vielleicht auch »Schrei nur, es wird dich niemand hören«?

Natürlich kann es sein, dass die gute Erziehung solche eindeutigen Wörter mit einem »Piiiiep« überblendet oder einen schwarzen Balken drüberlegt, man kennt ja die Theorie, wonach alles in der Kindheit liegt, selbst wenn man nur vom Nachttopf gefallen ist. Nach dieser Erklärung sind Eltern, Großeltern, Vormünder und sonstige Leute, die damals erwachsen waren, als wir noch nicht mal an die Klingel reichten, schuld an unserem asexuellen Vokabular und der Unfähigkeit, sexy über unser Triebleben zu plaudern. Jenes Wort ist bäbä, dieses sagt man nicht, das nimmt man nicht in den Mund. (Oha, daraus könnte sich die Anti-Oral-Theorie entwickeln lassen ... aber lieber nicht.) Kaum war also ein neues tolles Wort gelernt (wie »geil« oder »Möse« oder »Pimmel« oder »Strapse« oder »bumsen« oder »blasen« oder ...), auf das garantiert eine heftige Reaktion folgte, wurde es verboten und geächtet. Diese Ächtung pflanzte sich uns tief ins Unterbewusstsein, so dass wir jetzt als selbstverantwortliche Erwachsene stumm und stupide daliegen und selbst banalste Sachen wie »Knabbre bitte an meiner Harnröhre« verschweigen lassen (zum Thema Harnröhrenbisse sollten wir bei Gelegenheit auch noch kommen – lauter Dinge, die Männer und Frauen antörnen ...).

Die Folge: Selbst unter Gleichaltrigen wurde es peinlich, wenn diese neuen tollen Wörter benutzt wurden. Und da Kinder irgendwann groß sind, neue Wörter alt werden, aber die Peinlichkeit bleibt – bums, tja, da heißt es lieber »Schieb ihn mir rein« als »Steck deinen Schwanz in meine Muschi so weit es geht«. Schockiert? Nein, doch nicht wirklich. In Büchern darf man zwar auch nicht alles straflos schreiben oder überdeutlich beschreiben, wenn man nicht unter dem Ladentisch gehandelt werden möchte, aber zumindest mehr als das, was Chefredakteure üblicherweise tolerieren, weil sie sonst Ärger mit dem Herausgeber, dem Verleger, dem verlagseigenen Anwalt und der Aufsicht zum Schutz der Jugendlichen bekommen. Ganz zu schweigen von den Stammlesern des Blatts, die bereits bei einer harmlosen Regieanweisung wie »Scheu dich nicht, an meinem Ozelotsuspensorium zu saugen« achtzehnseitige Leserbriefe verfassen, um ihrer Empörung über den Verfall der Sitten Luft zu machen. Ja, das gilt auch für aufklärerische Magazine wie das einstige Orgasmusorgan *Cosmopolitan* oder das Magazin für die *vivi@n* von heute (das längst eingestellt ist, kein Wunder; typischer Interruptusjournalismus: Immer, wenn's spannend wurde, hörte der Artikel einfach auf). Jedes Heft zeigt zwar gern, was es Neues gibt, aber spätestens bei der Beschreibung dessen, was da so toll ist, zwingt die Oberflächlichkeit uns in die Knie.

Dann wird verbale Erotik umschrieben mit »Geben Sie Ihrem Kopfkino mehr Stimme« oder »Sagen Sie ihm, was Sie sich von ihm wünschen«. Ja, gerne, aber wie denn? »He, Baby, ist dein Ballermann auch geladen«? »Warum schaust du mich so an – lass mich raten, du willst Sex«? »Hm, ich wünschte, du wärst eine unersättliche Zugbegleiterin und ich der dominante Schaffner«??? »Mach's mir superscharf mit deinen Sex-Lippen«???

Nei-ein! Kann nicht! Geht nicht! So schon gar nicht! Und »Komm schon, Baby, zeig's mir« oder »Oh, ja, das ist so geil« will ich auch nicht!

Aber wie sonst? Wie soll man schmutzige Wörter mit schönen Ideen koppeln, wie soll sich selbst der gemeinste Fäkalausdruck so kombinieren lassen, dass es anmacht, ohne zu beleidigen, was soll man überhaupt kommentieren – was man will, was man mag, was man braucht? Oder? Vielen geht es doch so: Dabei und erst recht darüber zu reden ist mir peinlich, ich könnte mich lächerlich machen oder er könnte mich verachten, weil ich triebhaft wäre. Oder: Sie könnte es abstoßend finden, wenn ich ordinär werde, oder über mich lachen, weil es sich so verdammt romantisch oder gestelzt anhört oder wie frisch aus dem Junge-Novizinnen-splitternackt-Porno übernommen. Dann lieber beim »Jaa« und »Ooohh« und »Hmm« und »Gut« und »Weiter« und »Hör nicht auf« bleiben, da weiß doch jeder, was gemeint ist.

Auch gut.

Besser aber: Beginnen.

Es ist wirklich nicht schlimm oder schwer; je weniger Sie überhaupt daran denken, »verbotene« Begriffe zu benutzen, desto einfacher wird es. Die einzige Voraussetzung ist: Sie verabschieden sich von den Drehbüchern der Pornoindustrie und dem Gequassel der Sexblätter, und das Wort »verboten« wird verboten. Die deutsche Sprache ist zwar beschränkt in ihrem zärtlichen Vokabular (allein in Russland kennt man sieben verschiedene Ausdrücke für den Mund einer Frau) und zwingt uns oft, dieselben Wörter zu benutzen. Auch sind wir nicht gerade Meister im Fabulieren, da sich bestimmte Begriffe festgesetzt haben und wir erst minutenlang nachdenken müssen, bevor wir ein Wort für unsere Genitalien gefunden haben, das weder abschätzig noch derb noch blöde klingt.

Wie also den Anfang wagen? Wie über das Nachdenken und die Sprachblockade hinausstoßen? Am besten versuchen Sie es erst mal mit zärtlichem Liebesgeflüster, um überhaupt das Quatschen davor, währenddessen und vor dem nächsten Mal zu üben. Natürlich ist der nächste Schritt, Dirty Talk, kein Handwerk, das sich garantiert wie Butterkuchenbacken lernen lässt; und einen Punkt-für-Punkt-Plan gibt es auch nicht, und zwar schon allein deshalb nicht, weil – einmal abgesehen von den zwölf Tierkreiszeichen – jeder Mensch doch irgendwie eigen ist und seine ganz persönlichen Hemmungen pflegt. Leider gibt es auch wenige einschlägige Vokabelbücher, die Sie durchpauken könnten – außer vielleicht das *Penis-pur*-Buch für drölfzig andere Bezeichnungen für den lütten Kollegen oder diverse Abhandlungen im Internet für die Linguistiker unter uns, die wissen wollen, was »Komm auf mein Rohr« auf Bengal heißt. Sonst rate ich zu japanischen und chinesischen Liebesgedichten: Ihre Umschreibungen für allerlei Unterleibliches sind kaum zu übertreffen.

Außerdem kommt es ganz auf den Menschen an, der da flüstert oder dem Sie was zu sagen haben: Während Sie es dem einen Kerl zum Beispiel unter Garantie glauben, wenn er heiser in Ihr Ohr keucht, wie sehr ihn Ihr Geruch zwischen den Schenkeln anmacht, würden Sie bei einem anderen doch eher dezent in sich hineinlächeln. Und wenn es der einen gefällt zu hören, wie geil es ihn macht, wenn sich ihr nackter Hintern vor einem Spiegel hin und her bewegt, wird die Nächste ihm eine dafür schallern, dass er sie auf die Knie zwingen will, um den Einblick zu genießen. Und wenn einer völlig hingerissen davon ist, dass er »das Schmatzen deiner Muschi hören kann«, labert der andere vielleicht die ganze Zeit und kriegt das lustvolle Geräusch gar nicht mit.

Wie auch immer, am besten beschreiben Sie einfach das, was Sie gerade tun oder erleben und was es in Ihnen auslöst. Und es ist völlig okay, wenn Sie dabei ganz normale Sachen sagen wie: »Das ist gut«, »Das ist schön«, »Das macht mich an«, »Davon will ich mehr«. Vergessen Sie's zu behaupten, dass Sie Glöckchen klingeln hören oder im siebten Himmel schweben. Das ist Blabla.

Kurze Zwischenfrage: Muss Dirty Talk eigentlich sein?

Nicht immer. Gern öfter. Man muss sich keine Spielgeräte kaufen oder in Strapsen vor dem Spiegel steppen, sondern vielleicht nur etwas mehr lesen, um auf andere Ideen zu kommen, wie man etwas ausdrücken kann oder in welcher

Situation man was wie flüstern oder stöhnen kann, oder was es nicht alles für vergessene Wörter gibt. Und es ist berauschend, es kostet nix, und eine Beziehung wird dadurch spannender, dauerhafter, wabert nicht irgendwo zwischen familiärer Routinevögelei und freundschaftlichem Einheitsbrei herum. Wenn ich ab heute darauf verzichten müsste, dass mein Liebster mir aufregende Dinge sagt, dann würde der Sex um ein Drittel langweiliger; welche Folgen es für die Liebe hätte, weiß ich nicht, da viele seiner kleinen ludrigen Spitzfindigkeiten ein so intimes Gefühl bei mir hinterlassen, dass ohne diese lustvollen Äußerungen das Besondere fehlen würde.

Schade nur, dass die deutsche Sprache manchmal so hölzern ist, so eingeengt in ein schmales Vokabular – was allerdings daraus resultiert, dass es manche Wörter eben deshalb nicht gibt, weil wir nicht die Empfindungen dazu kennen. Was ist ein »Hype«? Wie bekommt man einen »Flow«? Was zum Teufel heißt »Hit me with your laserbeam«?

Diese kulturellen Erscheinungen gibt's nicht bei uns, und uns fehlen viele Verben, um Abstufungen von Handlungen auszudrücken, wie zum Beispiel im Englischen, wo »to hit« oder »to spank« »hauen« bedeutet, aber das eine mehr, das andere weniger. Englisch oder Französisch haben unzählige Facetten und einfach einen sexy Klang, was uns deutsche Radebrecher aber nicht daran hindern sollte, die Sprachen einfach zu mischen. Wenn wir der deutschen Sprache einen Pariser überziehen, um unsere züchtige Leitkultur vor der Ansteckung mit Anglizismen zu schützen, wird sie unfruchtbar. Bloß keine Aufregung also, lasst uns alle Worte benutzen, die wir kennen – im Bett und überall.

Es gibt diverse Paare, die ich nach ihren Penis-Plaudereien ausspioniert habe, die Sprachen mischen, um sich gegenseitig anzuturnen (wieder ein fremdländisches Wort, herrje). Dabei kam raus: Viele Frauen mögen die Kuschel-variante des schmutzigen Sprechens (»schmutziges Spre-chen« statt »Dirty Talk«: »Sag es deutsch«, habe ich da mei-nen Chef Nummer vier im Ohr …). Sie mögen Sachen wie »Deine Schamlippen schmecken wie Milch, deine Haut duf-tet nach Sonne und salzigem Meer, deine Hände auf meiner Haut zu spüren macht mich süchtig nach dir«; während Männer deutlichen Anweisungen und Kommentaren nicht abgeneigt zu sein scheinen: »Nimm meine Brustwarzen zwischen deine Finger und dreh sie fest, leck mich langsa-mer, spritz mir ins Gesicht.« Deutlich. Nicht unbedingt zärt-lich, aber was macht das schon? Es gibt eine Zeit für Ku-scheln, und es gibt eine Zeit zum Ficken. Die Teilnehmer an beiden Aktionen können dieselben sein, wozu sind wir schließlich Menschen? Zum Gleichbleiben und Gleichma-chen?

Also, macht es was, wenn Männer direkt sind?

Viele Frauen sind in ihrer Kommunikation eher auf diplo-matisches Umschreiben gepolt (das liegt am Gehirn, sogar an ganzen Hälften statt nur an ein paar Zellen): »Könntest du vielleicht … ich glaube, dass …, sollten wir nicht mal …, was hältst du davon, wenn …« Diese im Alltag taktisch klu-gen Fallstricke haben im Bett Knebelwirkung, zumindest auf viele Männer (sagen die Männer). Okay, auf fast alle.

Konsequenz: Sag es, Mädchen, sag, was du willst, und wenn er den Kopf schüttelt, dann war's halt nix, fertig.

Wenn's so easy wäre, würden wir es längst tun, nicht wahr?

Aber warum törnt es Männer nicht allzu sehr an, wenn wir Frauen ihnen so ähnliche Sachen sagen, wie wir sie uns zu hören wünschen? Wir möchten erst in Sicherheit gewiegt werden (wie schön wir sind, wie lecker wir schmecken, wie herrlich wir riechen, wie gut sich alles anfühlt, wie wunder-schön der Blick zwischen unsere Schenkel für ihn ist, wie erregend es ist, wenn sich der Rock über die Hüften schmiegt), um dann umworben (»Lass mich deine Brüste küssen, lecken, beißen, deine Beine spreizen, streicheln, schmecken, deinen Nabel bewundern, berühren, einfach nur unter dir liegen und unter deinen Rock schauen, wie sich deine Schenkel bewegen und sich der Slip an deiner Muschi reibt«) und angemacht zu werden (»Ich will dich, dein Stöhnen zu hören ist das Schärfste, was es gibt, bitte, lass mich deinen Slip zur Seite schieben, lass mich dich schmecken, bitte, dreh dich um, oh Gott, wenn du das sehen könntest, es sieht so geil aus, du bist meine Qual, dir gehört meine Sehnsucht, mein Schwanz gehört nur dir, du bist mehr, als ich mir je hab träumen lassen, bitte, ja, spiel ein wenig an dir herum …«).

Kerle brauchen diese Sicherheit und diese stufenartigen Steigerungen in den wenigsten Fällen. Zumindest nicht so massiv, ich möchte ja nicht abstreiten, dass sie sich über ein »Du riechst gut« nicht auch freuen, haben sie dann doch das korrekte Eau de Toilette erstanden. Aber Kommentare, wie sie uns Frauen gelöster machen, machen Männer nicht unbedingt an oder bauen Hemmungen bei ihnen ab, wie es bei uns überselbstkritischen Frauen der Fall ist. Wir machen uns ja schon Gedanken, wenn es erst eine Woche her ist, dass wir die Beine rasiert haben, oder der Lack von den Fußnägeln blättert und wie das wohl aussieht.

Das sieht er gar nicht. Nicht aus Desinteresse, sondern weil für ihn mehr Mund und Muschi spannend sind. Sorry, aber wenn ihm die Frau gefällt, dann sind Kleinigkeiten wie Piekshaare oder blättrig bunte Nägel Marginalien.

Zurück zum Thema: Dirty Talk – wobei: Hört sich schmutzig an, was er ihr eben gesagt hat, um sie stufenweise anzumachen? Nein, es hört sich schön an und war doch ganz einfach, und derbe Ausdrücke sind auch nicht gefallen, die Broca-Boy irritieren könnten. Nichts, was ein schlimmes Wort hätte sein können. Dirty Talk hat nicht immer was mit Sprechen oder einer vor Zweideutigkeiten triefenden Unterhaltung zu tun. Es ist mehr ein Flüstern, Keuchen, Murmeln, Zischen nah am Ohr des anderen als ein Gespräch im normalen Kaffeehauston. Es muss nicht immer Antworten geben auf Kommentare des Partner (»Ich bums dich!« – »Ja, bums mich.«; »Du bist so schön.« – »Ja, du auch.«), und dabei in die Augen schauen muss sich auch niemand. Genießen und betören – beides ist einfacher mit geschlossenen Augen, vor allem für Beginners.

»Aber was soll ich denn nun sagen?« Ihren ungeduldigen Zwischenruf kann ich bis Hamburg hören, meine Güte! Nur ruhig, Erklärungen laufen hier unter Vorspiel, und das kann übrigens auch im Café im leisen Gesprächston ablaufen. So nach dem Motto: »Wie du da so sitzt, möchte ich am liebsten auf die Knie gehen, dir den Slip zur Seite schieben und mit meiner Zunge an deinem Kitzler spielen«, oder: »Schick den Kellner weg und hol deinen Schwanz raus, damit ich ihn anfassen kann.«

Natürlich geht es auch weniger drastisch, etwa: »Wenn du dir über die Lippen leckst, denke ich daran, wie sich deine Zunge auf meiner Haut anfühlt.«

Nicht lachen dabei! Lächeln, ja, so ein unschuldiges, aber dennoch leicht wissendes Lächeln und ein Augenaufschlag dazu oder ein beiläufiges Streicheln der Teetasse – um dann wieder auf ein anderes Thema zu kommen.

Im besten Fall kommt ein »Du Miststück!« zurück, das mit einem »Aber gerne« oder »Am liebsten deins« pariert werden kann. Kommt gar nichts – macht ja nichts, wenn Sie bisher immer anständig Konversation betrieben haben, könnte so ein hinterhältiger Überfall aus dem Niedrigniveau leicht irritieren.

Wo wir gerade bei Irritationen sind: Niemand kann zur

schlüpfrigen Wortwahl überredet werden – der Hammer ist wohl immer noch, wenn es im dicksten Clinch plötzlich heißt:»Sag mir was Schmutziges!« Da fiele mir auch nix ein außer Spülwasser. Oder: »Besorg's mir, du geile Sau«, was aber definitiv aus GV-Filmen geklaut ist. Deswegen werden Kommandos wie »Sag's mir, wie ich's dir besorgen soll« oder »Sag mir, wie's dir gefällt« nicht zur enthemmten Luder-Linguistik führen. Wer was hören will, muss selbst mit Wörtern umgarnen. Und nicht erwarten, dass der andere bei der nächsten Atempause mitzieht und ein Feuerwerk an verschlungenen Sexy-Talks loslässt.

Wie auch immer – Sie brauchen noch nicht einmal besonders viel Glück, um an jemanden zu geraten, der auf verbale Vor- und Zwischenspiele steht. Zuhören ist ein Genuss, mit dem Flüstern heißer Worte sieht es schwieriger aus. Viele Männer wünschen sich Frauen, die lecker flüstern können – und wir Mädchen finden das genauso klasse, echt – solange es persönlich ist und sich der Kerl was einfallen lässt, damit wir überzeugt sind, er erzählt das nicht jeder … Aber die Chance, etwas grundsätzlich Falsches zu tun, ist bei Spanking mit der Haarbürste um ein Vielfaches größer.

Das allereinfachste, um ein bisschen in Schwung zu kommen und die Zunge für die wirklich verruchten Sprüche zu ölen, ist zu Anfang, das an dem anderen zu beschreiben, was man mag. Was man gern anfasst, was man sich gern ansieht. Das kann beim Haar anfangen und damit enden, wie herrlich obszön und betörend oder einfach nur geil es aussieht, wenn sich die Schamlippen durch den Slip drücken, wenn sie sich nach vorne beugt, und dass er sich bei diesem Anblick dauernd einen runterholen könnte. Oder dass sie sein Stöhnen derart anmacht, dass sie noch Stunden später feucht wird. (Übertreibungen sind übrigens so was von erlaubt, dass es kracht.) Was Sie sehen, was Sie fühlen, was Sie hören – das ist der Grundstein. »Dich auf mir zu sehen ist so gut, dass ich es öfter sehen will.« »Wie du stöhnst, wie du dich bewegst, wie du mich anschaust, wenn ich in deinem Mund kreise – du glaubst gar nicht, wie gierig mich das nach dir macht.« »Deinen Atem auf mir zu spüren macht mich rasend.« »Du siehst so lecker aus, ich muss dich küssen.« Und alle diese langen schwierigen Sätze sollen gar nicht im heftigsten Clinch heruntergerasselt werden. Sie können hinterher geflüstert werden oder wenn Sie beide aneinandergeschmiegt unter der Decke liegen und noch nicht wissen, ob jetzt noch was läuft oder nicht. Oder beim Ausziehen. Oder auf der Stehparty bei Freunden, um ihm ein Lächeln zu entlocken.

Wenn bis jetzt Ihr ganz persönlicher Kick noch nicht dabei gewesen sein sollte, steigt die Chance, dass etwas Ihre, seine oder ihre Zunge lockert, auf den folgenden Seiten sicher noch – und wie es sich für traditionelle und romantische Menschen (dazu gehören wir eigentlich alle, auch wenn wir es nicht ahnen) gehört, beginnen wir …

… vor dem ersten Kuss

Nichts ist aufregender als der Moment, bevor sich die Lippen zum ersten Mal berühren. Dieses Zögern, dieses »Soll ich …?«, »Will sie es …?«, »Darf ich …?« kann prickeln, aber auch verunsichern, und zu oft bleibt der allererste Kuss nur ein Traum.

Sehen Sie das unsichere Flackern in den Augen Ihres Gegenübers? Sie sind sich nah, ganz nah, und die ganze Zeit war schon diese Stimmung da, als Bekanntschaft in Begehren umschlug.

Der Klassiker. »Ich will dich küssen« ist nahezu ungeschlagen, aber seine Varianten können verunsichern: »Warum küsst du mich nicht?« etwa. Antworten oder küssen? Küssen ist besser, aber eine gute Antwort könnte lauten: »Weil ich nicht genug davon bekomme, dich anzusehen, bevor ich dich anfasse.« Auch die offensive Frage: »Willst du mich küssen?«, passt nicht zu allen Menschen, sie gerät leicht zu hektisch, beleidigt, arrogant und so was von eingebildet. Sie passt, wenn Menschen bereits ein wenig vertraut miteinander sind – und trauen Sie sich mal, die Frage zu stellen! Ich habe mir bereits ein »Wieso das denn?« und »Nee, wieso?« eingefangen. Bitter. Ich war ganz schön verwirrt, weil ich wirklich geglaubt hatte, der Moment wäre perfekt. War er nicht – es war mittags in einem belebten In-Lokal an den Hamburger Deichtorhallen, und er offenbar der Oberklotz. Ich gebe zu, ich habe es nicht noch mal versucht.

Der Vorstoß. »So wie du mich anschaust, könnte man meinen, ich darf dich jetzt küssen.« Ist doch niedlich, oder? Entweder es kommt ein Lächeln und gar nichts, oder es kommt ein Kuss, oder es kommt ein »Später, vielleicht«, und das »Später« dürfte ziemlich bald sein. – Wie gesagt, wir gehen hier nicht von der perfekten Kuss-Anmache aus, sondern von der Situation, dass es passieren wird, dass Sie es im Gefühl haben, dass sich was anbahnt.

Das Geständnis. »Ich träume seit Tagen davon, von deinen Lippen zu kosten, sie zu saugen, zu küssen, mich in einem Kuss mit dir zu verlieren. Bitte, komm her, küss mich. Lass mich dich schmecken.« Nett wäre, wenn Sie bei einer derartigen Tirade die Lippenkonturen des Gegenübers nachfahren, mit dem Finger, vielleicht angefeuchtet, vielleicht auch nicht, und wenn das Objekt der Kussbegierde leicht den Mund öffnet, mit dem Finger hineinfahren, gerade so eben, dann wieder heraus, und jetzt – ziehen Sie den Kopf an sich heran und küssen! Erst zart wie ein Flügelschlag, die

Zunge kommt erst viel später, wenn sie um den Mund herum gefahren ist. Wenn sich zwei Zungenspitzen treffen, dann vorsichtig, sanft, langsam – wir wollen keinen Riesenlappen im Hals. Nach der Zunge das Saugen an der Unterlippe … ach, was rede ich vom Küssen. Es ist das Beste, was Erotik zu bieten hat, und so unheilschwanger voll gestopft mit möglichen Fehlern, dass man es schriftlich nicht beibiegen kann.

Nach dem ersten Kuss

Es gibt nur zwei Möglichkeiten: ein einziges Wort: »Mehr!«, leicht geflüstert, mit einem tiefen Blick in die Augen des Gegenübers, gefolgt von erneutem Küssen.

Oder ein kompletter Satz, in den geschickt Komplimente – aber keine Bewertung! – verpackt sind wie: »Schmeckst du überall so gut?«, »Wusstest du, dass meine Sehnsucht jetzt noch größer geworden ist?«, »Wann gibt's mehr davon?« oder vielleicht auch: »Von diesen Lippen werde ich heute Nacht träumen.«

Und nun trennen Sie sich und fahren mit Herzklopfen nach Hause. Ist es nicht schön zu leben? Das ist die prickelndste Phase nach dem ersten, ersehnten, gelungenen Kuss und …

…vor dem ersten Mal,
von dem beide wissen, dass es bald passieren wird

»Wir werden uns achtundvierzig Stunden lang einschließen und das Telefon ausstöpseln. Vielleicht stehen wir ab und zu auf, um zu essen oder zu rauchen oder was zu trinken. Aber ich werde nicht eher die Tür aufmachen, bis ich deinen Körper wieder und wieder genossen habe, dein Stöhnen gehört, deine Lippen gespürt habe und meine Zunge jeden Winkel an dir erforscht hat.«

Nette Vorstellung, das. Vor allem vor dem ersten Mal ist

Dirty Talk ein Geschenk. Vorstellungen, Fantasien, Versprechungen, lustmachende Anmache.

Achtung, interruptus!

Gerade fällt mir wieder einer ein, der sich zwar selbst auch
Paartherapeut nennt, aber Dirty Talk gleich in Verbindung
mit Fäkalausdrücken, kraftvollen bis abscheulichen Begriffen und überhaupt als zu wenig wonnig in Verbindung
bringt.

Hallo! Sind wir uns klar über die Definition von »dirty«
und von »talk«? Kann es sein, dass es ein Sammelbegriff ist
für Liebesgeflüster an und für sich, dass es von hart bis zart,
von derb bis dämlich, von verliebt bis verrucht reichen
kann? Ja, kann es, und nun zurück ins Funkhaus.

»Danke Schatz, dass du auf meinen schwarzen Slip gespritzt hast, Du kleine, verdorbene Sau, und auch noch von
hinten.«

Ein wenig Maledictio, also Schweinkram, zu reden, hat
nicht grundsätzlich was mit abgrundtief schlechten Meta-
phern für Geschlechtsteile zu tun – Schwengel, Lümmel,
Dose, Schnecke, das F-Wort spare ich aus. Und es hat erst
recht nichts mit dem Jargon der Pornoindustrie zu tun, in
der schwanzgeile Hurenlöcher gestopft werden oder mega-
harte Rammböcke in anderer Leute Ärsche gebraucht werden.

Meine Güte, selbst meine Finger streiken, während ich so
was schreibe – bin ich jetzt ein Spießer? Nee, wahrscheinlich nicht, aber ich bin doch eher für mehr Gefühl und weniger Hardcorevokabuklar. Irgendwas zwischen Abscheu und
Unverständnis wecken derartige Direktheiten in mir. Nein,
lassen wir das mal. Die Menschheit distanziert sich eh
schon mehr und mehr vom Gefühl, da muss ich nicht auch

noch nachhelfen und unoriginelles Vokabular liefern, das so beliebig wie gefühllos ist. Lass uns lieber wieder zur attraktiven Mischung zwischen Schreck! und Schööön! greifen.

Weiter: Wie talkt es sich vor dem ersten Mal?

Bitten und flehen, versprechen und drohen, verheißen und verwirren – all das und noch viel mehr gehört in diese Gespräche hinein, die Stunden, Tage, Wochen ausfüllen können. Die Kunst des Zögerns – vom Küssen übers Necking übers Petting und dann noch lange nicht die Versenkung – ist dabei genauso prickelnd wie die Wahl der Worte. Man muss nicht immer gleich miteinander ins Bett hüpfen und sich gegenseitig vorspielen, was man alles drauf hat. Auch was man alles bisher schon angestellt hat, sollte nicht Thema dieser Anwärmunterhaltungen sein – zu einem Abklatsch der Matchcodes soll das ja nicht mutieren: »Ich hab schon mal mit zwei Frauen.« – »Ich auch.« *2 Punkte.* »Ich hab schon mal anal.« – »Ich nicht.« *5 Minuspunkte.* »Ich hab schon mal mit nem Fremden im Zug.« – »Ich auch.« *Gleichstand.* »Ich hab schon mal auf der Waschmaschine.« – »Ich auf zweien.« *10 Punkte …*

Was den Reiz ausmacht – kosten Sie ihn lange aus, das erste Mal kommt jeweils nur einmal –, sind die Vorstellungen, wie es miteinander sein wird.

Vielleicht so: »Ich werde einfach nur neben dir liegen, dich anschauen, dich begehren, deinen Duft atmen. Erschrick nicht, wenn ich plötzlich über dir bin und meine Lust an dir auslasse, ohne Rücksicht auf dich, dich einfach nehme, und erst beim zweiten Mal alles versuche, um dich stöhnen zu hören. Ich weiß, die Gier nach dir ist so groß, und sie wird wachsen, wenn ich dich das erste Mal geliebt habe …«

Oder ein bisschen geflunkert, vielleicht auch aus tiefstem Bedürfnis: »Ich will mit dir schlafen, will Sachen machen, die ich noch nie gemacht habe, will schlimm und süß und lüstern sein. Du machst mich so an, dass meine Fantasie mit mir durchgeht. Ich will es schnell, hart, ich will dich schwitzen sehen … und dann möchte ich es ganz langsam, innig, Haut an Haut, Mund an Mund, deine Hände auf mir. Ich will dich anschauen, wenn ich komme.«

Ganz anders: »In Gedanken habe ich schon hundertmal mit dir geschlafen. Wenn ich mich berühre, sehe ich dich vor mir, kniend, dein Kopf zwischen meinen Beinen. Dann über mir, auf mir, ich rieche dich, fühle dich, auch wenn du nicht da bist. Und wenn ich dann die Augen schließe und komme, dann bist du ganz dicht bei mir und hältst mich fest.«

Ein paar Wünsche, nett verpackt: »Wenn ich daran denke, wie es sein wird, wenn du mir in den Slip fährst, sanft, mit feuchtem Finger, meine Lippen öffnest, die Nässe spürst, es hinauszögerst, in mich zu dringen … mich dabei küsst, so sehr, als wäre es die letzte Nacht, dann will ich mehr vor dir, bald. Ich kann es kaum ertragen, auf dich zu warten.«

Das kann auch so lauten: »Ich stelle mir vor, wie du mit deinem wunderschönen Körper vor mir stehst, dich ausziehst, und ich darf nur zuschauen, dich erst berühren, wenn ein Kuss von dir meine Sehnsucht erlöst … ich werde mich tief in dich hineingraben, so tief, wie ich es mir seit Wochen wünsche, wenn ich nur deine Stimme am Telefon höre.«

Die Kunst dabei ist das Persönliche. Es muss nicht immer auf Vergleiche hinauslaufen – »So wie dich habe ich noch keinen Mann begehrt« –, das hört man zwar gern, aber ist es nicht etwas quarkig? Sollte es nicht etwas mit seinen Händen, ihrem Mund, seinen Lippen, ihrer engen Combathose zu tun haben? Sollte es nicht lieber so sein, dass man sagt: »Wenn ich dich erst aus diesem lästigen Stück Textil geschält habe, werde ich dir zeigen, was meine Hände mit dir anstellen.« (Ein bisschen Selbstüberschätzung ist okay.) Oder: »Irgendwann werde ich dich bitten, genau dieses Kleid anzubehalten, nichts darunter, und ich werde dich so wild und zärtlich lieben, wie ich es mir jetzt schon wünsche.« Vielleicht auch: »Kannst du dir vorstellen, wie geil es mich macht, deinen Po zu sehen, wie er sich in dieser Hose hin und her bewegt? Du weißt doch genau, wie es mich anmacht … Du Miststück. Komm her, küss mich, lass mich dich anfassen …«

… nach dem ersten Mal

»Danke, das war schön.« Ach, je! Direkt danach zu plappern hat wenig Sinn, wenn Sie beide noch bebend und zitternd und ein wenig unsicher daliegen oder bereits wieder nach den Klamotten nesteln, weil es sich halt auf dem Rücksitz des Wagens Ihres besten Freundes ergeben hat. »Du warst gut« oder »War ich gut?« oder »War's gut für dich?« sollte schlechten Filmautoren vorbehalten sein, die solche Phrasen besonders unsympathischen Filmcharakteren in den Mund legen. Klar, es kann Sie verunsichern, vielleicht sind Sie sich nicht sicher, ob es dem anderen gefallen hat, oder Sie sind selbst etwas enttäuscht oder nicht gekommen oder hatten Angst, irgendwas falsch zu machen oder missverstanden zu haben. Das erste Mal ist selten so gut wie die folgenden Begegnungen. Es wird mit der Zeit immer »besser« – wobei »besser« nichts mit der Zahl der Stellungen, Orgasmen oder Minuten zu tun hat, sondern einfach damit, dass Unsicherheit und Hektik vom Wissen abgelöst wird, was dem anderen gut tut. Wäre nett, wenn Sie einfach noch mal loslegen, ja, direkt danach, bevor sich lang getrennt wird. Am besten in derselben Nacht – deswegen plädiere ich als Langweiler und Im-Bett-Sex-Haber beim ersten Mal ja auch für:

a) nicht betrunken sein,

b) im Bett – und zwar nicht auf dem des Gastgebers der Party, und

c) ein bisschen gemeinsam verbrachter Zeit am Nachmittag vorher, um die Sache in Schwung zu bringen – mit gestohlenen Küssen, wenn der Kellner wegschaut, oder intimen Berührungen, wenn der Kinosaal ganz dunkel ist; oder mit von der Sonne gekitzelter Haut, mit einem Sommerkleid, das an den Hüften klebt, mit vom Wind geneckten Brustwarzen, mit seiner Hand so warm in ihrer, und sein fester Händedruck lässt davon träumen, wie es sich anfühlt, wenn er ihre Beine das erste Mal auseinander drückt …

Also, gehen wir davon aus, es ist Nacht, Sie haben's getan, Sie haben alle Zeit der Welt. Zeit, um einzuschlafen, leise miteinander zu flüstern, sich eine Zigarette oder einen Orangensaft zu teilen oder glitschigen Seifensex unter der Dusche zu veranstalten. Wenn Sie jetzt flüstern, dann tun Sie es, aber lassen Sie das Thema »miteinander schlafen« erst mal 'ne Viertelstunde beiseite.

Anstatt »danke« zu sagen (was irgendwie auch charmant ist, wenn er irgendwann an der Tür steht und gehen muss und sie noch mal an sich zieht; aber auch wirklich erst dann, und niemals sollte *sie* es sagen. – Warum? Sie hat ihm Gunst erwiesen, wollen wir das doch mal festhalten. Es gibt Dinge im Leben von Mann und Frau, die so bleiben sollten, wie sie sind; dazu gehört, dass er nicht nimmt, sondern bekommt. Und dafür sagt *er* danke, nicht wir.) Also, langer Klammersatz, der aus der Zeit stammt, als ich mit einem Klammertornister durch die Gegend hetzte.

Ich fang noch mal an: Anstatt »danke« zu sagen, lässt sich Dankbarkeit für die wohligen Momente auch anders ausdrücken. Zum Beispiel so: »Dich zu spüren war mehr als die Erfüllung aller Sehnsüchte.« Oder so: »Dich geliebt zu haben ist mehr, als dich nur zu lieben.« Oder, ein Klassiker: »Ich umarme dich mit meinen Augen, auch wenn du mich nicht spürst.«

Man kann es auch direkter ausdrücken: »Du bist wunderschön, wenn du kommst.« – »Du bist das wildeste, zärtlichste, geilste Luder, was ich immer lieben wollte.« – »Deine Hände machen mich wahnsinnig … komm, leg sie noch mal hierhin. Ja, genau da, wo du mich eben noch vollgespritzt hast. Spürst du die Hitze? Gefällt sie dir? Mach weiter, lass deinen Daumen da, genau dort, dring in mich ein, bleib so …«

Und um sich verbal ein wenig für die Fortsetzung vorzuglühen, ist das Spiel mit neckischen – »Komm, ich zeig dir eine Stelle, die du noch nicht kennst.« – wie auch mit eindeutigen – »Komm, dreh dich um, zeig mir deinen Po, biete dich mir noch mal an, lass dich anschauen, schmecken, begehren.« – Initiativsätzen erprobt.

Es drängt sich für eine Frau natürlich die Frage auf: Muss ich etwa alles tun, was er mir sagt? Schieb den Slip zur Seite, bück dich, spreiz die Beine, zieh den Rock hoch, lieb mich nur mit halterlosen Strümpfen, nimm ihn in den Mund, setz dich auf mein Gesicht, zeig mir deine Scham?

Nun – macht es Sie an? Dann ja. Ohne viel Geziere und Huch und Nein und schreckhaftes Verweigern. Wenn Sie unsicher sind – ganz gleich, aus welchem Grund –, dann winden Sie sich raus mit »Heute nicht« oder »Vielleicht später« oder »Zeig mir lieber, was du da in deiner Hose hast«.

Wie, rauswinden? Ist das nicht ein bisschen feige? Ja, mag sein – aber wollen Sie jetzt, in dieser Situation, eine Diskussion vom Zaun brechen, die eh nichts bringt, weil sein Blut im Schwanz und nicht im Hirn steckt? Danach, wenn Sie allein sind, können Sie immer noch in Ruhe überlegen, warum Sie sich nicht vorgebeugt haben und ihn den kleinen schwarzen Slip haben anschauen lassen – oder eben den mit den Ringelblümchen, den Sie ihm nicht zeigen wollten. Übrigens stehen viele Männer auf Blümchenslips, auch Weiß macht Vati heiß, es muss nicht immer das Superspitzenprogramm an Dessous sein, echt nicht!

So, und wenn Sie mal in Stimmung sind, reden Sie mit ihm über die Wünsche, die er da äußert. Sagen Sie ihm, dass Sie Zeit brauchen, wenn Sie es nicht gewohnt sind, dass ein Mann sich bestimmte Dinge wünscht, zu sehen, zu spüren, zu erfassen wünscht. Andersherum ist es ja auch so – für Männer ist es genauso erstaunlich, wenn sie einer Frau begegnen, die fordert. Die sich bestimmte Dinge wünscht, wie: »Beschäftige dich doch mal länger mit meiner Muschi, bevor du ihn reinsteckst.« Oder: »Feuchte deinen Schwanz mit deinem Speichel an, bestreich ihn, lass mich dabei zuschauen, wie du dich vorbereitest, mich zu bumsen.« Uups!, wird sich so mancher fragen, soll ich? Soll ich nicht? Und, wenn ja, wie soll ich, damit es ihr gefällt?

Deswegen ist die Äußerung von Wünschen und Ideen eine Frage der Zeit und des Vertrauens; vom Umsetzen ganz zu schweigen. Sie müssen nicht in der ersten Nacht alles miteinander erleben; aber Sie können sich, wenn sich abzeichnet, dass es nicht nur bei einer Nacht bleiben wird, auf die nächsten freuen.

So viel zum Tun oder Lassen. Ich bin im Zweifelsfall immer für Tun, weil Sie sonst nie erfahren werden, ob es Ihnen Spaß macht oder nicht. Und wenn Sie befürchten, er wird nachher rumerzählen, was für ein notgeiles Luder Sie doch sind, die alles mit sich machen lässt – nun, falls Sie es je erfahren sollten, rächen Sie sich. Aber seien Sie sich einer Wahrheit stets bewusst: Männer reden zwar gern über Frauen, aber selten über ihre echten, wirklichen Erfahrungen. Allgemeinplätze sind inzwischen so verbreitet, dass ihm die wenigsten glauben werden, dass ausgerechnet er das Glück hatte, mit einer willfährigen Geliebten zusammen zu sein – wer hat schon so viel Glück verdient? Und wenn er es erzählt – spätestens der Nächste, der es bei Ihnen versucht, wird wiederum ganz andere Erfahrungen machen, denn schließlich schlafen Sie nur mit jenen, auf die Sie Lust haben, und lassen sich nicht einfach so beschlafen. Die Wahl haben Sie immer; und wenn es sich summiert – das geht nur Sie etwas an.

Wie war das also mit dem Vorglühen?

Happen für zwischendurch

»Es sieht bestimmt gut aus, wenn ich dir auf deinen schwarzen Slip spritze.« (Eindeutig einer meiner Favoriten, Sie haben's erraten.) Hallo! Bitte sagen Sie jetzt nicht, das geht ja nie wieder raus! So spießig mäkeln könnse, wenn er sich mit der Ado-Gardine den Schniedel abwischt. Natürlich, wenn Sie irgendwas ekelt oder befremdet, dann biegen Sie es verbal ab – so nach dem Motto: »Slip ist heute tabu, wie wär's stattdessen auf meinem nackten Po?« Aber Worte sind zum Spielen da und Waschmaschinen zum Waschen, also legen wir mal die urdeutsche Verklemmtheit ab und widmen uns den kleinen Dingen zwischen Morgendämmerung und Nachmittagssex. Kleine Appetithappen ohne große Vorwarnung sind so schön wie ein Nachmittag an der See, wenn man genau weiß, dass morgen auch noch ein freier Tag ist.

»Ich muss immer wieder daran denken, wie du ihn dir einfach nimmst und ihn dir reinsteckst.« Hmm, dachte ich das erste Mal bei diesem Kommentar, gefalle ich mir in der Rolle der Nehmenden? Ein Return half mir über die Verlegenheit hinweg, die das Wort »reinstecken« hinterließ (je älter ich werde, desto mehr sehne ich mich nach gefühlvollen Umschreibungen, auch wenn ich Eindeutigkeiten zu schätzen weiß), und ich schickte ein »Wenn du lieb bist, darfst du dich heute hinlegen, deine Hose aufknöpfen und dabei zusehen, wie ich es ganz langsam mache« übers Netz. Aber ungewohnt war es schon, und das Spiel mit der Offenheit ist immer noch eins, an dem wir glauben uns die Zunge verbrennen zu können.

Doch wen interessiert schon meine Biochemie? Ich wollte von anderen Frauen und Männern wissen, wie sie für die mündliche Zwischenprüfung sorgen. Hier die Ergebnisse:

Die einen lassen sich zärtlich-erotische Kosenamen geben wie »Lutschbonbon«, »Miststück«, »Liebesluder« oder benennen ihren Liebsten mit Begriffen wie »Muschiverführer«, »Loverboy«, »süßer, schmutziger Brustwarzensauger«. Oh, là, là. Sie hinterlegen geheime Briefchen im Portemonnaie oder in der Unterwäsche, auf denen zarte Bekenntnisse (»Denk ich an dich, werden meine Knie weich und meine Nippel hart«) oder lüsterne Fantasien verzeichnet sind wie »Chérie, meine kleine blühende Blume der Wollust, warte nur, bis ich dich zu fassen kriege und deinen Saft lutschen werde«. Sie schicken sich E-Mails, in denen sie ihren letzten Abend verklärt nachzeichnen oder davon träumen, was alles passieren würde, wenn sie beide Fremde wären. Wo sie es dann täten und wie, was sie anhätten, wie sie es genießen würden, dem anderen die erdenklichste Lust zu bescheren.

Ich weiß, dass mit den Jahren (glücklich das Paar, das es in der heutigen Emotionenwegwerfzeit wirklich auf Jahrzehnte bringt) die eingespielte Routine, was dem anderen gut tut, die Nähe, das Aneinandergewöhnen solche Spielchen als weltfremd erscheinen lassen. Warum sollte etwas, was sich so ergeben hat, so eingespielt ist, so unkompliziert geworden ist, noch mal neu überdacht werden? Weil wir

Menschen mit dem Älterwerden nicht an Lust verlieren. Klar, das Übereinanderherfallen hat sich nach zwei Jahren oft bereits erledigt, aber es ist doch wohl nicht vom Alter abhängig, ob man sich wie eine Unschuld vom Lande, eine verruchte Dirne, ein wollüstiger Macho, ein schwanzgeiler Unersättling benimmt. Unter sich, zu zweit, als gemeinsames Geheimnis. Zwei Sachen im Leben hören nie auf: Lernen und Spielen. Damit kann man auch nach zwanzig Jahren wieder beginnen.

Für das wärmende Prickeln in der Liebe

Miteinander zu lachen verbindet mehr, als miteinander auf dem Glotzensofa zu hocken und sich gegenseitig Chips wegzufressen. Gut, manche Leute ziehen das eindeutig dem Sex vor, weil der andere beim Fernsehen einschläft, und dann ... nun, dann muss man selber nicht wieder den Erotikkasper spielen. Gibt es alles, meine Damen, meine Herren, das ganze Sich-drum-herum-Drücken, weil der andere mit aller Selbstverständlichkeit nimmt und nimmt und nimmt und auf Initiativen zwar reagiert, aber niemals selbst angerobbt käme.

Okay, lassen Sie uns davon ausgehen, dass beide prinzipiell keine Drückeberger sind. Und zurück zum Lachen: Manchmal hilft es schon, in einen anderen Akzent abzuweichen, zum Beispiel einen kleinen Tick Französisch beizumischen. Das hört sich dann irgendwie so niedlich und gleichzeitig auf verspielte Weise verführerisch an: »Na, du mein kleines schmutziges Mädschen, ma Petite, ma Chérie, komm 'er, isch roll disch in den Teppisch, oder besser, mit dir über den Teppisch ...« Gefolgt von unvermeidlicher Knutscherei oder einem Handkuss, der sich auswächst zu einem Armkuss, einem Züngeln in der Ellenbeuge, einem Halsschnüffeln und einem heißfeuchten Spiel der Lippen in der Schlüsselbeinkuhle, einem gehauchten: »Komm zu mir,

Chérie, isch mach disch glücklisch, gib mir deine kleine Popo und deine wilde Pfirsischmündschen ...«

Wie, Sie finden das albern? Kinderkram? Ach, gucken Sie doch weiter Fernsehen! Zärtliche Intimität oder Liebeswelsch sollte Ihnen allerdings mehr wert sein als läscherlische Angst vor eine bisssschen Französisch. Und wenn es sich zunächst ein wenig seltsam anfühlt, Worte auszusprechen wie »Komm, mein geiler 'engst, bock misch gleisch 'ier auf dem Sofa auf wie eine geile Stute – und es ist mir scheißegal, ob die Nachbarn uns dabei zuschauen, tu es einfach!« –, spielen Sie einfach damit. Denken Sie sich meinetwegen, Sie sind jemand anders – das hilft ungemein. Schmeißen Sie sich in den schwarzen, bleistiftförmigen schwarzen Lacklederrock in italienischer Länge, ziehen Sie eine weiße, höher geschlossene Bluse dazu an, vielleicht halterlose Strümpfe (deswegen die Länge bis zu den Knien – oder wollen Sie dauernd an dem Rock rumzuppeln, damit man die Strumpfenden nicht sieht? Anstrengend!), ernennen Sie sich für eine Stunde zu seiner Gouvernante, die genau aufpassen wird, wie er sich benimmt, und die ihn ein bisschen dafür züchtigen wird, wenn er anzüglich wird. Dazu ein wenig schubbern, ihm zeigen, was unter dem Rock wartet – hmm, warum nicht? Dazu Sachen sagen, wie: »Komm bloß nicht auf die Idee, deine süße Knubbelfinger in meine petit Popo zu stecken, sonst muss isch disch böse bestrafen.« – »Wie denn?« wird er fragen. »Hmm ... isch werde ihn ihn den Mund nehmen, und wenn es am schönsten ist, aufhören und ins Kino gehen.« Sie können dann gleich ins Kino gehen (wann waren Sie zuletzt??!!) und seine Hand einfach nehmen und auf Ihre Scham legen. Es ist dunkel, und die Sitze sind so geschnitten, dass es auch die hinter Ihnen nicht sehen werden, garantiert.

Für geheimen Austausch unter Publikum

Wenn man will und nicht darf – gibt es eine süßere Qual? Jaja, gibt es sicherlich, aber die vergisst man in dem Moment, wenn man sich auf einer Hochzeit benehmen, auf einem Empfang Honneurs verteilen, im Café stillsitzen muss. Natürlich lässt sich mit einem zwanglosen Lächeln dem anderen ins Ohr flüstern: »Siehst du den Vorhang da hinten? Dahinter ist eine Tür, und wenn die Leute hier erst mal betrunken sind, werde ich dich vielleicht mit hinter diesen Vorhang nehmen und deine Unterwäsche inspizieren. Und ich weiß genau, was für ein geiler schöner Körper unter diesen Klamotten steckt. – Ach, guten Abend, Herr Müller-Steinhage! Schön, Sie zu sehen. – Meinst du, der Typ macht es noch mit seiner Frau? Ob er es ihr auch hinter der Tür besorgen würde, wie ich es jetzt tun möchte? Bis du keuchst und dein Stöhnen durch den Vorhang dringt?«

Natürlich lässt sich auch das Spiel der vorgetäuschten Eifersucht spielen – eine gewisse, zärtliche und vertrauensvolle Feindseligkeit kann eine Liebe interessant machen. Dieses Spiel ist zwar nicht ungefährlich, aber Sie können es ja mal versuchen. »Hast du den Kellner gesehen, wie er mir auf den Po gestarrt hat? Meinst du, er weiß, dass ich keinen Slip trage und feucht bin? Ob ihm das gefallen würde?«

Oh, du Luder! mag er denken, vielleicht guckt er auch nur groß und will dem Typ eine aufs Maul hauen, oder er ringt um Fassung – weil, das geht doch nun wirklich nicht, unter lauter Leuten! Kann ja sein, dass Sie an einen – oder eine – geraten sind, der oder die es etwas strenger nimmt mit Benimm und Anstand. Hoy, wir können alle nur schwer bis gar nicht aus unserer Haut! Wenn Sie merken, dass dem anderen die Röte mehr aus Peinlichkeit denn aus beginnender Erregung aufsteigt – dann verlegen Sie solche Spielchen halt wieder in die Zweisamkeit. (Hm, bisschen langweilig, aber was soll's.)

Wenn Sie nicht drüber reden können, wollen oder sollen, dann muss es halt anders gehen: sich für einen Moment empfehlen, auf der Toilette den Slip auszuziehen und ihm bei der Rückkehr feierlich in die Faust schieben und weitergehen. Vielleicht wird er es für verworfen, liederlich oder unpassend halten – auf alle Fälle wird das Stück erst mal im Jackett oder in der Hosentasche verwahrt, und er wird daran erinnert, dass Sie eine Frau ohne Unterwäsche sind. Sie kleines Miststück. – Ist dieses Spiel nicht einfach nett? Denn es ist ja nur ein Spiel, eine Jagd, ein Krieg-mich-, Verführ-mich-, Sei-meine-Beute-Spiel. Angriff und Rückzug, Verlangen und Widerstand, Hingeben und Sträuben. Sie müssen nicht immer das Supersexluder sein, ganz bestimmt nicht. Aber überlegen Sie mal, ob Sie selbst nicht mal Appetit darauf haben, sich sexy zu fühlen, sexy anzuziehen, sexy Sachen zu machen. Nicht für ihn. Sondern zu Ihrer eigenen Freude und Bestätigung.

Für Paare, die sich schon ewig kennen – und für solche, denen es zu mühsam ist
(inklusive kleiner Beschimpfung)

Manche Paare sind schon urlange zusammen. Liiert über zehn, zwanzig, dreißig, vierzig Jahre. Der Körper hat sich verändert, der gesellschaftliche Status ist gefestigt, die Liebe ist gewachsen oder hat sich gewandelt und wird von viel mehr Faktoren bestimmt als allein aus dem Gefühl zueinander. Kinder sind gekommen, aufgewachsen, gegangen. Die Welt hat sich geändert; was früher noch einen Aufschrei der Moralapostel nach sich gezogen hätte, ist heute kaum mehr eine müde Reaktion wert. Nackte Brüste, ungehemmte Bekenntnisse im Fernsehen, Sex im Internet. Alles ist anders geworden, nur Sie beide, Sie müssen immer noch mit den Macken und Marotten des anderen zurechtkommen, die Veränderungen der Sexgesellschaft da draußen nehmen Sie zwar wahr, aber für sich selbst haben Sie es abgehakt, oder die ganzen Eindrücke dringen höchstens wie ein Flügelschlag an Ihr Ohr. Sie kennen sich halt schon ewig. Sie haben einigermaßen erfüllten Sex. Sie weiß, welche Art von Küssen er mag, und er weiß, ob sie gekommen ist oder nicht.

Nur: Wo ist die Sehnsucht? Das Prickeln? Manche Paare, wie meine Eltern – Ihr verzeiht, aber Ihr seid ein Idealbild mit Euren bald neununddreißig Jahren Beziehung –, schaffen es, sich immer noch gegenseitig anzumachen. Mit ungestümen Berührungen. Mit schmeichelhaften Worten. Mit dem Jäger-Beute-Spiel. Auch wenn es gerade mal alle zwei, drei Monate zur Explosion kommt – das Liebesleben ist erfüllt. Weil man sich auch nach Jahren noch anstrengt. Weil man immer noch Spiele spielt wie am Hochzeitstag, an dem man feststellt: Ich bin deine Braut, und du bist mein Bräutigam. Nimm mich mit in dein Zimmer (du geile Sau), und zeig mir, was der Unterschied zwischen Mann und Frau ist. *Ja, es ist ein Spiel.*

Andere Paare, weniger glückliche, haben sich bereits nach drei, vier Jahren vom gegenseitigen Umgarnen verabschiedet. *Und vom Spielen, Ihr Langweiler!* Das gilt auch für viele junge, mächtig urbane Paare ohne Kind, dafür mit viel Kohle und Designerküche, in der sie nur Kaffee kochen, aber bereits vor Spaghetti zurückschrecken – wie sie zwar miteinander schlafen, aber vor Unbekanntem zurückweichen. Die haben sich, ihre Wohnung, ihr Auskommen, ihre wenigen gemeinsamen Hobbys, und gut. Wozu den Vorstoß wagen und den Sex wieder aufregend machen? Ach nee, wie anstrengend, dann mal lieber hier und da ein Liebhaber oder ein Seitensprung, damit man merkt, dass man noch lebt und der Marktwert noch okay ist. *Scheiß was auf Marktwert!* Ihr könntet täglich sensationellen Sex haben mit dem, den ihr liebt, von dem ihr wiedergeliebt werdet!

Verfallt nicht in Starrheit, Gewohnheit, Spießigkeit, Stummheit. Ihr könntet eure schicke, durchgestylte Wohnung zu einem Hort der Lüste machen, euch dumm und dämlich vögeln, quer über das Vollholzparkett, den teuren Afghanteppich, das schmucke Benz-Sofa. Ihr könntet unter eurer knöchellangen Kellnerschürze nur einen Slip tragen und euch als Dessert anbieten (»Wer will die Köchin ficken?«), ihr könntet, während ihr auf den Pizzaboten wartet, ihre Muschi rasieren. Ihr könntet euch neue Worte für »poppen« oder »selbstbefriedigen« ausdenken. Ihr könntet wirklich mal wieder anfangen zu leben, anstatt so dahinzuplätschern und euch damit rauszureden, dass die Arbeit so anstrengend, der Tag so lang, die Nacht so kurz war/ist oder die Freunde gleich vor der Tür stehen. Und? Heimliches Knutschen im Bad wird doch drin sein! Gegenseitiges Einseifen bei der Kurzdusche. Vor dem Kino mal eben ein Besuch im Sexshop. Schaufensterbummel bei Palmers anstatt im Supermarkt.

Okay, okay, es gibt vielfältige Gründe, warum es ein Paar nicht mehr macht (obwohl Statistiken sogar Hoffnung machen, dass deutsche Paare im Großen und Ganzen zufrieden sind. Ja, klar, Schönfärberei. Deswegen gehen ja auch so viele fremd, lassen sich viel zu viele scheiden, haben sie mehr Partner als zur säbelzahntigerverseuchten Steinzeit). Liebe, Sex, Erotik scheinen immer noch mit unter den größten Kompliziertheiten des Lebens zu sein – doch genau dazu sollte es nicht kommen. Man sollte die Sache nicht zu ernst nehmen, sondern wie gesagt – ein Mantra, ein Mantra: *Es ist ein Spiel.* Allerdings eines, das allgegenwärtig ist.

Ein paar Spielideen für gelangweilte oder Ewigpaare
Wenn Sie beide festgestellt haben, dass Ihnen noch unheimlich viel aneinander liegt, Sie nur ab und an vergessen, es auszusprechen oder sich zu bemühen, weil ja alles so sau-

ber und glatt läuft, dann sei Ihnen hiermit gesagt: Sie leben noch. Oft ist es im Leben zu spät für irgendwelche Änderungen (die Mär, dass es nie zu spät sei, stimmt nicht, weil sich die Voraussetzungen ändern), aber solange Sie beide die Kraft finden, sich aufzuraffen und Ihrer Zuneigung Feuer einzuhauchen, ist es wahrlich nicht das Ende.

Geben Sie beide sich gegenseitig wieder das Gefühl, etwas Besonderes füreinander zu sein. Das fängt mit ganz simplen Dingen an wie Türaufhalten, in den Arm nehmen, zur Begrüßung wirklich auf den Mund küssen. Das sind Dinge wie:»Ich habe heute Nacht von dir geträumt, und es war wunderschön. Ich habe uns beide gesehen, nackt, verschwitzt, ineinander verknäult, und wir haben Dinge gemacht, die wir nicht nur im Traum machen würden.« Nämlich welche?

Warum verabreden Sie sich nicht für heute Abend in der Bar, in dem neu eröffneten Lokal im Ort oder in dem Restaurant, wo Sie noch nie waren? Sie siezen sich, sind interessiert am Lebenslauf des anderen, flirten ein bisschen und gehen mit Ihrem eigenen Mann fremd. Sie meinen, das ist Ihrem Partner zu albern, er wird nicht darauf eingehen, weil er nun mal ein Mensch ist, der lieber ist, was er ist, anstatt so zu tun, als wäre er ein anderer? Schade, schade, schade! Wie kriegen wir denn die Störrischen dazu mitzumachen? Vielleicht mit einem Trick:»Kannst du mich heute Nachmittag da und da abholen, Schatz? Das wäre nett.« Er sucht Sie im Lokal, Sie sitzen da, haben sich nett zurechtgemacht, begrüßen ihn mit:»Oh, schön dass Sie kommen konntcn«, und ordern einen Sekt auf Eis, rücken Ihr Dekolleté nett hin, fassen ihm ungeniert ans Knie, an den Innenschenkel (»Was machst du da?!«), sagen:»Wäre es sehr vermessen, wenn ich jetzt zugeben würde, dass ich sofort mit Ihnen schlafen will?«, und gucken, was passiert. Irgendwo tief drin in dem müden Mann steckt der Jäger, der immer noch von Stolz gepackt wird, wenn er begehrt wird. Diesmal bietet sich die Beute auf dem Silbertablett an, aber das nächste Mal, wer weiß?

Es klingt so einfach. Unprätentiös, vielleicht sogar ein bisschen bieder. Aber nichts ist so einfach, wie es klingt. Vor allem, wenn zu viel Vertrautheit und die Macht der Jahre zu dem Gefühl geführt haben, man habe etwas verlernt, oder wenn Sie fürchten, sich lächerlich zu machen.

Versuchen Sie diese Zweifel zu überwinden.

Natürlich können wir es auch mit dem Holzhammer aus schlechten Filmen versuchen – es muss ja mal geklappt haben, sonst käme die Szene nicht so häufig vor: Mann kommt wohin, verführerisch lächelnde Frau öffnet und ist nackt unterm Hausmantel.

Okay, schicken Sie die Kinder zur Oma oder zum Nachbarn, stöpseln Sie das Telefon aus, legen Sie den Rotwein raus und rasieren, salben und cremen Sie sich, ziehen Sie ein kurzes Hemdchen an (für den ersten Versuch tut es eins von H&M, die haben niedliche kleine Pseudonachthemdchen in Cremeweiß oder Schwarz), nichts darunter. Oder, falls ihm das enge, knöchellange weiße Kleid vom Sommer gefallen hat, nehmen Sie eben das. Scheiß was auf Winter, drinnen ist's huschelig muschelig warm. Vielleicht trauen Sie sich auch in den Erotikshop in der Innenstadt und gucken mal, was es für Dessous in Lederimitat und Silberringen gibt (die haben alle Einheitsgröße, da kann nichts schief gehen), und nach zehn Minuten sind Sie wieder draußen (es sei denn, Sie wühlen noch unter den Gleitmitteln mit Geschmack … von Karamell bis Melone oder Kiwi ist alles vertreten. Meist liegen die in einer Dose bei der Kasse, lassen Sie sich den Kram einfach auf den Tresen schütten), schauen dann noch im Bodyshop vorbei und erstehen Mangobutter für die Haut – und das war's.

Er kommt rein, völlig genervt vom Stau und den Kollegen, und die doofe Ische aus der Buchhaltung hat heute schon wieder ... Oh, hallo, Schatz. Habe ich den Hochzeitstag vergessen?

Okay, er kommt rein, Sie auf ihn zu, drücken sich an ihn, ziehen seine Jacke aus, zeigen ihm, was alles unter den Textilien ist – und der Rest wird sich ergeben. Vielleicht gleich dort im Flur. »Wo sind die Kinder?«, keuch, keuch, »Vergiss sie!«, lechz, lechz. Böse Mädchen tun es jedenfalls nicht im Bett.

Sagen Sie jetzt nicht: Das ist aber nicht sehr raffiniert. Oh, bitte! Es ist immerhin die einfachste Art, sich überhaupt mal wieder auf das Spiel zwischen Mann und Frau einzustimmen. Es braucht nicht immer ein Besäufnis, um sich an etwas Ungewohntes zu wagen, es geht auch so. Was Sie sich dann später noch alles einfallen lassen, ist bestimmt aufreizender, aber seit wann macht man den achten Schritt vor dem ersten – oder bevor Sie überhaupt den Wunsch haben, sich in Bewegung zu setzen? Wer sich selbst bewegt, bewegt auch andere. Später, viel später können ja dann wieder die Briefe unterm Kissen kommen, die Notizen in der Unterwäsche, der Liebesgruß mit Lippenstift auf dem Spiegel oder am Außenspiegel seines Wagens. Noch später dann das gemeinsame Schlendern durch einen Erotikshop oder meinetwegen auch durch die Pornovideoabteilung, oder Sie sitzen lässig mit Sonnenbrillen und eng verschränkten Fingern im Straßencafé, ein Finger leicht angeleckt, gleitet er zwischen seine ...

Bezaubernd ist auch das gewollte »Bei etwas überrascht werden«. Frauen sind ja Meister im Arrangieren scheinbar unverfänglicher Situationen (das gehört zum Arsenal der Waffen einer Frau – aber mehr wird hier nicht verraten, damit wir nicht durchschaubar werden, no way). Das zufällige

Anziehen der halterlosen Strümpfe. Das überraschte Gesicht, wenn er ins Bad kommt und sie sich gerade die Schamseiten rasiert. Das zufällige Zurechtrücken der Strumpfhalter. Das superzufällige Streichen über die Brust, gefolgt von einem langen Blick in seine Augen.

PS: Zündet nicht während Fußballübertragungen, leider.

Nett ist auch der Griff nach hinten, wenn er ihr in den Mantel hilft. Unsichtbar für alle anderen gleitet die weibliche Hand zu den schlafenden Diamanten und weckt sie kurz, aber zärtlich. Oder plötzlich voller Verlangen den Kopf des anderen zu sich herumreißen (nicht zu sehr), um ihn innig zu küssen, gefolgt von einem: »Das habe ich jetzt von dir gebraucht!«

Wie, mehr? Ach je. Kaufen Sie sich einen Schwung der aktuellen Männermagazine. Darin geht es immer um irgendwelche Sexgott-Tricks für ihn. *Men's Health, FHM,* mal in den *Playboy* linsen. Mitnehmen. Nette Sachen, die Ihnen gefallen, ausschneiden. Kleinen Brief zusammenkleben, ein paar nette Worte dazu (»Wunschliste an meinen Lieblingskerl«, »Einladung zum Schweinigeln« oder so) und alles in einen benutzten Umschlag von der Telekom stecken. Ihm dezent auf seine Post legen, abwarten.

Entweder er wird fürchterlich beschämt und deswegen sauer und stur sein. Oder er wird mit dem Zettelchen ankommen und fragen: »Was solln das? Genüge ich dir nicht mehr?« Tja, natürlich genügt *er* Ihnen noch, sonst wären Sie ja nicht hier, lasziv auf dem Sofa, in einem Hemd von ihm, offen bis zum Spitzen-BH. Aber vielleicht genügt Ihnen das, was Sie gemeinsam tun, nicht mehr. Da hilft nur die Flucht nach vorn: »Liebling, ich wollte dir Lektüre fürs Wochenende mitbringen, und dann war ich selbst neugierig … was hältst du davon?« Sie werden überhaupt nicht darauf eingehen, dass er meckert. Sie wollen wissen, was er davon hält. Wenn er keine Maus ist, wird er es sagen. Meinetwegen schauen Sie es gemeinsam in Ruhe bei einem Feierabendwein an. Sie massieren ihm derweil den Nacken und sagen so was wie: »Leg es einfach mal weg und küss mich nur. Es ist wunderbar, dich zu küssen.« Dann kommt er nicht in Zugzwang, jetzt und sofort die dreiundachtzig Ideen, die Sie da zurechtgeschnibbelt haben, sofort in den nächsten zwölf Minuten zu erfüllen, inklusive Hodenstemmer – ein Geschirr aus Leder, das spreizt, teilt und hebt, die armen Glocken –, russischer Tigersex auf dem Bettvorleger und Austernfischer (das ist Cunnilingus von der Seite – also Lippen auf Lippen vertikal, nicht gegeneinander versetzt).

»Lass uns irgendwann mal ein paar Sachen ausprobieren«, können Sie an seinem Hals raunen und ihn dann überall anfassen, wo es Ihnen gefällt. Sie haben endlos viel Zeit. Es muss nicht alles in einer Nacht nachgeholt werden, was die letzten paar Jahre stillgelegt wurde. Es ist absolut in Ordnung, nur eine oder zwei Stellungen einzunehmen – bequem sind wir alle irgendwie, vor allem jenseits der fünfunddreißig, vierzig, fünfundvierzig, fünfzig … Aber lassen Sie sich nicht dazu hinreißen, sich im warmen Wasser der gepflegten Routine allzu bequem niederzulassen. Sie verpassen was, echt, und sei es nur jede Menge Lachen, wenn der Eiswürfel mehr kitzelt, als zu erregen.

Sowohl Sprache als auch Fantasie sind unabdinglich, um Liebe, Erotik und Sexualität zu kultivieren. Ja: kultivieren. Denn ist es nicht wunderbar, sich mit Zeit und Muße einem der schönsten Dinge der Welt hinzugeben? Ich verstehe auch erst mit den Jahren diesen Satz: »Ich möchte mir so viel Zeit für dich nehmen, wie du es eigentlich verdienst.« Und das bedeutet nicht: vier Stunden poppen, dreimal, viermal kann er, und mir tun der Hintern und die Leisten weh, und ich bin müde. Es bedeutet auch nicht, immer für Dinner, Kerzenschein und Cognac zu sorgen, Atmosphäre zu schaffen und eine Kiste Kerzen nach der anderen zu verheizen. Es bedeutet auch nicht die große Show – es ist allein die innere Einstellung, die Sex mit einem Menschen erfüllend macht, an die Seele rührend, das Herz jubeln lässt, en Körper befriedigend zwischen Raserei und totaler Entspannung.

Im April oder Mai ist Apfelblüte. Fahren Sie öfter mal dorthin, wo besonders viele Apfelbäume stehen, machen Sie einen Spaziergang allein, und suchen Sie lauschige Plätzchen. Passen Sie die nächste Vollmondnacht ab, vielleicht haben Sie Glück, und es ist eine warme Nacht. Nehmen Sie den liebsten Menschen an die Hand, fahren Sie raus zu diesem Platz zwischen blühenden Apfelbäumen, pflücken Sie Blüten, entkleiden Sie Ihren Partner und bedecken ihn mit Küssen und Blütenblättern. Lassen Sie ihn auf ein weiches Lager sinken (die Decke! die Decke! Ameisenkrabbelgefahr, Stechmückenalarm). Knüpfen Sie aus Gänseblümchen Kettchen, und legen Sie sie um die Brüste, auf den Bauch, zwischen die Schamhaare, um den schlummernden Stab. Zitieren Sie dazu liebevolle Sätze, die Sie sich vorher ausgedacht oder gelesen und auswendig gelernt haben, etwas in der Art wie: »Wärest du ein Stern, ich käme dich holen. So bist du nah bei mir, und ich muss nicht Küsse verschwenden an den Mann im Mond.« Hm, da fehlt was, ich probier's noch mal: »Dein Lächeln ist heller als das Glitzern der Sterne, dein Mund so süß wie Karamell, deine Haut duftet zarter als jedes Blütenpärchen, das ich dir auf deinen wunderschönen Körper bette.«

Und noch einmal, weil die ungewöhnlichen Wörter in unserer Zynismus-ja-bitte!-Gesellschaft nur zögerlich kommen wollen, sich eine gefühlvolle Formulierung nur mühsam einstellt, balancierend zwischen Unsicherheit, Angst vor dem Loslassen und der Tatsache, dass Sarkasmus (der sich mehr an den Redewendungen erfreut als an ihrem Inhalt) mir näher ist als alles andere, leider.

»Wärst du auch der Pazifik, du könntest mich mit deiner Schönheit nicht mehr überschwemmen als jetzt. Wärst du der Nachthimmel, ich würde mich an dir nicht mehr satt sehen können als heute, wo du mir so nah und vertraut bist, dass mein Herzschlag in den deinen übergeht. Wärst du nicht du, so wäre ich nicht hier – und das wäre das Schlimmste, was passieren könnte. Ich liebe es, so sein zu können, wie ich bin, wenn ich bei dir bin.«

Su-per-ro-man-tisch.

Lernen Sie ein bisschen was über die Biologie der einheimischen Frühlings- und Sommerblütler sowie über die Allergie Ihres Liebsten oder Ihrer Gefährtin, und betreiben Sie Heimatkunde in Sachen leer stehende Häuser, Scheunen, Lichtungen. Hüten Sie sich vor Teichen (Mücken) und Autobahnraststätten sowie freiem Feld (beides Voyeurterrain, reizvoll für den, der's mag). Merken Sie sich, wann Vollmond ist – und raus. Mitternachtspicknicke mit Gedichtbänden aus der Leihbibliothek – seufz. Das Leben kann so schön sein.

Und das Leben kann auch so voller gegensätzlicher Pole sein: hier die hemmungslose Ledernummer in der Hotelbar, als Nächstes die nächtliche Zauberelfe tanzend auf der Lichtung. Hier der Machohammer mit den besitzergreifenden Händen, der kneift und knetet und den Po versohlt, dann wieder der unsterblich verliebte Mondritter, der sich ein paar Zeilen aus Gedichtbänden in die Handfläche geschrieben hat.

Liebe, Sex, Erotik sind niemals einseitig – oder sollten es im besten Fall nicht sein. Lassen Sie nicht zu, dass Sie in einen Trott verfallen, sich übermäßig anpassen an den Partner oder an gesellschaftliche Regeln. Sie müssen ja nicht mit Ihren Erfahrungen hausieren gehen, sondern nur zu zweit genießen, in eine neue Welt eintauchen. Sie werden immer mehr lernen, denn auch zum Sex gehört lebenslanges Lernen, bevor man Geist, Seele und Körper in Einklang bringt. Und es gibt so viele Sachen da draußen, die auf Sie warten, von denen Sie heute noch nicht mal was ahnen. Aber wenn Sie irgendwo den Faden aufnehmen, wird das dicke Ende ganz automatisch kommen. Raffen Sie sich auf. Nehmen Sie sofort den Bus, den Wagen, die S-Bahn, und suchen Sie schöne Stellen. Mit einer schönen Aussicht, mit Verschwiegenheit, mit dem Prickeln des Verbotenen. Und beim nächsten Vollmond nehmen Sie den Menschen, der es verdient hat, an die Hand und ziehen ihn mit. Alles, was er im Fernsehen zu verpassen glaubt, wird sowieso wiederholt – aber die Nächte mit Ihnen sind einmalig. Umgekehrt natürlich genauso …

Sie haben gerade keine Gelegenheit für Zweisamkeit? Merken Sie sich trotzdem ein paar Plätze vor, der nächste liebe Mensch kommt bestimmt. Bis dahin beschäftigen Sie sich mit sich selbst.

Ein einfaches Spiel, das nur für eine Person gedacht ist, ist: Nachdenken. Denken Sie über Ihre Motivation von Sex nach. Erfüllt es Sie mit Gier, wenn Sie daran denken? Ist es für Sie Pflichterfüllung oder etwas, mit dem man sich Wünsche erfüllen kann? Falls es eine Verweigerung gibt, setzen Sie sie bewusst ein? Was macht Sie an? Was nicht? Machen Sie es lieber, statt darüber zu reden? Lassen Sie sich davon inspirieren, wenn Sie etwas von Freunden hören oder lesen oder sehen – oder erschreckt es Sie oder erfüllt Sie mit Zweifel?

Gewisse Dinge muss jeder für sich allein bedenken. Und da wir zwar alle an Sex denken, aber nicht darüber nachdenken, wissen wir manchmal weniger von uns, als uns lieb sein kann. How could somebody know me when I even don't know myself?

Warum das Ganze? Es soll Sie daran erinnern, was Sie wollen, wünschen, hoffen, wonach Sie streben und auf was Sie verzichten können. Es ist gut zu wissen, was man will. Denn damit lernen Sie automatisch, sich so zu geben, dass Sie bekommen, was Sie wollen. Positives Denken in abgewandelter Form. Ohne Hokuspokus. Mit Verstand und Ehrlichkeit.

Für SMSler

Juhuu! Wieder lustig sein! Nicht immer so anstrengende Selbsterfahrungskurse, das ist ja tödlich. Man wird melancholisch und grübelt über Vergangenes nach, über verschwendete Zeiten, verpasste Gelegenheiten, doofe Kerls, miese Mädels – was soll's. Sie sind, was Sie heute sind, nur durch Ihre Erfahrungen – und werden trotz allem gemocht. Oder eben deshalb.

Ran ans Telefon. Short Messages sind der Hit der letzten Jahre. Wieso auch miteinander sprechen, wenn sich doch alles in hundertfünfundzwanzig bis hundertsechzig Zeichen sagen lässt? Kritisch gesehen, ist das natürlich eine Steigerung der Unhöflichkeit (Getippe im Kino, Getippe auf der Hochzeitsparty, Getippe beim Meeting mit der Schulfreundin, Getippe auf dem Mädchenklo, Getippe im Fluss der Fußgänger mitten auf dem Trottoir ...) und eine Reduzierung der zwischenmenschlichen Kommunikation. Abgehacktes Denglisch, Neusprech, »Dubidodo«-Gehaspel (»Du bist doch doof«) und immer weniger Austausch. Aber was soll's: Es ist eine Erscheinung des Lebens, die man mitnehmen kann oder nicht.

Sehen wir es mal positiv. Ohne den anderen stören zu müssen, lassen sich nette Botschaften versenden. Er kann sie sich immer wieder anschauen. Klar, das ginge bei echten Briefen auch. Aber wer sowieso gern Briefe schreibt, wird das auch tun, SMS hin oder her. Es gibt kein Anstatt. SMS ist endlich eine Erfindung für Leute, die nicht mit einem Tintenfüller umgehen können, sowieso ungern schreiben und dennoch Kontakt halten wollen.

Praktisch sind die englischen Abkürzungen wie »U« oder »UR« für »you« und »your« (»du«, »dich« und dein«) beziehungsweise »you are« (»du bist«). Diese kleinen Buchstabensuppen wie »IDAD« (»Ich denk an dich«), »PADA« (»Pass auf dich auf«), »ILD« (»Ich liebe dich«), »HDL« (»Hab dich lieb«), »IWDL« (»Ich will dich ... lecken, lutschen, lächelnd, lässig, laut ...«) sind doch sweetymäßig. Jedes Paar kann sich individuelle Abkürzungen ausdenken oder, falls das zu backfischig ist, natürlich auch volle Sätze senden. Wobei Englisch wiederum hilft, so viele Informationen wie möglich in den kurzen Text zu pressen. »I have a gift 4U« statt »Ich habe ein Geschenk für dich«. Vokabeln pauken ist da doch gleich viel reizvoller. Und »nasty little girl« liest sich flüssiger als »du schmutziges kleines Mädchen«, »sexy lover« spritziger als »aufregender Liebhaber«.

Natürlich besteht die Gefahr, dass das Ganze inflationär werden könnte. Man gewöhnt sich so sehr an diese Kurzmitteilung (»Sag es deutsch, West!«), dass die Inhalte nicht mehr prickeln, sondern einfach nur noch da sind. Naja, gut. Also, sexy SMS, so genannte SSMS, müssen nicht täglich sein, sondern überraschend, zeitnah, um direkte Reaktionen zu provozieren, denn letztlich ist das, was sich aus einer Nachricht entwickelt, das Erinnerungswerte, was für das Ziehen zwischen den Beinen sorgt, nicht die Nachricht selbst.

Ein paar Beispiele für zeitnahe Kickbeeps: Wenn er eben aus der Tür ist, erreicht ihn der Hinweis, dass man gerade Hand an sich legt und an ihn denkt.

Man schickt sie auf die Restauranttoilette ab und ist am Tisch dabei, wie sie oder er staunend liest, dass zum Nachtisch Kniekehlensorbet oder Nackenküsse angesagt sind.

Nett ist auch, kurz vor dem Treffen eine Spitzfindigkeit abzusenden, mit zärtlichen, sehnsüchtigen Wünschen gespickt wie: »Schnell, Sugar, zieh deinen Slip aus und versteck ihn für mich«, oder: »Mach einfach die Tür auf und küss mich«, oder: »Lösch das Licht, ich komme mit meinem Leuchtstab.«

Okay, das Letzte war albern. Aber mit einem Lächeln den Abend zu beginnen ist doch auch wunderbar.

Warum soll man diese Sachen eigentlich senden, statt anzurufen? Nun – gewisse Dinge brauchen keine sofortige Antwort. Schon gar nicht, wenn man selbst gespannt ist, ob sie den verdammten Schlüpfer wirklich versteckt oder wenigstens Kerzen angezündet hat. It's just a game. Be my trophy.

Für Angetrunkene
(eher ein Achtung-Fehlleistung!-Alarm)
Es geht das Gerücht um, dass Alkohol enthemmt. Dazu sei gesagt: Stimmt.

Leider? Ich bin mir nicht sicher. Da sich die sonst so gehüteten und verbotenen bösen Umschreibungen allerlei köstlicher sexueller Dinge einfach so aus einem Mundwinkel drängen, in den vorher ein paar Promillezehntel geflossen ist ... Und da sich die Sachen leicht angediddelt auch eher ertragen, wenn nicht sogar genießen lassen ... Schau an, schau an. Natürlich sind wir an dieser Stelle gegen Drogen und Alkohol. Aber es ist erstaunlich, was eine größere Party mit etwas mehr Prickelwasser intus so alles anrichten kann. Mir schwirrt heute zwar noch der Schädel, aber weniger auf Grund des Katers, sondern wegen der außerordentlich bösen, wunderbaren Sachen, die mein Kerl erst gesagt und dann mit mir gemacht hat.

Wie? Keine Details? Okay ... Also, es ist verzeihlich, wenn liebe Menschen im »Im-Tee«-Zustand das eine oder andere F- oder H-Wort benutzen, oder etwa nicht? Solange sie dabei nicht unerklärlicherweise plötzlich härter zufassen als sonst (zumindest geht es Kerlen manchmal so, dass sie ihre Kraft nicht mehr einschätzen können). Oder? – Ich empfehle, sich bei nächster Gelegenheit anzuhören, was der Liebste davon hält, wenn man leicht angedöselt die Dinge beim Namen nennt – Beleidigungen sind tabu, auch wenn es sie lustvoll zu durchfahren scheint, Nutte genannt zu werden. Es kann zu Melancholie führen, da hilft kein Alka-Seltzer.

Für Überkultivierte, die »so was nicht brauchen« aber trotzdem zwischen Erregung und Widerwillen taumeln

Meine Güte! Ernten Sie etwa moralinsaures Kopfschütteln bei dem Aufruf, Dirty Talk zu betreiben? Ihr Kerl ist so ein Sprechverächter, Ihre Liebste verrollt nur pikiert die Augen, wenn es darum geht, mal ein bisschen Pfeffer in die stummen Seufzer der Liebe zu streuen? Also wirklich: Pornografie hat weder zur Verrohung der Menschheit noch zu einer Frauen verachtenden Gesellschaft geführt; selbst mit der zunehmenden Nutzung von pornografischen Angeboten in Internet und Medien und seit dem neuen Trip »Porno ist cool« haben sich die Massen nicht willenlosen Orgien hingegeben. Nur weil unsere Zeiten offener geworden sind, heißt das nicht, dass man Menschen mit unkompliziertem Trieb Verachtung entgegenbringen muss, weil man selbst anders erzogen wurde. Okay, okay, natürlich mutet es befremdlich an, wenn mit der körperlichen Verfügbarkeit in Mode und Werbung herumkokettiert wird und 14-jährige Schulmädchen sich ein »Pornostar«-T-Shirt kaufen.

Falls Sie also an jemanden geraten, der Sexy Talk ab-
lehnt, weil »man es nicht nötig hat« oder weil es »sich nicht
gehört« – hm, dann haben Sie ein Problem, wenn Sie selbst
darauf abfahren würden. Wenn die Liebe groß genug ist,
müssen Sie wohl durch die Stummheit durch. Tut mir Leid.

2. Kapitel

Story: Sie und er, allein

Die Stimme an ihrem Ohr war leise, fordernd, feucht, ließ Bilder von glänzenden, geöffneten Lippen ahnen, von Händen, die greifen, und Schatten, die an der Wand in eindeutigem Rhythmus Bilder von Lust und besitzergreifender Gier malten.

Sie hatte ihn aus einer Laune heraus angerufen, ihm wilde Dinge erzählt – »Lass uns unter die Dusche gehen, ich will, dass du mir den Po versohlst« – und wieder aufgelegt, nachdem er was von »Oh, du kleine Schlampe« gemurmelt hatte, sichtlich verwirrt, woher sie das schon wieder hatte, und vor allem, nachdem sie so lange schon zusammen waren.

Er wusste, wenn er zu ihr kam, würde sie wieder so tun, als ob sie das gar nichts anginge, diese Wassernummer mit klatschenden Händen auf nacktem Fleisch, ihrem Fleisch, das er liebte, blass und weich und warm und dort, zwischen ihren Beinen, dunkel und stets feucht, wenn er mit seiner Hand zwischen ihre Schenkel glitt. Wie konnte eine Frau nur immer so feucht sein? Sie sagte zwar: »Das machst alles du«, aber woher sollte er wissen, dass es stimmte. Hatten nicht all die anderen Mädchen, Frauen, Weiber, Freundinnen irgendwann aufgehört, mit ihm zu schlafen? Er hatte abends den Fernseher eingeschaltet, und irgendwann schliefen sie alle ein, und er musste nicht wieder die Initiative ergreifen, wie immer. Er konnte sich entspannen, ohne Zurückweisung, ohne das Gefühl zu haben, dass er derjenige sein musste, der die Erotik am Laufen hält.

Und doch: Im Vergleich zu ihr, diesem Miststück, war nichts auch nur annähernd so aufregend gewesen. Zärtlich dachte er an sie und zeigte einem schimpfenden Fußgänger den Mittelfinger, den er gestern erst an ihre lockende Rosette gedrückt hatte. Sie war es, die ihm gezeigt hatte, wie er ihr in den Arsch fahren konnte, ohne ihr wehzutun. Sie war es, die ihn anfasste und in sich führte. Er konnte sich kaum satt sehen daran, wie sie erst prüfend ihre Schamlippen teilte, ob sie feucht genug sei. Dann der Griff zu seinem Geschlecht, das erigiert und sensibel auf ihre Finger, ihre kleine feste Hand reagierte. Sie schob die Hüften vor, spreizte die Beine, ließ sich auf ihn sinken. Und er durfte zuschauen, wie erst die Eichel verschwand, wieder auftauchte, langsam, wippend, wieder verschwand. Manchmal ließ sie von ihm ab, wenn er gerade fest in sie stoßen wollte, nahm ihn in den Mund und ließ lange Speichelfäden den Schaft hinunterlaufen, benetzte sich die Finger, streichelte ihre Pussy, die dann glänzte und lockte und im matten Abendlicht begehrenswerter denn je erschien. Dann packte sie seinen Schwanz – nicht mit spitzen Fingern, nein, so, als wisse sie, was sie tut – und ließ ihn ganz tief hinein, verharrte, machte weiter, bis er sie nicht nur lieben, sondern ficken wollte.

An all das dachte er, als er seinen Mittelfinger wieder in Normalposition brachte. Dieser Finger, den sie prüfend anschaute, nachdem er ihr den Damm gestreichelt hatte, so, wie sie ihm es gezeigt hatte, und vorsichtig um den Anus herum massierte, ohne einzudringen.

Kurz bevor er es doch probieren wollte, entzog sie sich ihm und drehte sich zur Seite. Er war erschrocken. »Hab ich was falsch gemacht?« flüsterte er und strich ihr reflexartig über den Oberschenkel. »Nein. Gib mir deinen Finger.« Er tat wie befohlen, und sie leckte ihn ab, bevor ihre rechte Hand mit etwas aus dem Dunkel neben dem Bett auftauchte und ihm überstreifte, dem tropfenden, geleckten, vor Nässe glänzenden Finger. Er betrachtete den erstaunlichen Überzug, durchsichtig, mit lauter Spitzen und Noppen und seltsamen Haken dran, aber doch ganz weich und dehnbar. »Mach weiter«, flüsterte sie, und er nahm dieses Puschelding über seinem Finger tief in den Mund und schaute ihr dabei in die dunklen, hungrigen Augen, die in so weite Ferne blickten, wenn sie unter ihm kam.

Sie drehte sich um und bot ihm ihre hintere Seite, die Pobacken spannten sich, wirkten voll und rund, ihr senkrechtes Lächeln bot sich wunderschön rosa dar, entblätterte die geheimnisvolle Spalte, den Damm, ihr winziges Arschloch mit dem sternförmigen Rand.

Er leckte wieder an dem Ding, das da obszön auf seiner Hand steckte, und dachte sich, dass es das erste Hilfsmittel war, was er jemals beim Liebesspiel einsetzte, und er war immerhin schon siebenunddreißig. Er stupste erst hier und da, rieb, drückte, knetete, bewegte es hin und her, sorgfältig darauf achtend, nicht in die falsche Richtung zu streichen und womöglich virulente Bakto-Gäste aus dem Anus in den vorderen Salon zu bitten.

Als er sich vorbeugte und seine Spucke gezielt auf ihren Damm laufen ließ, stöhnte sie auf; er verrieb den Saft in ihrer Pofalte und spielte weiter mit dem Plastikding an ihr herum, wagte es, sich in ihren Po zu drücken, nur ein kleines Stück, nicht besonders schnell oder hektisch, es war mehr ein Hineinrühren als ein abruptes Hineinfahren.

Ihre Laute hallten in seiner Erinnerung wieder. Tief und seufzend ging ihr Atem, gepresst kamen Worte der Zustimmung, und obwohl er niemals eine Frau anal geliebt hatte, begehrte er dieses wunderbare Mädchen mit diesem unglaublichen Hintern und dieser wahnsinnigen Sensibilität so sehr, dass er sie am liebsten packen würde, um seinen Schwanz zwischen ihren Pobacken zu versenken und dieses kleine Loch so weit zu spannen, bis er komplett bis zu den Eiern in ihr steckte.

Das Gefühl überwältigte ihn mit einer Macht, die er früher als archaisch und gewalttätig empfunden hätte. Aber sie gab ihm das Gefühl, das alles okay wäre, alles erlaubt. Und dann führte sie ihn ein. Die Empfindungen überraschten ihn. So eng und heiß und dennoch feucht hatte er es sich nicht vorgestellt. Seine Vorhaut lag fester an seinem Schaft, die Eichel litt süßeste Qualen in der Enge, und ihr Po umklammerte seinen ganzen Schwanz so fest wie sonst nur ihre beiden Hände. Sie rieb, während er sich behutsam in ihr bewegte, nur wenige Zentimeter hinein- und hinausglitt, über ihren Venushügel, knapp oberhalb der Klitoris. Auch das hatte er erst begreifen müssen: Sie mochte es nicht, wenn er ihren Lustpunkt zu energisch berührte. Einen Fingerbreit darüber lag das Geheimnis ihres Höhepunkts, und genau dort kreisten ihre zwei Finger, fest und rhythmisch.

Er kniete sich hin und übergab sich der erotischen und ein wenig demütigenden Stellung, während er ihren Hintern vor sich sah, den durchgedrückten Rücken, ihr Haar, das sich im Nacken kräuselte, schwarzglänzend von Schweiß und Stolz. Er bemerkte, wie sie ihn im Spiegel beobachtete, und fuhr ihr über den Rücken nach vorne, an eine Brust, deren Warze fast hart war.

Er parkte ein, und ihm ging nicht aus dem Kopf, dass er sie erst vor zwei Nächten so geliebt hatte. Und heute rief sie an, sagte all diese Dinge, frivol, obszön, mit verdorbener Distanziertheit, so, als ob sie etwas bestellte. Wie schwer war es doch, sie nicht zu lieben! So vertraut sie einander waren und so sehr er in Gegenwart anderer den Macho spielte und sie überall anfasste, wenn andere nicht hinsahen – sobald sie allein waren, war sie es, die ihn an die Hand nahm. In die Hand. Und an ihre Wange, zwischen ihre Brüste, so klein sie auch waren, es funktionierte, als sie an seiner Seite lag und mit beiden Händen drückte und ihn bat, sie vollzuspritzen, direkt hier, zwischen ihre Brüste. Sie bat eigentlich nicht, sie befahl es in einem flehenden Ton; dieses Paradox stachelte ihn an, genau das zu tun, was sie wünschte.

Und jetzt stand er hier, an ihrem Fenster Licht, die Altarkerze brannte, und rundherum das Dunkel des Abends. Dort würde er gleich sein, und sie würden lachen, lesen, und vielleicht würde sie ihn tatsächlich mit ins Badezimmer nehmen. Wie würde er sie versohlen – konnte er es über sich bringen? Ihre Atemlosigkeit stillen, auf dass sich wieder der Vorhang der Ferne um ihre Augen schloss, die ihn stets zärtlich zu umarmen schienen? Sollte er wirklich schlagen, auf diesen festen Po, mit der flachen Hand, oder würde sie einen Lappen anfeuchten, damit es knallte? Was will diese Frau bloß, fragte er sich wieder, als er den Schlüssel ins Schloss gleiten ließ und die Tür öffnete.

»Hallo, Liebling«, sagte sie von irgendwo weiter hinten. Er zog seine Jacke gar nicht erst aus, ließ nur die Tasche von der Schulter gleiten und wunderte sich, wie all das passieren konnte, nachdem er sämtliche Superlative in seinem Leben schon auf das Nötigste reduziert hatte. Sie hatten so soft angefangen, und er war wieder in den Trott verfallen, begann sich in einen Mann zu verwandeln, von dem er annahm, dass Frauen ihn so haben wollten. Er war Macho gewesen, hatte sie hart genommen, rigoros ihre Scheide mit seinem Finger aufgespießt, ihren Nacken nach unten gezwungen, Wörter gesagt, die ihm heute spröde und einseitig vorkamen.

Er konnte sich nicht erinnern, wann es begann, dass sie ihn an die Hand nahm. Ihm zeigte, dass die Kunst der Langsamkeit nicht der Leidenschaft widerspricht, dass zögernde, rhythmische, langsame Bewegungen gut tun, dass ein Schwanz nicht nur stoßen, sondern rühren, ruhen, sich ringeln kann. Sie hatten in dem einen Jahr, immer wenn sie sich sahen, miteinander geschlafen, und inzwischen hatte er ein Sammelsurium an Bildern im Kopf, von ihr, mit ihr allein. Nie war Alleinsein so lustvoll gewesen. Sie in ihrem weißen Kleid. Sie im roten Licht der Dunkelkammer. Sie, wie sie ihre Lippen mit den Fingern berührt, seinen Samen schmeckt, lächelt und sagt: »Mehr.« Wie sie ihren Rock hebt, im Fahrstuhl, im Parkhaus, im Treppenhaus, und ein Bein auf die Führung stellt und heiser sagt: »Steck ihn rein.« Wie sie vor dem Spiegel kniet und sich befingert. Den Slip zur Seite schiebt. Sich über ihn stellt und ihn einfach nur schauen lässt.

Würde heute eine weitere Erinnerung dazukommen, die er abrufen konnte, wenn sie nicht bei ihm war, aber irgendwie doch präsent, wenn er sich berührte und alle anderen Fantasien ausschloss, um sich ganz der wohligen Erinnerung hinzugeben? Er ging direkt auf das Sofa zu, in dem sie saß, las, mit einem Fuß wippte. Den Jeansrock kannte er noch nicht.

»Hast du Hunger?« fragte sie ohne dieses lüsterne Lächeln, das sich immer so rasch in ein vergnügtes Grinsen zu wandeln schien, wenn sie bemerkte, dass er an Sex mit ihr dachte. Wow, ich begehre meine eigene Frau, schoss es ihm durch die Flut an Gedanken, und er lächelte sie an und küsste sie, kniete sich über ihren Körper und griff ihr schamlos zwischen die Beine.

»Oh, heute Strumpfhose?« fragte er, und sie drückte ihn hoch, stand auf und sagte: »Gehen wir? Ich habe Lust, dich heiß zu machen und dann irgendwo stehen zu lassen. Mitten unter fremden Leuten.«

»Wollten wir nicht duschen?« fragte er, und statt einer Erwiderung griff sie ihm an die Hose und weckte seinen schlafenden Bruder, strich mit ungeheurer Sanftheit hin und her, knöpfte seine Hose auf, glitt mit einer zierlichen Hand zwischen Slipgummi und Haut, fuhr tiefer, drückte ihn kurz und zog ihm beim Rauskommen wie nebenbei das Shirt aus den Jeans. »Nein«, war alles, was er zu hören bekam, als sie sich abwandte und noch mal einen schnellen Blick über die Schulter warf.

»Miststück. Oh, du Luder. Alles nur Lippenbekenntnisse. Ich sollte dich für diese Frechheit eigentlich sofort übers Knie legen.« Die Worte klangen in seinen eigenen Ohren fremd, aber er war wütend, und es war köstlich, wütend und erregt zu sein, besonders weil er wusste, dass sie mit ihm spielte. Ein Spiel, das beide gewinnen konnten, wenn sie sämtliche Regeln konsequent vergaßen.

Sie zog gleichzeitig Schulter und Augenbraue hoch, eine arrogante Geste, die ihn nach vorne zog, zu ihr, um ihr den Teil des Mantels, den sie bereits anhatte, auszuziehen. Nach kurzem Kampf hielt er sie von hinten umklammert, hielt ihre Arme dicht an ihren Körper gepresst, und sie wand sich genau so hin und her, dass sich ihr Hintern an ihm rieb und sein Oberschenkel zwischen ihre Beine drängte. Er knöpfte die Hose auf, holte sein Ding heraus, wichste ihn an und drängte sich an sie. »Verdammt, beug dich nach vorne«, sagte er, »danach können wir gehen, wenn ich auf deine kleine Strumpfhose gekommen bin. Dachtest wohl, die könnte dir heute Abend helfen?«

»Ich dachte eher heran, dass du sie mir zerreißt, Chéri.« Sie beugte sich vor, hielt den Saum ihres Rockes hoch, und unter der Strumpfhose war: nichts. Kein Slip, nichts, und er ärgerte sich, dass er das vorhin, als er zwischen ihren Beinen nach etwas suchte, von dem er wusste, dass es sich wunderbar weich und warm anfühlt, nicht gleich erspürt hatte.

Er stieß ihre Finger beiseite, die sich bereits in das dünne Nylon vergraben hatten, und stellte mit seinen Knien ihre Beine auseinander. Dann fasste er zur Seite, holte sich den Stuhl heran, der hässlich ratternd über die Holzdielen scharrte, und knurrte: »Stell einen Fuß darauf, dann zeig ich dir, was ich von deinen Versprechungen halte.« Sie tat es, und er hatte immer noch seine Jacke an, das Leder schlug kalt und hart gegen ihre Seite. »Ich weiß nicht, ob das so gehen wird, Chéri«, sagte sie voller Wärme, und er machte ihr Platz, damit sie die Balance halten konnte.

Mit rohen Bewegungen, die sie sanft mit der nach vorn gebeugten Hüfte lenkte, riss und zerrte er an der Strumpfhose herum, geriet endlich an eine Faser, fetzte ein Loch hinein, zerrte und stöhnte, und dann war es endlich da, ein klaffendes Loch, dahinter das verzweifelt ersehnte Ziel seiner Gier. Laufmaschen rannen ihr Bein hinunter. Schlampe, dachte er, liederliche geliebte Schlampe. Er griff zu, und sie war schon wieder so herrlich nass, das konnte doch nicht wahr sein, und er ließ seine Hand auf ihren Hintern klatschen, spürte das überraschte Zucken ihrer Lenden und vernahm nur ihr zärtliches, lächelndes »Mistkerl«, als er schließlich, endlich, durch die zerrissene Strumpfhose drang und in ihr war. Sie würde nicht viel von der Nummer haben, das ahnte er, aber er gab nichts drauf, denn sie hatte es provoziert, und er wusste, er durfte sich diese Lust gönnen, ohne Rücksicht zu nehmen.

Denn er würde es ihr bald zurückgeben, sie würde dann wieder Erste sein, und er Zweiter, wie sich das gehört in einem ordentlichen Haushalt.

Und derweil würde er sie hier, stehend, unausgezogen, schnell und hart und absolut machohaft vögeln, sein Sperma in sie ergießen, sich danach niederknien und ihren Po herzen und küssen und mit Zunge und Finger diese Herrenlotion in ihr verteilen, auf ihr, ihr zum Probieren an die Lippen führen.

Und sie? Ihre Augen würden glänzen, wenn sie sich den Rock wieder glatt strich und dann aus der unbrauchbaren Strumpfhose stieg. Sie würde sagen: »Hallo, Liebling, hast du Hunger?«, und er würde einfach nur dasitzen auf dem Sofa, mit offener Hose, einem erschlaffenden Glied, die Jacke offen, das Herz rasend, Atem stoßweise, und er würde sie so anschauen, wie er glaubte, dass sie in seinem Blick lesen könne.

Es würde so viel darin liegen, in diesem Blick. Dass er sie liebe, nicht nur, wenn sein Schwanz in ihrer Muschi, ihrem Mund oder ihrem Po steckt. Dass er glücklich sei, sie kennen gelernt zu haben. Dass er zuversichtlich sei, dass die Erotik noch lange nicht ausgeschöpft ist. Dass es nicht immer die Sadoshow mit Spielkram sein muss, um sie zu begehren. Dass sie wundervoll aussieht, wenn sie morgens die Augen öffnet und ihn anschaut oder ihn nachts im Arm hält, wenn er albtraumgeplagt aufwacht. »Ich bin doch bei dir«, murmelte sie dann, und das sagte alles. Sie war bei ihm, er war nicht mehr allein. Und wenn, dann am liebsten mit ihr.

Und das mit der Dusche? Nun, sie hatte ihm einen Hinweis gegeben. Eines Tages würde er genau das tun, mit flacher Hand auf seifenglitschiger Haut, er würde zwischen ihre schlüpfrigen Schenkel gleiten, sie dann umdrehen und ihr diesen süßen Hintern versohlen, nur ein bisschen, und dabei ihre zauberhafte

Scham streicheln, wie sie es mag, sie würde ihm dabei helfen, sie kennen zu lernen und zu erregen. Ob durch Worte, Handlungen oder Andeutungen. Er hörte jetzt schon ihr Stöhnen von den Kacheln widerhallen.

Nebenan strömte das Wasser.

»Wieso machst du so was?« fragte er, als sie sich mit einem Tuch durch die Vagina gefahren war, um das Gröbste seiner Zwei-Teelöffel-Ladung aufzufangen, bevor es ihr in den weißen Slip floss, den sie aus der Schubladenkommode im Schlafzimmer gezogen hatte. Er beobachtete, wie sie in den Slip stieg, und legte in seinen Blick die ganze Wärme, die er empfand, als sie den Rock mit dem Kinn auf der Brust festhielt, um den Schlüpfer zurechtzuruckeln.

»Manchmal geht es auch nicht«, sagte sie. »Ich kann das nicht immer so machen. Ich möchte auch verführt, umgarnt werden, mich sträuben, bevor es so weit ist. Manchmal bin ich zu willig, und oft gefällt mir das, aber nicht immer.«

»Du bist wunderschön, wenn du dich mir entgegenstreckst«, sagte er und zog seine Jacke aus, während sie eine neue Strumpfhose aus der Verpackung löste. »Manchmal möchte ich mein Schwanz sein, um all das zu sehen, was er sieht. In deinem Mund, an deiner Haut, zwischen deinen Brüsten, an deiner Scham, an deinem Po, einfach überall. Und doch ist es viel mehr als nur das, das weißt du.«

Sie nahm sein Gesicht in ihre Hände, fuhr den Augenbrauen nach, die Falten auf seiner Stirn und gab ihm einen langen Kuss, den er behutsam erwiderte, um ihr dann unendlich zärtlich über den Kopf zu streichen. Sie hatte ein Bein in der Hose, ein Bein draußen, und was sonst lachhaft gewirkt hätte, strahlte so viel Vertrautheit und Geborgenheit aus, dass es ihn mit tiefem Frieden erfüllte. »Darf ich dir die Nägel lackieren?« fragte er und blickte auf ihre nackte Haut.

»Gern«, sagte sie, »warte, ich hole Watte und Lack.« Sie zupfte wieder an der Hose, ging barfuß über die Dielen, ihr Rock schwang, und er würde gleich zum allerersten Mal einer Frau die Fußnägel machen. Aus Bewunderung, aus Sehnsucht nach Nähe und weil es ein weiteres wunderschönes Bild der Erinnerung gäbe.

3. Kapitel

Singles: Allein macht (nicht) glücklich

Achtung: Das Leben ist kein Ponyhof, und wenn wir hier so tun würden, als ob die Liebe das Einfachste von der Welt wäre, dann wären wir Lügner und müssten das Land verlassen. Denn nichts ist für manche Menschen schlimmer, als zu lange Zeit unfreiwillig allein zu sein.

Wer erst mal nicht drüber nachdenken will: weiterblättern bis Seite 89 und dankbar sein, dass Sie sich nicht mit den fiesen Begleiterscheinungen eines Single-Lebens herumplagen müssen. Falls es Sie aber interessiert, was in den Köpfen und Herzen Ihrer Freunde oder Bekannten vorgeht, die ohne Partner dastehen und liebend gern einen finden würden – dann müssen Sie jetzt hier durch, auch wenn's Ernst wird. Oder für den Fall, dass es Ihnen mal genauso ergehen könnte – was ich Ihnen nicht ernsthaft wünsche …

Sie ist Krankenschwester, über dreißig, ihre längste Beziehung hatte zwei Jahre gedauert, und das auch noch mit einem Verheirateten. Mit der Zeit wird Beatrix immer anstrengender. Jeder Kerl – ja, auch der hinter der Fleischtheke, der Taxifahrer oder der zufällige Bekannte der besten Freundin – wird daraufhin taxiert, ob er als potenzieller Vater von Beatrix' ungeborenen Kindern taugt. Sie verabredet sich nicht, sie hält Vorstellungstermine ab – die Männer, die sich wahrscheinlich nur deswegen mit ihr treffen, um zu schauen, was sich mit Beatrix ergeben könnte, werden von ihr nach einer komplizierten Checkliste abgefragt:

Wie sehen seine Zähne aus, seine Schuhe? War er verheiratet? Wenn ja, wie lange und warum jetzt nicht mehr? Hat er Kohle und wenn nein, hat er wenigstens Interesse an ihren Interessen? Wie richtet er sich ein? Hat er Farbgefühl oder wenigstens hygienische Grundkenntnisse? Hat er Kinder? (Die Väter scheiden dann völlig aus – weil Singles ja ganz genau wissen, was andere nicht wollen, und dazu gehört nun mal, dass jemand, der Kinder hat, sich den Stress nicht noch mal antun möchte, weshalb eine gemeinsame Familie von vornherein ausscheidet. So was nennt sich vorauseilender Gehorsam oder auch Self-fulfilling-prophecy und führt zum garantiert nicht gewünschten, aber herbeigerufenen Elend …)

Weiter: Will er sie nur bumsen oder auch ehren, lieben und ihr zumindest ab und an zu Füßen liegen? Ist er Skorpion und wenn, dann wenigstens ein Oktobergeborener? Ist er Einzelkind, und muss man dann damit rechnen, dass er egoistisch und gedankenlos ist? Meint er, was er sagt, oder sagt er nur, was er meint, dass sie hören will (und wenn, wie wollen wir es jemals herausfinden?!)?

Lassen wir die Liste Liste sein. Sie ist endlos und kompliziert, und letztendlich wirft Beatrix sie doch über den Haufen, wenn der Typ lecker riecht oder gut küssen kann. Auch wenn er Vater von zwei unehelichen Kindern, kleiner als sie, mehr oder weniger gebunden und zudem auf der Durchreise ist. Weil, liebe Anne, höre ich dann, es nicht immer Hundertprozentkerle geben kann und Bea sich einfach mal wieder an einem nach Männeratem duftenden Kopfkissen schubbern möchte.

Also hält sie weiter Ausschau und wittert in jedem Linksträger eine Liaison mit Tiefgang und Zukunft. Von den Rechtsträgern und Wassermann-Männern ganz abgesehen.

War bei mir übrigens nicht viel anders.

So. Aber Männer und Frauen müssen nicht immer zwangsläufig ein Paar werden, wenn sie sich treffen – es gibt entgegen landläufiger Meinung tatsächlich Männer, die an
Freundschaften interessiert sind, oder an losen Bekanntschaften, mit denen man(n) mal quatschen oder ins Kino
oder nachmittags zum Pferderennen gehen kann. Dumm
nur, dass Singles jegliches Interesse als sexuelle Annähe-
rung verdächtigen – zumindest neigen sie dazu. Da werden
mögliche Freundschaften gar nicht erst begonnen: »Weil,
der will ja was von mir, ich aber nicht von ihm, weil, er hat
ja schon eine Tochter und ist sowieso zu alt für eine neue Familie.«

Kleine Anekdote am Rande: Wahrheiten nützen gar
nichts, wenn ein weiblicher Single überzeugt ist, jemand
wolle *etwas* von ihr. In jenem Fall war es die Tatsache, dass
der Mann, der mit Beatrix ab und an mal ausgehen wollte,
weil er sie nett und angenehm und lustig fand und sie außerdem in seinem Viertel wohnte, ihre Freundin heiraten
wollte – mich. Wie immer in den sieben Jahren unserer
Freundschaft lehnte ich es mit einem warmen Lächeln ab,
erzählte es dennoch Beatrix – und sie meinte nur ungläubig
entzürnt: »Ach, der sagt das doch nur so.«

Ach so. Okay. Mag ja sein, dass er mich heiraten und mit
ihr in die Kiste hüpfen wollte, aber so offensichtlich blöd
stellt sich eigentlich keiner an.

Sie hat es verpasst, einen liebenswerten Mann kennen zu
lernen, nur weil sie dachte, der wolle was von ihr, obwohl er
sein Herz doch längst einer anderen auf die Fußmatte gelegt
hatte. Als er auch noch durchs Raster fiel (zu alt, Vater einer
Tochter, zu klein, Sternzeichen Schütze), wollte sie gar
nichts von ihm. Nicht mal Sympathie und lockere Freund-
schaftsbande.

Gibt es denn nur Entweder-oder? Entweder Beziehung
oder gar nichts? Wieso werden Singles mit zunehmendem

Alter so panisch und angestrengt unangestrengt oder seltsam oder zynisch oder verzweifelt? Und was hat die Zahl dreißig damit zu tun?

Und überhaupt, was soll die Geschichte? Die ist doch so spannend wie die Vorstellung, jemandes Eier in einem Eimer herumzutragen.

Das ist der berühmte »szenische Einstieg«. Mein zweiter Chef (dreimal verheiratet, zwei Söhne, zu alt für eine vierte Familie …) hatte mir das eingebläut, und jetzt kann ich nicht anders, als Intimitäten aus meinem Freundeskreis zu Geschichten zu drehen. Dafür entsprechen sie der Wahrheit, alles kann man sich auch nicht ausdenken, und ich bekomme massenweise Schelte: »Dir sach ich nix mehr, sonst finde ich mich in deiner nächsten Geschichte wieder.« Ich überlege nun, für jede Lebensbeichte eine Mark zu zahlen, sozusagen symbolisch. Oder einen halben Euro, diese Demontage des deutschen Stolzes …

Eins ist mir durch geklaute, geborgte, gehörte, selbst überprüfte und zusammengereimte Storys vertraut und lieb geworden: Singles sind seltsam. Je älter sie werden und je vertrauter mit den Niederlagen der Liebe, desto höher sind ihre »Ansprüche« (so nennen sie es – in Wahrheit hat ihnen schon lange keiner mehr gesagt, dass ihre Macken und intoleranten Prinzipien auf Dauer nicht liebens- und lebenswert sind).

Und dann passiert etwas Seltsames: Je höher die Ansprüche, desto mehr Dummheiten veranstalten Singles – zumindest weibliche. Dass Männer einen ganz anderen Rhythmus ihres Singlegefühlslebens haben, haben wir schon immer geahnt. Männer würden selten zugeben, dass ihre Anforderungen wachsen und die Auswahl immer geringer wird. Sie stolzieren als der sich im Alltag behauptende Single herum und sagen, sie hätten keine Zeit, die richtige Frau oder den richtigen Kerl kennen zu lernen. Klar, »keine Zeit« – aber das TV-Programm von der Vorabendserie bis zum Nachttipp auswendig kennen, ist doch läscherlisch. Oder die Messieurs wollen sich noch nicht festlegen (klaro, weil sie eine Auswahl wie beim Media-Markt haben???). Oder haben noch an den Enttäuschungen der letzten Zweisamkeit zu knabbern (die zwar bereits drei Jahre zurückliegt, aber die Wunden brechen immer wieder mit gewaltigen, reißenden, alles verschlingenden Blutströmen auf – wow!).

Um es zusammenzufassen: Männliche Singles haben immer eine Ausrede parat, um sich zu rechtfertigen, und immer liegt es am Verhalten oder an den Widrigkeiten der Umwelt, dass es anders gar nicht sein kann, als es ist.

Frauen dagegen begründen ihre Dinner-for one-Show mit ihrem Innenleben – ich bin nicht so weit, ich trau keinem Mann zur Zeit, ich bin nicht bereit für eine Beziehung, ich bin mir meiner nicht sicher.

Oder der Grund ist, dass die guten Kerle alle schon verheiratet sind – was durchaus sein kann, was die Mittdreißiger dieser Tage angeht. Übrigens sind auch die weniger guten verheiratet, aber das geht nur deren Ehefrauen was an (was treibt Kerle eigentlich dazu, dass sie trotz ihres Eherings einmal im Monat mit ihren Jungs herumziehen und nach »Hühnern« ausschauen? Was soll das Gerede davon, welcher von den »Schnallen« sie es wann wo besorgen würden, wenn die Tussi doch nur mal für einen Augenblick herüberblicken würde? Es gibt genug Ehemänner, die sich über die Kontaktfrequenz ihres Schwanzes mit fremden Vaginas definieren, ach, du Elend, ich alleine kenn ja schon 'ne Hand voll. Dummerweise kennen die Typen auch meine Tschurimuri – ein wunderbarer Begriff aus den *Vagina-Monologen,* einem Theaterstück der New Yorkerin Eve Ensler mit Glen Close – den Älteren von uns noch ein Begriff – und Winona Ryder, in dem Ladys aus allen Klassen über ihre Spalte Auskunft geben. Jetzt touren die Skandalmonologe durch Deutschland und brüskieren die Spießer. Aber der Begriff Tschurimuri ist das einzig wirklich Wunderbare an dem ganzen Stück, wenn Sie mich fragen).

Deswegen entwickeln wir uns zu einer Ein-Personen-Gesellschaft. Single-Menüs, Single-Gleitkultur, Single-Waschmaschinen und Single-Bonus bei Hiphopvideocliptanzkursen. Riesen Stadtwohnungen werden ungeachtet der Lichtverhältnisse oder der Ästhetik auf Single-Anspruch getrimmt, indem man hässliche, bindendünne Wände einzieht, Single-Tarife gibt's vom Strom bis zum Versicherer, nur der Einzelzimmerzuschlag bei Fernreisen ist schon merkwürdig.

Jeder sollte das Alleinsein wenigstens komfortabel genießen und nicht dafür bestraft werden, eine familygroße Fleischwurst nicht vertilgen zu können. Dazu kommen unzählige Flirt-Lines, Singles-Chats, Kleinanzeigen, Zeitschriftenbeilagen, Fisch-sucht-Fahrrad-Partys und allerlei andere Kontaktbörsen, bei denen dem Schicksal auf die Knie geholfen werden soll. Und das Allermerkwürdigste an den Dingern: Niemand traut sich zuzugeben, dass eine feste Bindung eigentlich ganz klasse wäre. Selbst in persönlichen Gesprächen höre ich immer wieder, dass es andere Leute doch verschreckt, wenn man auf Beziehung aus ist statt auf Sex ohne Flattern oder wenn man gar Gemeinsamkeiten außerhalb der Beischlafzone sucht. Sind wir alle so bindungsängstlich und lustorientiert? Oder denken wir etwa, durch gespielt-gewollte Unkompliziertheit die Begegnung des Lebens eher für uns zu gewinnen und festzuhalten als mit ehrlicher Sehnsucht nach Paarbildung? Wassn das fürn Scheiß?

Wenn ich denke, was ich alles so zu hören bekommen habe, und wenn ich mich an die kleinen Seitenblicke erinnere, die Lonely Someones so durch die Gegend werfen, dann werde ich schwermütig. Ich sehe und höre und fühle und ahne und erinnere mich an mich selbst: Single sein ist nicht witzig, vor allem nicht, je länger es dauert. Nach zwei, drei Jahren fühlt man sich mehr als seltsam, niemand ist da, mit dem man Erinnerungen teilt, auf dem Beifahrersitz hockt kein Mitfahrer, sondern es stapeln sich Taschen, Müll, Zeitungen, Bonbonpapier und das Schmusekalb. Man wird sauer auf glückliche Paare (auch wenn sie nur so tun) und empfindet gewisse Erleichterung, wenn es bei dem oder der nicht hingehauen hat oder zwei auseinander gehen. Man weiß nichts mit sich anzufangen, und gleichzeitig hat man mehr erlebt. Nur: Öfter mal Dinge zu teilen wäre auch schön. Oder doch nicht? Allgemeine Verunsicherung macht sich breit, selbst das Nachdenken über Unsicherheit macht unsicher. Bis man nur noch darauf wartet, ob sich was ergibt, und sich bis dahin abwechselnd entweder in Superlativen ergeht oder die Erwartungshaltung hart zusammenstreicht.

Medien, Werbung und Veranstalter bemühen sich zwar nach Kräften, gut aussehende Singles attraktiv, schlagfertig und selbstbewusst erscheinen zu lassen und ihnen ein unabhängiges Leben unterzujubeln – aber wie viele scheitern an der Frustration der Freiheit? Unzählige Wochenende allein verbracht. Unzählige Einheiten am Telefon verquatscht. Mit immer denselben Leidensgenossen über dem Schicksal, einer Flasche Roten und fünf Tüten Chips gebrütet. Sämtliche Pizzaservicenummern auswendig gelernt und die Namen der dreiundzwanzig Pizzajungs rückwärts buchstabiert. Alle Szene- und Pistenblätter ausgewertet, Termine angekreuzt und dann doch nicht hingegangen. Dann das Altpapier entsorgt und über sich selbst geärgert, Windbeutel gekauft und neues T-Shirt bekleckert. Stunden mit Shopping verbracht. Frust geschoben, weil keiner einem gesagt hat, dass der Arsch in der Jeans wie ein Doppelwhopper aussieht statt wie die reinste Verführung zur dezenten Züchtigung. Traurig am Neujahrsmorgen aufgewacht, allein, genauso am Geburtstag und am ersten Tag des neuen Jobs. Keinen gewusst, dem man was zum Valentinstag schenken könnte oder über den man sich ärgert, wenn er einem doch wieder das falsche Parfüm geschenkt hat. Keine Überraschungsliebeszettel zwischen der Unterwäsche, keine Eiscreme auf dem nackten Po. Keinen, für den es sich lohnt, die Edeldessous abzunähen oder die Schuhe im Bett anzubehalten, und sei es auch nur zum Spaß. Niemand, zu dem man gehört oder der ein Gedicht schreibt, das sich nicht reimt. Niemand zum Streiten, Lachen, Lieben, Kochen. Selbst Sex ist nicht mehr einfach so zu kriegen – schlechter schon, davon gibt's genug, aber die sich anstrengen, auch wenn es bloß für einmal oder für zehnmal sein könnte, die bleiben lieber treu, das muss man sich mal vorstellen. Zumindest lauten so die aktuellen Zahlen: dass die Menschen weit weniger fremdgehen, aber dafür mehrere Beziehungen haben. Kurze bis mittellange, und zwar nacheinander, nicht nebeneinander. Bedauerlich, zumindest für Singles, die sich mal wieder schubbern wollen.

Wie man sich dabei ertappt, wie es einem auf die Nerven geht, sich immer wieder selbst einen runterzuholen und den Körper beim Verwelken zu beobachten. Ungenutzte, schwellende Brüste. Stolze, aber ignorierte Schwänze. Duftige, ungestreichelte Haut. Weiche, unberührte Haare. Ach, was für eine Verschwendung, da allein unter der Decke, wenn die Nacht so gar nicht vergeht und keiner seiner Liebe Ausdruck verleiht durch heillos besitzergreifende Berührungen. Gott, das kann so traurig machen, dass das beschissene Selbstmitleid die beste Masturbationsfantasie versaut.

Waaaaaah! Akute Singlizissitis. *Symptome:* Zu viel und zu laut lachen, wenn es um das eigene Ich geht. *Ursachen:* Zu viel mit sich selbst beschäftigt, um noch zu peilen, was los ist. *Heilung:* Entspringt nur aus sich selbst, kommt niemals von anderen. *Zukunftsaussicht:* Immer mehr Singles werden sich gegenseitig anschmachten und dann nach Hause gehen, um zu leiden.

Düster. Düster, düster, düster. (Das ist aber nur die eine Seite.)

Also, es ist nicht witzig. Die besungene Freiheit kann heillos einsam und anstrengend sein. Man bekommt so viel vom Alleinsein mit, dass es für Jahrhunderte reicht. Man beginnt mit sich selbst zu reden (und kann sich nicht mal selbst kitzeln oder sich einen neuen Witz erzählen) oder einfach nur abzuschlaffen. Guckt Fernsehen und wundert sich über Schlafstörungen oder dass man autistisch in die Nacht lauscht, hell erleuchtete Fenster gegenüber mit dem Fernrohr nach Leben absucht und dann im Bus betreten wegschaut, wenn das Gegenüber plötzlich lächelt. Tauscht sich zwar liebend gern mit anderen über SMS aus oder chattet, bis die Maus quiekt, aber was dann die Kommunikation von Angesicht zu Angesicht betrifft, da wird der Single immer untrainierter. (Wir gehen hier vom Worst Case aus, natürlich muss nicht alles so enden, dass ein Single zum Leben nur noch Würstchenbude, 24-Stunden-Tanke und Videothek in seiner Nähe braucht und sonst nicht aus dem Haus geht.)

Mal ganz davon abgesehen, dass um einen herum die Welt in schöner Zweisamkeit versinkt und das auch nicht gerade zum Jubeln ist. Diese blöden, grenzdebilen Pärchen, die flirten und lachen und so tun, als ob das Leben ein Werbespot von Chio wäre! Die Zicke, die damals nie einen abgekriegt hat, ist inzwischen zweifache Mutter und gesettled. Die beste Freundin ist mit ihrem Chef verheiratet, und es läuft fantastisch. Die Männer, die früher auf einen scharf waren, sind inzwischen Papa oder schwul oder ausgewandert. Die Ehemänner, denen früher locker eine Affäre zuzutrauen wäre, sind müde und treu geworden. Oder haben sich scheiden lassen, um das Leben jetzt ganz anders zu leben als jemals zuvor, nämlich mit einer jüngeren Frau. Abgesehen davon – egal, ob sich eine Frau über das Muttersein definiert oder nicht –, tickt die biologische Uhr ab dreiunddreißig, vierunddreißig so was von penetrant laut, dass sich auf der Straße alle nach diesem merkwürdigen Geräusch umschauen. Eine Frau in diesem Alter kommt einfach nicht ums Nachdenken herum, ob ein Baby oder gar eine Familie für sie in den nächsten sechs bis acht Jahren noch in Frage kommt. Was die Suche nach einem Prinzen erschwert, denn verantwortungsvolle Frauen werden die Sache weder ignorieren noch für sich allein angehen können. Ein Kerl sollte wissen, was auf ihn zukommt – selbst wenn es nur ein Vielleicht-eventuell-weißnichrecht-möglicherweise ist. (Beim ersten Rendezvous gleich mit den Traumnamen für einen künftigen Dreiwindelhoch zu kommen wäre allerdings leicht überspitzt.)

He, Babys! Was für ein Thema, besonders seit es immer weniger Geburten in Deutschland gibt und immer mehr Antibabypillenrezepte für Singles, die für den Fall der Fälle gerüstet sein wollen. Also: der Kinderwunsch. Leider sind Männer nicht alle dämlich. Sie ahnen, dass Frauen Anfang dreißig, die noch kein Kind haben, mitten in dieser Überlegung stecken könnten und sie (die Herren der Schöpfung) auf Vaterqualitäten abrastern. Ist nun mal so, auch wenn sie sich letztendlich für Kinderlosigkeit entscheiden.

Und vielen von den nicht ganz dämlichen Typen steigt die Panik in die Augen, dass sie nur als Erzeuger hergenommen werden, oder, falls ihnen das keine Angst macht, sie befürchten, dass die Frau ihrer Träume nicht den Traumvater in ihnen sieht. Dann lieber gar nicht erst in die Situation kommen, als möglicher Vater unter die Lupe genommen zu

werden und womöglich durchzufallen. Also gehen Single-
männer Mitte dreißig Singlefrauen Mitte dreißig aus dem
Weg, damit sie sich mit der Ich-will-eine-Familie-und-du?-
Situation nicht auseinander setzen müssen. Weil sie Angst
haben, sich festlegen zu müssen, obwohl hinter der nächsten Ecke doch was Besseres warten könnte. Merkwürdig –
suchen nach einem Platz an der Seite eines Menschen und
fürchten, das Beste dann doch zu verpassen.

Angst, Angst, Angst. Selten hatten Menschen so viel
Angst voreinander wie heute. Männer vor Frauen, Mädchen
vor Jungs. Die Angst, abgewertet und abgeurteilt zu werden, ist zumindest in Europa (anderswo gibt es dringendere
Ängste als die, was der andere wohl von mir denkt) der Ka-
talysator verpfuschter Tage. Aber bevor wir uns hier in Psy-
chopseudoüberlegungen der Angsttherapie ergehen, lieber
zurück zum Single.

Durch mangelnde Partnerschaftserfahrungen, die, je länger
man alleine ist, immer schwerer aufzuholen sind, steigt einerseits die Unsicherheit und sinkt andererseits der Wille,
Kompromisse zu schließen. »Das lass ich mit mir nicht
mehr machen« ist das Erste, was Singles zu einer neuen Beziehung einfällt. Dazu kommen immer engere Raster – auch
der Single selbst fällt durch, lässt nicht nur durchfallen. Flirten, verlieben, lieben, halten, das scheint immer schwieriger zu werden. Wegen mangelnder Übung wird der Single
auch öfter und rascher enttäuschende Begegnungen haben – die Studie am lebenden Objekt beschränkt sich ja immer nur auf erste Eindrücke und zweite Handlungen.

Wenn sich eine Affäre an die nächste reiht, ohne zur zärtlichen Zweisamkeit mit, sagen wir mal, Synchronaufstehen
zu führen, fehlt besonders langjährigen Singles das Training
in Sachen Menschenkenntnis. Sie ahnen nicht, was sich
hinter der Schokoladenseite des anderen wirklich verbirgt,

aber erst später zum Vorschein kommt oder warum ein sticheliger Macho als Partner doch ganz passabel sein könnte. Deswegen verrennen sie sich in »Traummänner« und »Traumfrauen«, die letztlich völlig anders als gewünscht sind.

Warum ich das hier erwähne? Weil es immer »gute Freundinnen« gibt, die es wieder mal vorher gewusst haben oder sonst wie völlig unsensibel auf die neueste Flaute des Singles reagieren. »Das habe ich doch gleich gesagt« ist nicht gerade eine mitfühlende Äußerung und so ziemlich das Letzte, was man in einer solchen Situation hören will.

Aber eines Tages geschieht das lang Ersehnte und schmerzlich Vermisste, das fast schon Aufgegebene dennoch. Eines Tages, an der Theke des fidelen Wurstverkäufers oder am Nachtschalter der Tanke. Da steht sie. Oder er. Und statt eines schnellen Blicks gibt es ein kleines Gespräch. Worte, Leute! Ihr wisst ja, diese kleinen Dinger, mit denen man so viel machen kann. Und, es ist wie Magie oder mindestens wie Brausepulver, das auf der Zunge tanzt: eine Verabredung! Und nicht nur das, der andere scheint ebenfalls Fliegeviecher in den Därmen sitzen zu haben, zumindest wird sein Blick immer ganz anders, so als ob sich ein Vorhang hebt, und dahinter kommt ein Wunsch zum Vorschein, der in dem Traum gipfelt, zusammen zu sein … im weichzeichnenden Abblendlicht einer Romanze dem Himmel entgegen …

Schnickschnack! Es passiert was. Junge trifft Mädchen, Mädchen verliebt sich in Jungen, Junge trifft Jungen, so was ihn der Ecke. Es passiert. Das. Unerwartete. Ersehnte. Erhoffte. Vergessene. Verliebt. Verunsichert.

Hilfe!

Wenn es dann also zum ersten Urknall seit ewigen Zeiten

kommt, bricht die lang versteckte Sehnsucht nach einem liebenden Partner hervor. Und mündet nicht selten in atemberaubender Umklammerung, überhastetem Haushaltszusammenschluss und Ängsten vor dem Verlassenwerden. Plötzlich kann alles nicht schnell genug gehen, um zu erleben, was so bitter entbehrt wurde. Das ganz große Gefühl *sofort* und *für immer*. Frei nach dem Panikgeschrei: »Ohne dich hat das Leben keinen Sinn, als Single bin ich doch ein Niemand! Durch deine Liebe werde ich überhaupt erst zum Mensch, zum vollwertigen, lass mich nicht allein, gib meiner Existenz eine Berechtigung, lass uns ein Paar werden ...« – bis sich die Liebesbeziehung nur noch um sich selbst dreht und genauso fragil ist wie diese piefigen Nippesdinger im Setzkasten, die man so leicht mit dem Jackenärmel runterreißt. Splitter, kaputt, unheilbar. Und Narben lebenslang, wenn man reintritt.

Es wäre doch so schön, endlich wieder jemanden zu haben – doch dann macht der erprobte Single als Duotänzer fast alles falsch, was man als Beziehungsungelernter falsch machen kann. Zu viel Enge, zu viel Freiheit, Angst vor Fehlern, Selbstverleugnung, um dem anderen alles recht zu machen, und, und, und. Ganz abgesehen von den Zweifeln, das neue Glück verdient zu haben. Pausenlos wird es in Frage oder auf die Probe gestellt. Da werden hektisch Schlüssel nachgemacht und beim ersten Frühstück in die Serviette geschmuggelt. Zahllose gemeinsame Aktivitäten in vierundzwanzig Stunden gepresst. Sex auf Teufel komm raus inszeniert. Auf Krampf sind wir lustig, unkompliziert, unbeschwert und völlig entspannt. Unablässig wird der Charakter des anderen auf sein Für und Wider geprüft – als ob man den in zwei, drei Wochen auch nur annähernd begriffen hätte! Gaaanz tief andauernd nach innen gelauscht auf das große »Ja, er ist es« oder ängstlich-wartend auf »Ach, nee, ist sie es doch nicht ...?«. Es wird so viel gelauscht und nachgehakt – fast so schlimm wie bei Dauer-diätlern, die sich morgens und abends auf die Waage stellen. Und es ist genauso witzlos, echt. Eiertanz auf dünnem Eis in zu großen Schlittschuhen ohne Schnürsenkel – ja, das trifft es ungefähr.

Alles, was man sich in seiner Solozeit an Ideen, Idealen und inbrünstig geschworenem »Das-mach-ich-nie-wieder« erträumt hat, um nur das Beste aus einer Beziehung zu holen – schwupp, vergessen. Drei Jahre gegrübelt, was man alles nicht will und möchte, und dann – vergeigt.

Was ist schlimmer?! Single sein, seit kurzem nicht mehr Single sein oder nicht mal annähernd ein Single sein? Sich auseinander gelebt zu haben oder zwanghaft zusammen gelebt zu haben? Was man nicht hat, will man haben; hat man's dann, war's doch das Falsche.

Was für ein grausames Spiel des Lebens, ohne das wir aber leider wohl nicht lieben, leben, leiden könnten. Es muss ja sein, nicht wahr, ohne diese Qual wäre all das Schöne doch nichts wert ... oder? Oder??? Kann es vielleicht auch mal ohne Schmerzen gehen?

(Tiefster Seufzer vom Grund der Seele.)

Das sind die Gefühle eines Singles während der einen Hälfte der Tage.

Und die andere Hälfte?

»Wow! Party! Leben! Lifestyle! Total geile unabhängige Freiheit, ihr könnt mich alle mal, und ich bin froh drum! Ha!«

Jaja, dann sind die Singles in uns dankbar für ihren Aggregatzustand – inzwischen ist jeder Fünfte zwischen fünfundzwanzig und fünfunddreißig Solist, Tendenz steigend.

Dankbar dafür, dass sie mit der fehlenden Freude auch das Leid ausschließen, den Stress, das Angebundensein, die dauernden Kompromisse. Sie fühlen sich wohl in ihrem eigenen Rhythmus. Haben Zeit, sich mit sich selbst zu beschäftigen anstatt mit den Marotten eines anderen. Sehen sich gefeit vor Eifersucht und Enttäuschung. Haben endlich ihre Mitte gefunden, die sie mit ihrem letzten Partner niemals zu Gesicht bekamen.

Verabreden sich, mit wem sie wollen, und zu jeder Zeit, niemand, der auf sie wartet und die Mörderszene mit oscarverdächtigen Kreischauftritten aufreißt. Keiner, der mit Psychospielchen aufwartet, wenn in der Kneipe mal ein Blick zu viel mit dem geilen Typen am Nebentisch ausgetauscht wurde. Keiner, der eifersüchtig und genervt auf die beste Freundin reagiert. Keiner, der sich beschwert, dass man lieber arbeitet, statt gemeinsam etwas zu unternehmen. Flirten bis der Arzt kommt, unbeaufsichtigt tun und lassen, was man möchte. Keine Sorge, dass einem der Kerl oder die Frau ausgespannt wird, keine Missverständnisse mehr in der Familie, kein »Du Mann, ich Frau«-Gehaspel und Kämpfe um die Fernbedienung oder wer als Erster ins Bad darf.

Was man sich nicht alles erspart! Einfach Urlaub nehmen von der Verantwortung, die sonst eine Beziehung mit sich bringt. Und stattdessen sich mal um das Wichtigste überhaupt kümmern: die eigene Seele. Inklusive deren Frieden.

Aber, komisch, mehr fällt mir jetzt auch nicht ein zur Feier des Singles. Auch nach allergenauesten Nachforschungen treffe ich nur auf eine Sorte rundum zufriedener Singles: die Geschiedenen oder Getrennten. Und da wieder die, die etwa seit einem Jahr allein sind. Denen geht es so gut, dass man sich sofort auch trennen möchte (ein Scherz, Schatz).

Spätestens nach drei Jahren nagt der Zweifel. »Der Freiheit glücklich entronnen« – diesem Paradox würden die einst zufriedenen Solotänzer, die mit sich selbst und der

Welt im Einklang waren, gern mal wieder auf den Grund gehen. Erst mal nur so, um zu gucken. Und wenn das Gucken so gar nicht klappt, kommt die leise Furcht. Dann der Rest. Zwischendurch die Überzeugung, man wolle nie und nimmer und ganz bestimmt überhaupt nicht wieder eine Beziehung, nein, wozu denn, meine Freiheit geb ich nicht auf.

Okay, okay. Muss auch keiner. Fühlt euch einfach verstanden, ihr Überzeugten. Sagt nichts, verteidigt euch nicht, es lebe das Mitgefühl!

Bestimmt gibt es Traurigeres auf der Welt, als Single zu sein. Und all denen, die sich vor einer Trennung fürchten, weil sie das fremde Land jenseits der Gewohnheit und aller angenehmen Routine nicht kennen, sei verraten: Es kann so was von geil sein, allein zu sein! Denn allein sein muss ja nicht einsam sein bedeuten. Auch wenn sich von heute auf morgen der Freundeskreis verändert und die Abende plötzlich und fürchterlich unausgefüllt erscheinen – das ist die Chance, um sich selbst wieder zu finden. Um Dinge zu tun, die vorher daran gescheitert sind, dass der andere nicht damit einverstanden gewesen sein könnte (zum Beispiel als Nacktmodell posieren, einen Gesangskurs machen, in die gemischte Sauna gehen. Endlich mit dem hübschen Kellner flirten, nach dem Job in den After Work Club gehen oder mal eben runter an den Fluss spazieren, Wasser gucken. Die Freundin zu Hause begrüßen, statt sich außerhalb zu treffen. Am Samstagvormittag massenhaft Bücher lesen, statt gemeinsam Fressalien zu besorgen. Statt Fußball in der Südkurve oder in der ARD am Abend zu glotzen, lieber *Die Nanny* auf RTL 2 oder bei der Freundin gucken. Die Inline-Skater in die Ecke pfeffern und Stepptanz lernen. Zitroneneis kaufen statt Blattsalat).

Außerdem, um mal wieder die Wissenschaft anzuführen, ist die Welt voller so genannter transitorischer Singles.

Wattendat? Das sind Leute wie Sie und ich und mein Kumpel Mark und meine Freundin Wiebke, die zwar Single sind, sich aber ohne Probleme eine neue Partnerschaft vorstellen können. *Achtung, nachträglicher Zusatz im Lauf der Manuskriptentstehung:* Wiebke hat einen neuen Freund! Er war auch Single, ist seit einem Jahr getrennt, womit die Theorie, dass alles im Fluss ist, bestätigt wird. Hoffe, die beiden bleiben ein Paar, bis dieser Wälzer hier auf dem Markt ist. *2. Nachtrag:* Sieht schlecht aus.

»Transitorische Singles« sind also solche Eintänzer, die weder verbittert noch neurotisch noch anstrengend noch voller verquerer Prinzipien sind, sondern die Ihnen, bezaubernde Leserin, entzückender Leser, jederzeit über den Weg laufen können und mit denen sich fein was anfangen lässt, weil sie nur vorübergehend Single sind, nicht hauptberuflich.

Das Beste an diesen Transistorradios oder Tornistern, nein: transitorischen Leuten ist: Es gibt Millionen von ihnen, Millionen!

Große Liebe, große Affäre, kleine Liaison – der Superknaller mit acht Kindern und fünf gemeinsamen Häusern inklusive Orchideengewächshaus, drei Hunden und sechs querkackenden Kanarienvögeln in der Küche muss es ja nicht sein, um die Seele zu streicheln. Es kann auch einfach nur eine wahnsinnig tolle Freundschaft sein, eine romantische Nacht, nach der man wieder weiß, dass man lebt.

Haben Sie also keine übersteigerte Angst vor dem Singledasein: Sie haben alle Zeit der Welt, um sich ganz neu und intensiv um sich selbst zu kümmern, bevor Sie sich wieder in eine Liebe mit Bestand stürzen können, wollen, einfach hineinstolpern.

Das ist ja das Verrückte daran: Wenn man am wenigsten dran denkt, kommt da einer und sagt nach einer Zeit: »Ich liebe dich.« Tja, damit rechnet man nicht wirklich.

Zurück zu Ihnen, der wichtigsten Person hier, jetzt, heute. Auf Sie kommt es an.

Irgendwann muss auch die Zeit sein, dieses Schwarz-weißleben eines Singles in Frage zu stellen. Und es zu wagen, darüber nachzudenken, ob Sie ganz persönlich wirklich jemanden in Ihrem Leben brauchen, um sich selbst darüber zu definieren, um sich wohl zu fühlen, um das Leben als lebenswert zu empfinden. Könnte es nicht sein, dass Sie vielleicht nicht unbedingt für eine Zweisamkeit gemacht sind, die bis zum Sargdeckel reichen soll? Würden Sie um ein Vielfaches glücklicher sein oder auch nur völlig zufrieden mit dem, was da ist – Freunde, Bekannte, Familie, Gelegenheitslover oder eine Liaison mit jemandem, der bereits »vergeben« (sprich: verheiratet) ist und nur die schönen Stunden mit Ihnen teilen kann?

Vielleicht ist es so. Vielleicht müssen Sie gar nicht die Hälfte eines Paares sein, um sich selbst zu mögen. Aber das schlechte Gewissen oder die Moral oder die verschissene Gruppendynamik Ihrer Gesellschaft macht es Ihnen schwer, allein glücklich zu sein oder wenigstens dazu zu stehen.

Wenn ich daran denke, wie oft ich von Frauen gehört habe: »Ich brauche keinen Mann in meinem Leben, um zu existieren«, dann frage ich mich, woher diese Überzeugung stammt. Sie kann nicht nur eingeredeter Selbstschutz sein, sondern entspringt vielleicht tatsächlich einem Gefühl der geistigen, seelischen und körperlichen Unabhängigkeit. Wieso diese Unabhängigkeit also nicht leben und sich stattdessen verbiegen – nur »weil es sich so gehört«? Frauen haben inzwischen das Wahlrecht, die Glühbirne ist auch schon erfunden, und der mächtigste Mann der Welt hat seine Praktikantin verleugnet. Also können Sie Ihr Leben so gestalten, wie es heute möglich ist, und müssen nicht so tun, als ob wir hier groß auf Schicklichkeit schwören. Befreien

Sie sich von den Fürzen, die andere Leute im Kopf haben. Sie müssen mit Ihrem Leben zurechtkommen, nicht die anderen.

Es wird schon nicht an Ihnen und Ihrer Beziehungslosigkeit liegen, wenn die Menschheit ausstirbt; Ausgleich gibt's ja immer irgendwo, weil wir komischen Wesen auf zwei Beinen nicht alle ganz gleich sind, zum Glück. Es gibt die geborenen Mütter, und es gibt die geborenen Königinnen, die herrschen, ohne zu teilen, und das völlig in Ordnung fänden, wenn die seltsamen Regeln ihrer Zeit nicht dagegen wären.

Wir können auch noch einen Schritt weiter gehen und den Vorschlag eines (ich glaube) französischen Intellektuellen aufgreifen. Der riet, da der Mensch sowieso nicht zur Monogamie tauge, alle drei Jahre die Partner zu wechseln. Gar nicht so dumm, obwohl die drei Jahre natürlich willkürlich gesetzt sind; frei nach dem Motto: drei Jahre lang macht's noch Spaß, aber das vierte ist die Hölle (stimmt übrigens, das siebte ist es definitiv nicht, verflixt). Aber vielleicht sind es bei dem einen bloß zwei Jahre, beim nächsten acht.

Empören Sie sich nicht – es geht um eine grundsätzliche Einsicht: Es gibt im Leben mehrere große Lieben, nicht nur die eine. In jedem Moment, in dem eine große Liebe beginnt, ist dieser Moment Wahrheit. Und wenn sie endet, bedeutet das noch lange nicht, dass so ein Gefühl nicht wiederkehrt. Es kehrt wieder. Liebe ist nicht miteinander zu vergleichen und niemals relativ. Sie *ist* einfach, und wenn Sie mit sechzehn so stark liebten, dass Sie dachten, Sie müssten zerspringen vor Glück – das war eine große Liebe. Und heute lieben Sie jemanden anderen, ganz stark, so, dass es schmerzt. Wir tun die Pubertät als Liebelei ab – aber mit welchem Recht? Liebe ist nichts, was man lernen kann, nur ihre Ausdrucksweise ändert und entwickelt sich. Aber das umfassende Gefühl kann immer wiederkehren und sich in den verschiedensten Gesichtern widerspiegeln, in die Sie auf Ihrer Reise durch das Leben blicken.

Eine Liebe ist gegangen, und Sie würden auch gern gehen. Fürchten Sie sich, der Düsternis und dem Auf und Ab der Singlegefühle ausgesetzt zu sein?

Die Welt steht offen. Auch wenn das Land hinter dem Tor von ferne bedrohlich aussieht – igitt, freie Zeit!, freie Entscheidungen, bä! –, es tut so gut, nur für sich selbst zu handeln, zu denken, zu entscheiden, Dinge zu lassen, zu ändern.

Und wenn eines Nachts die Angst kommt, dass zu viel Freiheit auch zu viel Einsamkeit bedeuten könnte – dann denkt daran: Es kommt immer anders, als man denkt. Die Hoffnungen sollten niemals enden, Ängste nie das Leben beherrschen. Hey, Singles: Habt ihr nichts Besseres zu tun, als darauf zu warten, dass sich jemand eures Lebens annimmt? Handelt selbst, dann werden die Ereignisse euch folgen, statt vor euch davonzulaufen.

Das ist das Geheimnis: Bewegen Sie sich. Warten Sie nicht ab, bis man Sie entdeckt. Zeigen Sie sich, öffnen Sie sich. Allein zu Hause können Sie lange warten, dass der mörderhammerobergeile Typ reinkommt, es Ihnen richtig besorgt und dann einen samtundseidenweichen Antrag macht. Wir sind hier nicht im Film (leider, leider, leider) und sollten es nicht auf die Welt da draußen schieben, wenn es uns nicht gut geht. Das ist zu einfach.

Und wenn Sie mich fragen, warum der beißende Spott bei diesem Kapitel Urlaub hatte – nun, manche Dinge sollte man doch mit Gefühl machen. Böse werden wir noch.

4. Kapitel

Service für Trennungswillige:
fünfzig Wege, seinen Lover von hinten zu sehen

Mit freundlichen Grüßen von meiner allseits geschätzten Freundin und zeitweiligen Mitbewohnerin Nina G. (»G-Punkt«, zum Schreien!), die mir diesen Text in voller Länge einmalig zur Verfügung gestellt hat und dazu bemerkt, dass die folgenden Methoden den einen oder anderen vor den Kopf schlagen werden. Aber so gewaltig, dass wir beide schon eine Jahrespackung Aspirin vorbestellt haben.

Also, wie war das? Sie wollen sich trennen, aber wissen nicht, wie? Sie hatten den Traumprinzen gefunden, das war schon schwer genug – ihn wieder loszuwerden ist erheblich schwieriger. Kein Grund zur Traurigkeit, es ist lang genug gut gegangen: ein Wochenende oder einen Sommer lang, vielleicht sogar mehrere Jahre. Irgendwie ist nun die Luft raus.

Der Mann muss weg. Weil Sie nebeneinander her leben und genau wissen, dass sich keiner von beiden ändern will, damit es klappt. Weil da vielleicht was Neues ist. Weil Sie einfach wieder frei sein wollen. Für sich sein, ganz allein, ohne die aufreibenden Kleinigkeiten des Beziehungsalltags, und ganz allein dafür verantwortlich, was Sie sonntagnachmittags mit Ihrer Zeit anfangen.

Schön, dass Sie bereits so weit sind – er hat keinen blassen Schimmer. Er sagt noch immer: »Ich liebe dich«, während Sie schon den Koffer zuschnappen lassen. Also: Wie, was, wann, wo sagen Sie's ihm?

Okay – andersherum kann es natürlich auch so sein (obwohl: Welcher Kerl verlässt schon freiwillig eine Topfrau? – aber nun gut), wobei Männer, sorry, eigentlich nur einen Hinweis bräuchten: Sag's ihr wenigstens, bevor du dich vom Acker machst. Das nur nebenbei. Aber falls Sie ein trennungswilliger Mann sein sollten: Lassen Sie sich inspirieren von der Fülle an weiblicher Schluss-Aus-Ende-Raffinesse. Dann geht Ihnen auch noch ein Licht auf. Und weil wir keine wirklichen Emanzen sind, haben wir auch noch jeweils einen männlichen »Way to leave your loverin behind« pro Rubrik ausgesucht. So viel Zeit und Fairness muss sein ...

Damit's keine Missverständnisse gibt, hier drei bittere Wahrheiten über Trennungen:

A Es gibt niemals den richtigen Zeitpunkt.
B Ihr künftiger Ex wird niemals in Jubel ausbrechen und Sie voller Zuneigung ziehen lassen.
C Dass Sie beide gute Freunde werden, ist zu achtundneunzig Prozent unmöglich.

Na, immer noch gewillt, allein weiterzumachen? Nicht vergessen: Jede Beziehung sollte die Trennung bekommen, die sie verdient ...

Nach einer Nacht
beziehungsweise einem Wochenende
Beziehungsstatus: Sie sind zusammen ins Bett gehüpft, aber bei Ihnen schwirren die Schmetterlinge nicht mehr bis gar nicht – im Gegensatz zu ihm: Er vermutet den Anfang einer neuen Liebe. Deswegen sollten Sie schnell,

hart und einigermaßen ehrlich handeln – kein Schleichtod auf Raten!

1 – Sauber: Sobald Sie wieder angezogen sind und sich bei einem Kaffee gegenübersitzen, sagen Sie ohne Schnörkel: »Ich bin nicht in dich verliebt. Es tut mir Leid, wenn du mehr darin gesehen hast und ich dich verletzt habe. Bitte, geh jetzt.« (Oder Sie gehen, sofort).

2 – Halbseiden: Wenn er anruft, um sich wieder mit Ihnen zu verabreden, drucksen Sie herum: »Ich glaube, das macht keinen Sinn, das geht mir zu schnell, lass mir Zeit, ich ruf dich an. Vielleicht. Sorry.« Schmeißen Sie die Nummer sofort weg.

3 – Radikal: Dafür sollten Sie die Möglichkeit haben, aufzustehen und zu gehen; also bei ihm oder woanders, bloß nicht bei Ihnen. Sie sagen kühl und arrogant: »Es war schön, mit dir zu schlafen. Das war aber auch alles. Schönes Leben noch.« Es kann Ihnen allerdings passieren, dass ihm das gefällt. Männer sind so seltsam.

4 – Melodramatisch: Sie verabreden sich mit ihm zum Tanzen, aber kommen nicht. Sie hinterlassen ihm eine geschluchzte Nachricht auf Band, dass Sie es nur für ihn tun und es besser für ihn sei, wenn sie sich niemals wieder sehen. Macht interessant, aber Freunde werden Sie dabei nicht.

5 – Passiv: Sie sind nörgelig, desinteressiert, zynisch, boshaft – also so unausstehlich, dass er ans Schlussmachen denkt, bevor es richtig angefangen hat. Oder: Sie geben ihm gute Gründe, das Ganze zu beenden – indem Sie beim Ausgehen exzessiv flirten oder im Bett wie ein Schnitzel daliegen.

6 – Risiko: »Ich bin schwanger und will dich heiraten«, sagen Sie ihm direkt im Morgengrauen. Entweder geht er gleich oder sofort.

7 – Beleidigend: Er geht, und Sie sagen: »Tschüss, Michael.« Kommt gut, wenn er nicht Michael heißt.

8 – Ausweichend: »Ich trenn mich grad von meinem Freund, ich weiß nicht, ob es so gut wäre, wenn du gleich morgen wieder anrufst – lass uns mal nächste Woche sprechen, ja?« Dann geben Sie ihm eine Nummer von irgendeinem Kerl aus dem Telefonbuch.

9 – Lüge 1: Beim Kaffee sagen Sie beiläufig: »Ich bin übrigens verheiratet. Das alles hier war nur Spaß.«

10 – Lüge 2: Beim Kaffee sagen Sie beiläufig: »Ich war mal ein Mann, macht dir das was aus?«

Extratipp für Kerls: »Ruf mich nicht an, ich ruf dich an.« Jede Frau weiß sofort, dass sie Sie vergessen kann.

Kurzaffäre (zwei Wochen bis zwei Monate)

Beziehungsstatus: Es war ein rauschendes Fest – einige Wochen oder einen Sommer lang. Sie verstanden sich, hatten phänomenalen Sex, tauchten mit ihm in eine neue Welt ein. Er schrieb Ihnen herrliche E-Mails, bedachte Sie bei jedem Treffen mit begehrlichen Blicken und gab Ihnen das Gefühl, mit Ihnen beiden, das wäre 'ne ganz große Sache. Dann kam der Alltag. Oder der erste Riss. Oder einfach die Erkenntnis, dass die erste Zeit immer klasse ist. Kurz: die Luft ist raus.

1 – Vernünftig: Für Trennungsanfänger zu empfehlen: Sie machen sich in Ruhe eine Pro-und-Kontra-Liste, was für oder gegen eine Trennung spricht. Dann verabreden Sie sich mit ihm und warnen ihn vor, dass Sie ernsthaft mit ihm reden wollen. Und dann erklären Sie ihm mit tröstenden Worten Ihre Gedanken und was zu Ihrer Entscheidung geführt hat. Wenn er nicht der letzte Depp ist, wird er mitdiskutieren und sich dann fügen. Die Hoffnung auf Freundschaft brauchen Sie nicht unbedingt aufzugeben.

2 – Halbseiden: Bei einem Spaziergang oder bei ihm zu Hause (Ihr Rückzug wird Ihr Vorteil sein). Bereits beim Begrüßungskuss drehen Sie die Wange weg und sagen völlig überraschend die tödlichen drei Wörter: »Wir müssen reden.« Dann reden allerdings nur Sie, was Ihnen alles missfällt, was Ihnen nie passen wird und was Sie sich vom Leben gewünscht haben. Bevor er Zeit hat zu antworten gehen Sie weg, und das war's. Schauen Sie ihm erst zum Schluss in die Augen, sonst werden Sie stecken bleiben.

3 – Ratenweise: Wenn Sie kein Freund klarer Worte sind oder ahnen, dass Sie bei ihm mit Erklärungen nicht weiterkommen werden, verabschieden Sie sich scheibchenweise. Indem Sie nicht mehr anrufen oder nicht zurückrufen. Weniger Zeit haben, wenn er Zeit hätte. Sich mit anderen Männern verabreden und immer dann, wenn Sie auf ihn gewartet haben, konsequent etwas anderes tun, und sei es, einen Kuchen backen, T-Shirts falten oder ins Kino gehen. Nicht mehr »Ich dich auch« sagen, wenn er Ihnen ein Liebesgeständnis macht. Ihm schließlich einen Brief in den Kasten stecken, in dem Sie die Beziehung beenden, weil Sie festgestellt haben, dass Sie lieber allein leben. Ist allerdings eine gemeine Methode, ehrlich.

4 – Verletzen: Mit einem anderen eine Affäre beginnen, es ihm kühl gestehen oder bloß behaupten, Sie hätten mit jemand anderem geschlafen. Abwarten. Er wird Ihnen wahrscheinlich nicht verzeihen, sondern sich trennen wollen.

5 – Link: Sie drehen die Sache um – behaupten, er liebe Sie nicht wirklich, hätte Sie mit diesem oder jenem verletzt, und um sich vor weiteren Verletzungen zu schützen, würden Sie ab heute allein sein wollen, nie wieder jemandem vertrauen und sich einkapseln. Dann hat er das schlechte Gewissen, und wer weiß, vielleicht stimmt es ja sogar?

6 – Nebenbei: Sie rufen ihn während der Arbeit an und sagen ihm, dass es aus sei. Und legen wieder auf.

7 – Fies: Sie pecken eine Nachricht hinter seinen Scheiben-wischer: »Du warst mir immer fremd. Wirst es immer blei-ben. Und ich weiß, das ist besser so.«

8 – Hektisch: Er will sich gerade an Sie kuscheln, da bricht es aus Ihnen heraus: »Oh, verdammt, ich muss meine Mut-ter vom Bahnhof abholen; sie bleibt acht Wochen hier. Lei-der habe ich dann keine Zeit mehr …«

9 – Lüge 1: »Ich fliege übermorgen für ein halbes Jahr nach Nairobi. Da gibt es kein Telefon, und wir sollten uns für diese Zeit trennen. Danach sehen wir weiter, okay?« Das übermitteln Sie telefonisch, damit Sie nicht laut lachen müssen.

10 – Lüge 2: Wenn er Sie mal wieder verführen will, geste-hen Sie ihm treuherzig, dass Sie erkannt haben, dass Sie doch lieber mit Frauen ins Bett gehen.

Extratipp für Kerls: »Wir müssen reden.« Jede Frau ahnt dann: Oha. Da kommt's gleich dicke. Dann murmeln Sie was davon, dass Ihre Ex doch Ihre Karma-Frau ist und Sie es versuchen möchten, bevor es zu spät ist. *Alternativ:* Siehe Punkt 10; das Wort »Frauen« ist gegen »Männer« auszutau-schen.

»Beziehung« (jede – egal, wie lange sie dauerte –, wenn er Sie seinen Eltern vorgestellt hat)

Beziehungsstatus: Sie waren ein Paar. Uwe und Susi, Nadja und Hans, Emmerich und Sylvia, man kennt Sie nur zu zweit, und seine Mutter haben Sie bereits geduzt. Sie haben gemeinsame Erinnerungen, und irgendwie haben Sie ihn mal geliebt, also wollen Sie alles schonend und fair be-enden.

Nur: eine Trennung ist niemals fair, weil der andere näm-lich nicht damit rechnet. Und fast jede Frau hat schon den Fehler gemacht, dem anderen bei der Trennung zu helfen – regelmäßige Anrufe, um zu hören, wie es ihm geht, Treffen, um sich zu vergewissern, dass der andere seinen Weg machen kann auch ohne uns.

Falsch! Keine Anrufe, keine Treffen, keine Hilfe. Nicht sehen und nicht gesehen werden, heißt die große Regel, und auf die müssen Sie sich einstellen, bevor Sie den Schlussstrich ziehen. Gekonnte Herzensbrecher lassen sich lange, lange nicht blicken – nachdem sie das Ganze hart und klar verabschiedet haben. Aber Sie müssen ja nicht gleich Casanova nacheifern, der ist schließlich schon lange tot.

1 – Auszeitmethode: Falls Sie noch nicht sicher sind, ob Sie mit einer Trennung die bessere Alternative wählen, dann tun Sie, als ob. Rufen Sie ihn an, und bitten um eine Auszeit. Ihm das persönlich vorzutragen würde verraten, dass Sie mit einer Entscheidung seit Wochen kämpfen. Er wird fragen, warum und wie lange, und sagen Sie jetzt nicht: »Weiß nicht.« Antworten Sie: »Weil ich es dringend brauche. Vier Wochen.« Achtundzwanzig Tage, an denen Sie proben können, wie es ist, eine Trennung durchgezogen zu haben. Danach darf er Sie besuchen, und Sie sagen ihm, wie Sie sich ohne ihn gefühlt haben.

Besser? Dann soll er gleich wieder gehen.

2 – Vorbereitungsmasche: Sie leiten drei Wochen lang systematisch Gespräche mit »So kann es nicht mehr weitergehen« ein. Sonst wird Ihnen immer vorgeworfen werden, dass alles so schnell ging und Sie ihm nie eine Chance gelassen hätten, sich zu ändern. Scheuen Sie sich nicht vor »Wenn – dann«-Argumenten; zum Beispiel: »Wenn du nicht mehr Interesse an mir zeigst, dann glaube ich nicht, dass ich die Beziehung so weiterführen möchte.« In der vierten Woche erklären Sie ihm in einem Küchengespräch, dass Sie wieder allein sein wollen.

3 – Große Szene: Sie sorgen dafür, dass er irgendetwas

macht, worüber Sie sich leicht aufregen können. Zu spät kommen, die Autotür nicht aufhalten, großbusigen Frauen nachstarren. Und dann legen Sie los: Dass Sie genug haben. Dass Sie nicht mehr wollen. Jetzt nicht, und später nicht, nie wieder. Und dann schütten Sie ihm etwas ins Gesicht und gehen. – Macht Spaß.

4 – Selbstkritisch: Sie nehmen alles auf sich. Sagen, dass Sie sich geirrt hätten, als Sie dachten, es sei die große Liebe. Sie weinen und bitten um Verzeihung. Brechen in seinen Armen zusammen und flüchten Hals über Kopf aus seiner Wohnung oder, noch besser, aus seinem geparkten Auto. Er wird Sie danach noch mal anrufen, und Sie werden auflegen.

5 – Schriftlich: Sie übernachten wochentags bei ihm, nehmen sich aber den Vormittag frei. Im Auto oder in einer Tasche haben Sie all die Sachen, die er bei Ihnen liegen hatte. Sobald er zur Arbeit verschwindet, packen Sie das Zeug auf seinen Küchentisch und sammeln den Kram ein, der Ihnen gehört. Zum Schluss wird das Ganze garniert mit einem kurzen Zweizeiler in der Art: »Es war wunderbar. Aber es ist zu Ende. Mach's gut, Pia.« (Vorausgesetzt, Sie heißen Pia.)

6 – Hopping: Sie verlieben sich neu und sagen gar nichts, sondern lassen ihn selbst drauf kommen. – Was soll das heißen, Sie sind nicht so hart? Komisch, dabei ist das heutzutage die häufigste Trennungsstrategie …

7 – Die Milchszene: Sie gehen gemeinsam einkaufen. Sie greifen nach der Milch. Sehen ihn an, aber durch ihn hindurch. Er fragt: »Was ist denn?« Sie sagen: »Es ist aus«, legen die Milch zurück und gehen nach Hause.

8 – Der Brief: Sparen Sie sich alle Szenen, schreiben Sie ihm einen langen Brief, in dem Sie sich erklären, und den schicken Sie ihm per Post.

9 – Lüge 1: »Ich bin in deinen besten Freund verliebt und kann nicht mehr mit dir zusammen sein, weil das Unrecht ist.«

10 – Lüge 2: »Ich habe mit deinem Chef geschlafen.«

Extratipp für Kerls: Legt das Gespräch auf Freitag, dann habt ihr die Möglichkeit, euch am Wochenende aus dem Weg zu gehen. Sagt klipp und klar, dass es vorbei ist, weil Sie sie nicht mehr lieben. Und dann: mindestens drei Monate Ruhe im Karton! Vorher Schulden begleichen oder sonst was, aber für zwölf Wochen keinen Pieps. Anrufen reißt Wunden auf. Freunde werdet ihr eh nicht, wenn der Kerl geht, das ist so.

Die eheähnliche Gemeinschaft

Beziehungsstatus: Sie haben eine gemeinsame Wohnung oder gemeinsame Urlaubspläne, es hängt Geld dran, oder es gehören Kinder dazu. Das ist die schwierigste Trennung, weil nach der Liebe und nach dem Hass nur noch das Materielle bleibt. Deswegen dürfen Sie weder melodramatisch noch abwartend sein, sondern überlegt und, wo es geht, fair. Wo es nicht geht, fies.

Sie sollten lernen zu sagen: »Ich will allein leben.« Und nicht: »Wir sollten uns trennen.« Weil Sie dazu stehen müssen, dass *Sie* es entscheiden. Mit der Konsequenz, dass Sie nicht nur Ihr eigenes Leben auf den Kopf stellen. Sie sollten klar die Schwierigkeiten einschätzen, die auf Sie zukommen: Umzug, neue Wohnung vielleicht, finanzielle Absicherung.

1 – Geplant: Sie suchen sich eine neue Wohnung oder weihen einen Freund ein, der Ihnen treu zur Seite steht und Ihnen bereits ein Zimmer freigeräumt hat. Sie legen Geld zur Seite, erkundigen sich, wenn nötig, nach einer Rechtsberatung, falls Ihre Finanzen miteinander verquickt sind. Erst wenn der äußere Rahmen stimmt, suchen Sie das Gespräch, am besten an einem Wochenende, an einem Vormittag, wenn beide in Ruhe miteinander reden können und nicht irgendwo hin hasten müssen. Oder auch, zur Not, die Möglichkeit haben, das Quartier zu wechseln oder spazieren zu gehen oder woanders hinzufahren, Hauptsache erst mal weg aus der Schusslinie. Er wird verletzt sein, weil Sie alles schon für Ihren Rückzug vorbereitet haben, aber dieses Nest wird Sie auffangen. Und nur darauf kommt es an.

2 – Passiv-aggressiv: Auf jeden Fall dieselben Vorbereitungen wie bei 1. Aber dann: Sie lassen alles schleifen. Hausarbeit, Sex, Gespräche. Sind nicht mehr greifbar, launisch, sticheln an allem herum. Irgendwann wird er fragen, was los ist. Und dann knallen Sie ihm alles vor die Füße, was Ihnen nicht passt an ihm und an der Beziehung und am Leben und überhaupt. Am hitzigsten Punkt sagen Sie ihm, dass Sie ihn verlassen.

3 – Psycho-Nummer: Besser eine gute Scheidung als eine schlechte Ehe – sprechen Sie ohne irgendwelche Vorbereitungen mit Ihrem künftigen Ex über die Probleme, die Sie in der Beziehung sehen. Das funktioniert allerdings nur, wenn Sie Vertrauen zu ihm haben und er kein Choleriker ist. Wenn er begreift, dass Sie sich trennen wollen, besprechen Sie gemeinsam, was Sie tun können. Funktioniert nur bei Paaren, die sich gut verstehen, aber mehr wie Bruder und Schwester zusammenleben.

4 – Wie im Film: Wenn er aus der Haustür geht, rufen Sie ihm nach: »Du brauchst heute Abend übrigens nicht wiederzukommen. Es ist vorbei.« (Nur zu empfehlen, wenn es Ihre Wohnung ist und er woandershin kann.)

5 – Mystisch: Vorbereitung wie bei 1. Dann gehen Sie Zigaretten holen oder Brötchen oder ein neues nettes Nina-George-Buch – genau: und kommen nicht wieder.

6 – Holzhammer: Vorbereitung wie bei 1 plus Schreiben vom Scheidungsanwalt. Sie hinterlassen ihm einen Zettel auf dem Küchenfußboden und fahren zwei Wochen auf die Kanaren.

7 – Beschleuniger: Sie suchen sich eine Affäre und probieren ein neues Leben aus. Und sorgen dafür, dass er Sie erwischt oder es sonst wie rausbekommt.

8 – Wahrheit: Nur wenn es so ist: Sie sagen, noch *bevor* Sie mit dem Neuen geschlafen haben, dass Sie sich neu verliebt haben und mit demjenigen schlafen möchten. Ihr Jetziger wird empört und verletzt sein, wissen wollen, wer es ist. Geben Sie ihm einen Vornamen, und beginnen Sie mit der Trennung.

»Warum überhaupt abwarten?« frage ich N.G. »Weil es sauberer ist«, keift das Herzchen, »und Heimlichkeiten und nächtliche Verabredungen schwer zu handeln sind und dem anderen zusätzlich wehtun. Muss doch nicht sein.«

Na fein.

9 – Lüge 1: Falls es einen Neuen gibt, Sie das aber nicht zugeben wollen, weil es schon ein halbes Jahr mit ihm läuft, dann tun Sie so wie Punkt 8. Lassen Sie aber die letzten sechs Monate weg. (Jaja, das war meine Idee. Den Punkt 9 wollte sie bloß weglassen, weil sie es selbst so gemacht hat. Tss, tss.)

10 – Lüge 2: Erzählen Sie unter Tränen, Sie hätten jemanden kennen gelernt. Eine andere Frau. Buff!

Extratipp für Kerls: Bereiten Sie sich vor. Suchen Sie rechtzeitig eine Bude, bauen Sie nicht auf Freunde, das funktioniert nur im Fernsehen. Seien Sie ein Ehrenmann, und zahlen Sie anteilig Miete, bis sie (mit den Kindern) etwas Bezahlbares gefunden hat, und zahlen Sie um Himmels willen Alimente. Alles andere ist unter Ihrer Würde. Was immer auch Sie gegen Ihre Exfrau haben – die Kinder haben damit nichts zu tun, sie sind eigenständige Menschen, die Schutz und Geld benötigen. So. Und dann gehen Sie in Liebe!

**Sexuelle
und sonstige ausweglose
Beziehungen (zum Beispiel zu Verheirateten)**
Beziehungsstatus: So geht es nicht weiter. Sie reden wenig, aber fummeln viel, Sie teilen weder Freizeit noch Alltag, und Ihre Beziehung zu ihm besteht nur aus wenigen Stunden in der Woche.

1 – Sauber: »Ich will nicht mehr.« Punkt. Aus. Ende. Telefonisch. Und Ihren Haustürschlüssel möchte er bitte in den Briefkasten werfen.

2 – Zärtlich: Sie schlafen miteinander und liegen Seite an Seite. Sie nehmen sein Gesicht in Ihre Hände und sagen zärtlich, dass es das letzte Mal war und Sie für sich entschieden haben, dass Sie eine andere Beziehung als diese hier möchten. Es aber herrlich war. Dann ziehen Sie sich an und fragen ihn ein letztes Mal, ob er noch was trinken möchte. – Keine Diskussionen!

3 – Fies: Sie laden einen alten Freund ein, oder, falls keiner greifbar ist, eine Freundin. Ihr künftiger Ex will Sie besuchen, und jemand Fremdes macht ihm in Unterwäsche die Tür auf, sagt kein Wort, lächelt dann und macht die Tür wieder zu. Vor ihm.

4 – Verleugnen: Sie machen sich unsichtbar. Sind nicht mehr erreichbar, und wenn er Sie schließlich erwischt, lügen Sie und sagen, Sie hätten sich in jemanden verliebt, der Sie auch liebt.

5 – Versprecher: Wenn Sie zum Höhepunkt kommen, schreien Sie lauthals: »Mark, oh Mark!« Ups, er heißt nicht Mark?

6 – Aufleger: Er besucht Sie, und Sie telefonieren heimlich, so dass er gerade noch ein »Ich dich auch« mitbekommt. Auf die Frage, wer das war, halten Sie die Luft an, werden somit rot und hauchen: »Niemand.« Nach kurzer Diskussion geben Sie zu, es gebe jemand anderen in Ihrem Leben, sorry. In seinem ja auch.

7 – Erpressung: Nach vollzogenem Akt setzen Sie sich auf und behaupten: »Ich kann so nicht weitermachen. Entweder wir heiraten, oder es ist aus.« Dreimal dürfen Sie raten, was passiert …

8 – Toilettentrick: Sie verabreden sich zum Cocktail, er kommt, Sie machen sich frisch mit den Worten: »Falls ich nicht wiederkomme, such mich nicht.« Und gehen heim.

9 – Lüge 1: Sie machen die Tür auf – und: »Ich bin schwanger. Und weiß nicht, von wem. Wahrscheinlich von dir. Soll ich deine Frau anrufen?«

10 – Lüge 2: Sie machen die Tür auf – und: »Deine Frau hat mich angerufen. Sie weiß alles. Will es aber vergessen, wenn du sofort nach Hause kommst und mich nie wieder siehst.«

Extratipp für Kerls: Sie kriegen einfach keinen mehr hoch. Denken Sie an Nonnen oder Wurzelbehandlungen, und behandeln Sie sie schlecht. Dürfte ja nicht schwer fallen, oder? Einfach nur all die Nettigkeiten weglassen, zu denen Sie sich bisher durchgerungen haben. Und bloß keine Küsse mehr auf den Mund!

Der Ehrlichkeit halber muss ich hinzufügen, dass meine zeitweilige WG-Teilnehmerin G. hin und wieder ein wenig übertrieben hat in der einen oder anderen Richtung. Aber mein Favorit ist eindeutig der mit der Milch – völlig skurril, wenn Sie mich fragen.

Abschließend sei Ihnen auf jeden Fall ein Rat mitgegeben: Spielen Sie nicht mit Gefühlen. Das gilt für jene, die sich nicht trauen, damit rauszurücken, dass sie sich trennen wollen – aus Angst zu verletzen, weil die Worte fehlen, weil es ja doch ganz bequem ist, weil die Affäre, die das Leben nett macht, so gut verheimlicht wird, dass bestimmt niemals etwas passiert – oder weil man berechnend ist, Geld und Ehre auf dem Spiel stehen und eine Trennung das Ganze ins Bodenlose stürzt.

Und?

Sie haben nicht das Recht, den anderem im Glauben zu lassen, alles sei in Ordnung. Wenn die Zeit des Endes gekommen ist, dürfen Sie nicht lange zögern. Es hat auch kein Mensch verdient, zum Abschluss mit Flüchen und Beschimpfungen beladen zu werden.

Benutzen Sie bitte niemanden einfach so. Erstens, weil alles im Leben irgendwann mal zurückkommt. Zweitens, weil man sich wieder sehen wird, früher oder später, je nachdem, in welchem Tempo Ihr Lebenspaternoster auf und ab dingelt. Drittens, weil Sie anderen Menschen die Chance lassen müssen, ihr Leben neu zu ordnen, neu zu beginnen und vielleicht gerade heute jemanden zu finden, der ihn liebt.

Wenn Sie es schon nicht mehr tun.

5. Kapitel

Das Leben, die Liebe und ein paar nacht-
geschwängerte Gedanken zum Thema Beziehung

Es ist kurz vor ein Uhr nachts, und die Stadt, die niemals schläft, scheint still vor sich hin zu atmen, und du bist noch nicht da. Was nicht weiter schlimm ist; denn erstens wohnst du nicht hier, zweitens haben wir keine Zeit verabredet, und drittens bist du auf einer Party, die hoffentlich überwiegend aus Schwulen besteht, was weibliche Verlockungen einigermaßen ausschließt.

Wäre also alles nicht so wild, aber liegen in diesem Moment nicht auch andere wach und starren und horchen und wälzen sich von einer Seite auf die andere, versuchen sie sich mit den Augen derer zu sehen, deren Ankunft sie erhoffen und die sie verfluchen, je weiter sich der Zeiger der Leuchtuhr dreht?

Vielleicht liegt es auch nur an dem Traum. Die Freundin von irgendwem kam zu Besuch, und sie brachte nicht nur einen Popcornkuchen mit, sondern bestellte auch dich, und zu guter Letzt einen Kerl, der mich begehrte, ohne dass ich seinen Namen wusste. Die Konsequenz der verfahrenen Situation: Mir war es peinlich, dass sie einen Kuchen mitbrachte, obwohl ich die Verabredung fast vergessen hätte, dann traf der Kerl auf dich, ich schleuderte ihm ins Gesicht, dass nur du in meinem Leben wichtig bist und sonst niemand, »Jetzt weißt du es!«. Dabei hatte ich ein schlechtes Gewissen; der Kerl, nennen wir ihn mal Jochen, so diktierte es auch der Alb, stand stellvertretend für all jene, mit deren

103

Gefühlen ich wissentlich oder auch nur zufällig leichtfertig umgesprungen war.

Nun, er jagte also schließlich mit einem Hackebeil hinter mir her, durch die ganze verdammte Appartementanlage, und ich rief in Panik deinen Namen, dass du mir zu Hilfe eilst, und genau dieses Hackebeilchen hatte ich heute Morgen in der Hand, da, in diesem Küchenladen, in den ich eigentlich mit dir gehen wollte, aber du hattest keine Zeit, aus verschiedenen Gründen nicht, die alle okay sind, solange es deine Gründe sind. Ich lief auf den Balkon, er mir nach, lachte und schwang das Beil, und ich kletterte über das Geländer, weg, nur weg, denn du warst zu langsam oder bei der Popcornkuchenfrau, ich weiß es nicht, und schautest dir die Bilder aus meinem früheren Leben an.

Ich flehte und winselte und bat um Gnade, und das Beil – so eins, mit dem flinke Asiaten hauchzarte Möhrenschnipsel hacken –, das Beil fiel und purzelte die Treppe hinunter, fast vor die Tür des Pärchens, das sich da im Licht goldener Kerzen liebte und stöhnte. Ich hoffte, es würde so liegen bleiben, dass niemand darüber stolperte und sich den Fuß aufschlitzte; tatsächlich lag es da und schimmerte arglos, während der Kerl, Jochen, ohne auch nur das Gesicht zu verziehen, ein winziges Chirurgenmesser hinter seinem Rücken hervorzog. Er wollte mir damit sehr, sehr wehtun, kleine Schlitze und Stiche anbringen, die Augen ausstechen, die Finger abschneiden. Ich rief und rief und rief nach dir, und du kamst nicht.

Dann wachte ich auf und lag im Bett, und mein Mund war trocken, und es zwar zehn vor zwölf, deine Seite leer, das Bett frisch bezogen, und ich nahm ganz fest an, du würdest kommen, nachdem ich mir im Traum die Seele aus dem Leib geschrien hatte. Hey, ich bin nahezu umgebracht worden, nachdem ich mich zu dir bekannt hatte!

Aber nein.

Was hat das nun für eine Bedeutung? Hatte ich was gelernt aus den Stunden zwischen Dösen, Träumen, Warten und Fluchen?

Möglich wäre es, und gratis war es dazu:

1. Verlass dich nie auf Frauen, die sagen, sie würden noch jemanden mitbringen – es kann nur zu seltsamen Überraschungen führen.
2. Spiele nicht mit den Gefühlen anderer, und wenn du es getan hast, dann mach es unter vier Augen und vier Ohren ab und nicht vor anderen. Die Demütigung kann zum Hackebeil führen.
3. Schrei nicht nach deinem Partner oder deiner Frau, wenn du in Schwierigkeiten steckst. Dein Leben zu ändern ist allein deine Sache.
4. Schlaf nicht in voller Montur wie Hosen und Pulli, davon bekommt man Albträume.

Was ich leider nicht daraus lerne, ist:

1. In Liebe und Geduld warten, voller Toleranz und Freude, dass der andere so viel Spaß hat.
2. Das Gefühl des Wartens abzulegen.
3. Popcornkuchen backen.

Ein Uhr fünfzehn. Wo steckst du? Wen schaust du in diesem Moment an? Denkst du an mich? Tanzt du und lässt deine Hüften kreisen? Wirst du angetrunken sein, wenn du kommst, und unflätig? Wirst du jemanden zum Abschied küssen, umarmen, und wie wird es sich für dich anfühlen?

Wenn du nicht gesagt hättest, dass du hierher kommst – du hast einen Schlüssel, seltsam, habe ich ihn dir nur gegeben, um dich an mich zu binden? –, dann hätte ich bereits dreimal bei dir angerufen, testweise, vielleicht auch achtmal. Manchmal gibt es so Nächte, da wird das Besitzdenken unheimlich. Das Warten auf Ereignisse, anstatt selber dafür zu sorgen, dass etwas passiert.

Lauschen auf das Tockertocker eines Dieselmotors, wie es für Taxen üblich ist. Horchen auf Schritte auf dem Asphalt, forschen nach dem charakteristischen Klackern deines Schrittes und des Schlüsselbundes, das du seit neuestem um den Hals trägst.

Hast du mich auch schon mal so erwartet? Als ich nicht auf die Zeit achtete, weil ich mir vage bewusst war, dass du da sein wirst, egal, wann ich komme? Als es mir nicht einfiel, mir um dich Sorgen zu machen, weil es keinen Grund gab, dass du dich um mich sorgst?

Komm nach Hause, ich bin müde, will ich dir sagen, aber die Mailbox deines Handys springt an, noch bevor es bei dir geklingelt hat. Ich rufe doch bei dir zu Hause an. Höre deine Ansage und wundere mich, wie fremd deine Stimme klingt.

Ärgere mich ein bisschen, dass ich nicht gelassener werde mit den Jahren oder überhaupt gelassener. Doofmann. Wieso ist der Funke aus?

Beim zweiten Mal spreche ich doch was auf den Anrufbeantworter: »Liebling, ich vermisse dich, komm nach Hause.« Und die Uhrzeit, ein Uhr fünfundzwanzig. Dann lege ich mich ins Bett und lese Charles Bukowski, esse diese Dinger, die man unten ins Tiramisu hineinlegt; sie krümeln und sind süß und tröstend. Als Bukowski gerade von einer Lesung an einer Uni berichtet, die er mit Mühe und Not und Scotch übersteht, höre ich deine Schritte draußen im Treppenhaus, den Schlüssel im Schloss, und dann bist du da, schaust ins Zimmer, wo ich langsam die Augen öffne und dich anlächle.

»Hast du mich noch lieb?« fragst du, und ich stehe auf und umarme dich, und du sagst, wie schön du meine Nachricht fandst, dass du nach Hause kommen sollst. Dann reden und rauchen wir, und du bist weder betrunken noch unflätig, und es gab Eisvariationen zum Dessert, und wir wissen beide, dass wir jetzt schlafen werden, nicht miteinander, nur so. Ich erzähle dir von dem Traum, und du schüttelst dich, deine erste Frage lautet: »Wem sieht dieser Hackebeilkerl ähnlich?« Und der Name des Schauspielers will mir nicht einfallen, aber er spielt in *Ein Fisch namens Wanda* den Anwalt und bringt Jamie Lee Curtis, diese heiße Schnecke, mit seinen russischen Reden zur Raserei.

Womit wir wieder bei Verbalerotik gelandet sind. Manchmal kommt es nicht darauf an, was der andere sagt, sondern wie es sich anhört. Auf Englisch, Französisch, Italienisch, Russisch, wer weiß. Außerdem fällt es uns dann leichter, zu entspannen, zuzuhören, ohne antworten zu müssen. Aber die rollenden, verlockenden Wörter, wie sie schmeicheln und dicht am Ohr kleine wohlige Schauer entstehen lassen, die über den ganzen Körper wandern und uns uns fester an den warmen Körper des anderen klammern lassen …

Wir gehen also zu Bett, ich behalte mein Shirt an und du deine Shorts, und wir liegen da, die Gesichter zueinander gewandt, nachdem ich die Lampe ausgeknipst habe. Du murmelst was von »Ich lieb dich ja«, und wenn du erst morgens um vier gekommen wärest – auch gut.

Die Ansicht, eine Beziehung müsse immer noch nach dem Muster »Ausgehen, küssen, kennen lernen, zusammen sein, zusammenziehen, heiraten« gelebt werden, ist weit verbreitet. Da lassen wir uns noch nicht mal von den Geschichten abschrecken, die da lauten: »Acht Jahre waren sie glücklich zusammen. Dann haben sie geheiratet, und nach einem Jahr war es aus.« Oder: »Alles war wunderbar – aber als wir zusammenzogen, habe ich bemerkt, was für ein verwöhntes Muttersöhnchen er doch ist.«

Nichts kann so schnell zu viel sein wie Nähe; da ist ja das Alleinsein noch besser zu ertragen und schneller zu verzeihen als die Albtraumnacht mit Hackebeilträumen und von Eifersucht geschüttelter Sehnsucht.

Warten ist quälerisch, aber immer! stets! dauernd! unentwegt! absehbar jeden Tag! mit jemandem die Luft und die Stimmung und überhaupt alles zu teilen, teilen zu müssen, gefangen in eigenen Wünschen und aufgedrückten Vorstellungen – das ist wirkliche Qual.

Wie bitte? Stimmt gar nicht? Es gibt nichts Schöneres, als mit dem Menschen, den man liebt und von dem man wiedergeliebt wird, alles und zu jeder Stunde zu teilen? Fein – wenn Sie wissen, wie es funktioniert und nicht nur ein befreundetes Paar kennen, bei denen es bereits seit sechsunddreißig Jahren klappt, schreiben Sie einen Bestseller.

Dabei würde es sich durchaus lohnen, einmal über Alternativen nachzudenken: über unkonventionelle Beziehungsmuster oder andere Arten, eine Partnerschaft zu leben. Denn nicht jeder Mensch ist für unbedingte Zweisamkeit geschaffen. Nicht jeder Mensch fügt sich in den Rhythmus von Geben und Nehmen, von Tischdecken und Bettenmachen, von zusammen Einkaufen und das Fernsehprogramm abstimmen. Nicht jeder hat gern jemanden, um den er sich kümmern möchte, nicht jeder Mensch findet im Paarsein besser zu sich als allein.

Natürlich – viele spiegeln sich in ihrem Partner wider und erkennen erst in ihm sich selbst. Brauchen ihn mehr um sich als andere, damit sie sich komplett fühlen, eine Bestimmung haben, sich wohl fühlen. Das ist gut so, aber es sollte nicht jeder zwingend davon ausgehen, das auch zu können. Geschweige denn davon, dass es dem anderen genauso ergeht oder er es gar gelernt hat, die Rolle des sinngebenden

Geliebten hinzunehmen und sich dadurch beschwingt zu fühlen.

Ich liebe, also bin ich – könnte das Ihr Wahlspruch sein? Dann wäre die folgende Idee einer Partnerschaft vielleicht nichts für Sie. Aber bedenken Sie auch die Bedürfnisse des von Ihnen geliebten Menschen. Braucht er vielleicht ein wenig mehr Luft zum Atmen, um Ihnen zu geben, was Sie sich wünschen ...?

Zusammen und doch getrennt –
warum Menschen nicht zusammen wohnen sollten

Es ist ein Paradox, dass wir denjenigen immer fester an uns binden wollen, der doch nur in Freiheit er selbst sein kann – und damit so, wie wir ihn lieben. Übersetzt heißt das: Klammeraffen klammern sich immer an Kinder der Lüfte. Häufig sucht einer in der Beziehung nach Raum für sich und drängt nach außen – allein. »Du bist ja nie da«, hören die Luftkinder häufig, und die Alleingelassenen, die sich nichts sehnlicher wünschen als innige Zweisamkeit, leiden darunter. Sie leiden, weil der andere auch noch etwas anderes braucht, um zufrieden zu sein. Sie leiden, weil sie nicht das Nonplusultra darstellen. Sie leiden, weil derjenige, der für sie Sinn des Lebens ist, noch anderes im Sinn hat als sie.

Garantiert aber das Nichtzusammenleben für weniger Leid? Und für mehr Leidenschaft?

Definitiv, ja.

Denn es ist die Summe aller Kleinigkeiten, die die Liebe tötet.

Das klingt hart, aber schauen wir uns doch mal um und hören zu, wenn Frauen oder Männer über Gründe ihrer Unzufriedenheit sprechen oder aufzählen, warum sie sich getrennt haben: »Er war so unordentlich.« – »Sie hat nie gekocht.« – »Nie hat er eingekauft.« – »Immer musste ich ihr alles hinterhertragen.« – »Er hat nie seine Socken in den

Wäschekorb geschmissen, sondern immer daneben.« – »Sie bestand immer auf ihrer blöden Samstagsnachmittags-serie.« – »Er hat sich nicht die Mühe gemacht, nach dem Kochen auch mal abzuwaschen.«

Wie banal! Wie ärgerlich und wie traurig, dass eine Liebe, die doch im Himmel geschlossen schien, an stinkenden Socken scheitert, die nicht da sind, wo sie vermeintlich hingehören. Oder am leeren Kühlschrank. Oder am eingetrockneten Käse. Oder an benutzten Wattebäuschen, die hinter dem Sideboard gammeln. Oder an den Riesenhaufen gelesener Tageszeitungen. Oder an der Bundesliga. Oder am Bier, das immer da ist, während das Wasser nie greifbar ist. Oder, oder, oder.

Wieso scheitern Lieben nicht daran, dass sie einfach zu Ende gehen? Wieso beschwert sich niemand, dass er keine romantischen Dinge mehr sagt oder dass sie ihn nur noch wie einen Freund anstatt als Lover behandelt? Wieso sind es Äußerlichkeiten, die die Leidenschaft in die Knie zwingen, warum ist es nicht das Innere, der Kern eines jeden, der es unerträglich macht?

Und heißt die Konsequenz dann nicht: Gehe diesen Äußerlichkeiten aus dem Weg, damit sie die Liebe nicht zermürben?

Ja. Eindeutig: Ja. Jeder lebt sein eigenes Leben in seiner eigenen Burg, in der er sich aufführen kann, wie er will. Wo niemand irgendjemanden unter Druck setzt mit Vorwürfen oder Vorhaltungen. Wo nicht jemand anderes dafür sorgt, dass frische Wäsche und frische Butter da sind. Wo Besuch kommt und wieder geht.

Es wird Ihnen gut gehen damit (nachdem Sie sich erst mal an die Freiheit gewöhnt haben und sich nicht mehr so anstrengen müssen, sie auszufüllen) – und auch der Liebe wird es gut tun, wenn zwei Menschen nicht gleich Miete und Montagmorgen miteinander teilen.

Sie haben weniger Verpflichtungen und mehr Rechte. Also bitte – das ist doch genau das, was wir uns schon als Kinder erträumt haben! Wieso das aufgeben? Aus welchem Grund? Weil Sie solche Sehnsucht nach einander haben? Sie können sich doch besuchen, so oft Sie wollen. Oder sich fein machen und sich irgendwo anders treffen. Oder weil es praktisch ist zusammenzuleben? Aber was ist praktisch daran, sein Leben weitestgehend umzustellen, nachdem wir es gerade erst geschafft haben, uns von den Zwängen unserer Familie loszusagen? Brauchen wir diese Regeln und diese Enge etwa, um zufrieden zu sein? Brauchen wir das gemeinsame Frühstück, den Kampf um die Dusche, die Diskussion über die rechte oder linke Bettseite, um uns zurechtzufinden und eine Liebe harmonisch zu gestalten? Was ist praktisch daran, nicht nur für sich selbst zu denken, sondern in alle Überlegungen auch noch permanent einen Ohrlutscher und Sockendanebenschmeißer mit einzubeziehen?

Natürlich kann man der Aufgabe, ein gemeinsames Leben voller Harmonie und eingespieltem Verständnis zu gestalten, mit Hingabe und Sorgfalt begegnen. Aber ist es nicht ziemlich selbstsüchtig, das auch vom anderen zu erwarten, und sei es nur, dass er sich darein fügt? Würde es nicht dem Selbstbewusstsein und der Selbstkritik, aber auch der Selbstverwirklichung viel mehr dienen, sein Leben nur für sich zu gestalten, bevor man es einem anderen aufdrückt?

Ja, sagen Sie es ruhig: Man kann es so sehen. Muss aber nicht. Es fällt schwer, sich von dem Gedanken zu verabschieden, dass ein Paar zwingend zusammenleben muss, um sich als Paar zu verstehen. Es ist nicht leicht, etwas positiv zu bewerten, was so unerhört nach plattem Egotrip klingt. Freiheitliche Lebensgestaltung – wozu auch gehört, dem anderen Raum zur Entfaltung zu lassen – wird rasch mit Untreue gleichgesetzt: »Sie wohnt doch nur allein, damit sie auch mit ihren anderen Lovern mal losziehen kann.« – »Er ist doch bloß deshalb nicht mit ihr zusammengezogen, weil er sich ihrer nicht sicher ist.«

Im Nichtzusammenziehen das Zeichen einer unsicheren Liebe zu sehen ist gefährlicher Unsinn. Gerade der bewusste Verzicht auf Enge, Nähe und Vierundzwanzig-Stunden-Gemeinschaft ist das ganz große JA! zur entspannten Beziehung. Es gehört viel Sicherheit dazu.

Ich kann die Zweifler trotzdem bis in meinen Erker mit Blick auf den Fernsehturm hören: »Sie sind ja zu bequem, Frau West, um sich den Herausforderungen einer erwachsenen Liebe zu stellen! Erst im Zusammenleben zeigt sich doch, wer wirklich zueinander steht und wer füreinander geschaffen ist. Und Sie sagen einfach so: Geht dem allen aus dem Weg – das ist doch feige.«

So? Bequem? Feige? Was ist schlimm daran, absehbaren Schwierigkeiten aus dem Weg zu gehen? Muss ich mich stattdessen mit offenen Augen ins Messer stürzen? Muss ich wissentlich etwas anfangen, von dem ich weiß, dass es meine Fähigkeiten übersteigt, es auch zu Ende zu führen? Und geht es nicht vielen so? All denen, die wissen, dass sie gern allein sind, dass sie nicht dafür gemacht sind, sich ums TV-Programm zu streiten oder den Speiseplan für die nächsten zwei Wochen auszuarbeiten?

Es ist schon seltsam, dass die Verweigerung des Zusammenziehens immer noch negativer gesehen wird als der Entschluss dafür. Zusammenziehverweigerern wird vorgehalten, sie würden zu wenig lieben oder sich ein Hintertürchen offen halten. Aber niemand sagt den Zusammenziehern ähnlich hässliche Sachen wie »bequemer Sack« oder »geiziger Schnorrer«. Stattdessen wird an den Glücklichen, die getrennt leben und lieben, herumgekrittelt. Sie werden nicht für voll genommen. Eigentlich hat man ein bisschen Angst vor diesen Überselbständigen, die man gern Egoisten nennen würde – wenn sie denn welche wären. Doch sie leben für ihre Liebe, indem sie eigenständig bleiben; ein Paradox, das auf den ersten Blick alles andere als einleuchtend ist. Gerade konservative Geister, die sowieso ungern über Liebe und deren Ausführung sprechen (also verdammt viele), und ängstliche Naturen, die hinter der Verweigerung gleich einen Liebesentzug argwöhnen, haben damit ihre Probleme. Da sie es nicht anders gelernt haben (waren getrennte Schlafzimmer bei den Eltern nicht ein sehr bedenkliches Zeichen gewesen?!), schrecken sie zurück vor so viel Distanz. Vermuten Untreue, Liebesende, Misstrauen oder Herzenskälte.

Aber nein! Falls Sie jemand sind, der diese Furcht in sich feststellt, obwohl der geliebte Mensch Ihnen fünfmal erklärt, dass seine Haltung keine Ablehnung Ihrer Person bedeutet, sondern nur liebevolle Vorausschau auf die positiven Aspekte des Getrennt-Zusammen-Glücklichseins, dann versuchen Sie, sich dieser Herausforderung zu stellen.

Und wenn Sie auf der anderen Seite stehen und dem ängstlichen Partner klarmachen wollen, dass Sie in der Liebe mehr Zukunft sehen, wenn jeder seinen eigenen Hausschlüssel hat – gehen Sie behutsam vor. Drücken Sie sich nicht um eine Aussprache, auch wenn Ihnen vor den Konsequenzen graut. Seien Sie ein Team, spielen Sie miteinander und nicht gegeneinander.

Aber Schluss mit dem Verteidigen. Die Argumente fürs »Getrennt-Zusammensein« sind so einleuchtend, wie die Einwände dagegen lächerlich sind.

1. Man muss nicht in eheähnlicher Gemeinschaft leben und sich die Widerlichkeiten des Alltags antun, um eine anerkannte Beziehung zu führen.
2. Wer eine schöne Liebe leben will, sollte sich um sie bemühen. Und der Weg der getrennten Wege kann (besonders für

Paare ohne Kinder) der sehr viel aussichtsreichere sein, um die Liebe am Leben zu lassen.

3. Die Chance, ein selbst gestaltetes Leben zu leben, ist höher – und damit auch die eigene Zufriedenheit. Sollten wir diese Ausgeglichenheit nicht dem Liebsten gönnen? Sowohl unsere eigene als auch die seine?

4. Die Erotik wird ungleich länger aufrechterhalten. Denn Geheimnisse rund um Schönheitspflege, Verdauung und Schlafgewohnheiten dürfen ruhig Geheimnisse bleiben.

5. Die Erotik wird noch länger prickeln. Durch einfache Dinge wie Besuche oder Verabredungen außerhalb der vier Wände. Durch Überraschungen, die man vorher in Ruhe arrangiert hat. Kerzenmeer, Essen, Dessousshow, Mantel mit nichts darunter ...

6. Die Erotik wird länger leben. Man ist sich stets noch einen Hauch fremd – und ist Sex mit einem vertrauten Fremden, der dich liebt, nicht die Perfektion?

7. Das Leben ist aktiver, bleibt aktiver – denn man bleibt immer in Bewegung, wenn man den anderen sehen will. Man sieht ihn nicht zwangsläufig, wenn man den Hausschlüssel umdreht. Immer muss man sich bemühen. Und dieses Bemühen hält länger vor, wenn man immer an einem fremden Tisch sitzt und in einem fremden Bett schläft, als wenn man Tisch und Bett teilt.

8. Die Sehnsucht nach dem anderen – Grundvoraussetzung, um sich nicht schon nach kürzester Zeit so sehr auf die Nerven zu gehen, dass sich bereits harmlose Missverständnisse zur Liebeskrise auswachsen – bleibt erhalten und wird intensiver gestillt, wenn der andere nicht ständig und unabwendbar greifbar ist.

9. Alleinsein bringt notwendige Ruhe in das eigene Leben. Man kann Dinge tun, ohne Ablenkung, ohne Rücksichtnahme, ohne Scham. Es tut gut, sich um sich selbst zu kümmern.

10. Freiheit zu nehmen heißt auch, Freiheit geben zu lernen. Wenn beide eine eigene Wohnung haben, wird Freiheit nicht einseitig sein.

Kann ich das eigentlich guten Gewissens behaupten? Ja – ich lebte vier Jahre mit einem Mann. Zusammen. Davor und danach lebe ich nun wieder allein. Alles in Liebe. Gut – Getrennt-Zusammensein ist ein Langzeitprojekt, aber bisher macht es mir mehr Freude. Ich ärgere mich weniger, ich fühle mich ausgeglichener, begehrter. Süße Sehnsucht ist mir lieber als Sehnsucht nach Alleinsein, die oft nur mit einem Spaziergang erreicht werden kann.

Socken, Suppe oder Semperoper – das ist allein mein Ding. Wenn ich koche, dann nicht aus Notwendigkeit, sondern weil es zu einer Verführung oder einem Geschenk dazugehört. Keine Selbstverständlichkeiten mehr. Wenn ich ihm ein frisches, angewärmtes feuchtes Tuch hinlege, dann nicht, weil ich mich um die gemeinsame Bettwäsche bemühe – sondern weil ich möchte, dass es ihm gut geht, wenn er sich den letzten Liebessaft von dem flachen Bauch wischt. Wenn ich mich mit ihm treffe, dann haben wir uns vielleicht letzte Nacht nicht gesehen, und er weiß weder, was für eine Unterwäsche ich trage, noch, ob überhaupt ... Ich lasse mich mehr dazu hinreißen, ihm heimlich Zettel mit Liebesbotschaften zu hinterlassen, die er irgendwann in seiner Unterwäsche findet, als mich damit aufzuhalten, sie zusammenzulegen und nach Farben zu ordnen.

Ich gehe einkaufen, wann es mir passt, und ob er den Höhlenkäse bekommt, den er so liebt, oder nicht, ist eine Frage der Gefälligkeit und nicht der Gewohnheit.

Ergo: Gewisse Dinge werden bewusster gemacht. Und dieses Bewusstsein ist von Zärtlichkeit bestimmt, nicht von Routine. Es ist so bezaubernd, wenn er in meinen Kühlschrank guckt und Höhlenkäse findet. Würden wir zusammenwohnen, wäre der doofe Käse einfach da und fertig.

Käse, höhnen die Zweifler! Super! Und sonst? Wo ist denn bitte schön sonst noch das Geheimnis getrennter Wege?

Das erzähle ich, wenn ich aus der Schweiz zurück bin. Aber eins sei schon jetzt verraten:

»Wenn du jemanden liebst, lass ihn gehen.«

Ja, danke, in der Schweiz (Basel) war es ganz bezaubernd. Bis auf die Tatsache, dass nicht nur sämtliche EC-Automaten ausgefallen, sondern auch in allen Einzelhandelslokalitäten die Verbindungen zu den internationalen Kreditkarteninstituten zusammengebrochen waren. Ergo: Nichts geshoppt, nur gegessen und getrunken bis zum Abwinken und mit Personen diverser Klassenschichten, Altersgrade und Erfahrungswerte über die perfekte Beziehung diskutiert. So vielfältig wie die Ergebnisse dieser Gespräche sind die Lebensformen heute.

Zum Beispiel ist es heutzutage durchaus normal, mit fünfzig zwei bis drei verschiedene Berufe zu haben. Das ist nicht nur meiner Generation erlaubt (ich bringe es inzwischen auf vier), sondern pflanzt sich in alle Altersrichtungen fort.

Ähnlich verhält es sich mit den Lebensgefährten: Die wenigsten sind mit ihrer Jugendliebe verheiratet oder werden an der Seite ihres ersten Ehepartners alt. Zwei bis drei »Lieben des Lebens« sind genauso normal, wie es Menschen gibt, die auch mit Mitte dreißig keine Beziehung geführt haben, die länger als vier Jahre gedauert hat. Normal sind auch die Mittfünfziger, die sich von der besseren Hälfte emanzipiert haben und etwas Neues beginnen: eine neue Liebe, einen anderen Beruf, eine veränderte Lebensweise – und gar nicht immer mit der viel jüngeren Fickbeziehung, von der sie sich ein Stück verlorene Jugend zurückholen!

Das Leben verläuft also in viel weniger stringenten Bahnen, als wir es uns nach wie vor vorstellen. Hören wir also auf, uns vorzumachen, dass wir alles so machen sollten wie unsere Eltern, Großeltern, Urgroßeltern. Wir leben in anderen Verhältnissen, die Zwänge unserer Tage haben sich verschoben. Wir müssen keine lebenslangen Zweckgemeinschaften mehr eingehen, um gemeinsam durch kriegsversehrte Tage und Jahre zu gehen. Unsere Zeit ist eine andere. Und niemand muss bis in alle Ewigkeiten mit jemand anderem zusammen sein, wenn er nicht will. Wenn doch – ja, gern! Aber es gilt, Ideale zu überdenken, für sich selbst ganz persönlich. Auch das Ideal, mit dem geliebten Menschen zusammen ein Nest auszustatten und darin gemeinsam zu hausen.

Ist das vielleicht ein muffiges Ideal? Reiner Pragmatismus, der Frauen unter dem Deckmäntelchen der Innigkeit die Stellung als Putze und Organisatorin schmackhaft machen will?

Nein, nein, verwechseln Sie das jetzt nicht mit Emanzenpropaganda. Ich will nur Anstöße zum Nachhaken geben, nicht, dass Sie hier irgendwas übernehmen, ohne es für sich ganz persönlich hinterfragt zu haben.

Denn wie schnell richten wir uns ein in dieser umsorgenden Rolle. Wir (Frauen) sind schnell dabei, wenn es um Einkaufslisten geht. Und wenn das Bad mal wieder geputzt werden muss. Und dass Samstags Waschtag ist und der Müll getrennt wird. Undsoweiter, undsofort. Dieses Umsorgen scheint selbst in der taffsten Dame angelegt zu sein. Aber, ooohh, was für ein Sprengstoffpotenzial, wenn die Organisation rund um Haushalt und andere Widrigkeiten (Erinnerung an Geburtstage gemeinsamer Bekannter, Besorgung der Theaterkarten), wenn der dreiundfünfzigste allein vollzogene Abwasch und das Einsammeln der gebrauchten Handtücher mal nicht registriert wird. Da wird die angebetete Diva plötzlich zum zickigen Drachen, der sonst so begehrte Macho zum faulen Sack.

Nein! Das brauchen wir nicht. Nicht, um glücklich zu sein, geschweige denn, um eine Beziehung im Sinne von Leidenschaft und gegenseitigem Respekt verantwortungsbewusst zu führen. Wenn wir ahnen, dass wir nicht dafür gemacht sind, mit der Liebe auch die Alltäglichkeiten auf uns zu nehmen, dann lassen wir es doch. Es gibt eh zu wenig Vierzimmerwohnungen ...

Okay, das ist kein Argument – obwohl auch die gemeinsame Wohnung für Streitpotenzial sorgt, zum Beispiel weil der eine plötzlich mehr Geld fürs Wohnen ausgibt als vorher; oder die Frage der Einrichtung: Abgrundtiefe, unüberbrückbare Stildifferenzen werden da aufgedeckt. Wenn ihn beispielsweise das siebzehnte Duftkörbchen mit getrockneten Blüten zu Allergieanfällen hinreißt oder er die sorgfältig arrangierte Edelkuscheldecke heimlich beseitigt; wenn sie sich auf den schicken Arne-Jakobsen-Designerstühlen den Hintern platt sitzt, nachdem sie sich an den Stahl-Bisleys die Zehen eingerannt hat – lauter unnötige Gewitter, die dem Leben zwar Würze, aber auch Magendrücken verleihen.

Schwarzmalerei? Sie kennen genug Leute, die trotzdem gemeinsam überleben, und das gar nicht mal schlecht? Kann es sein, dass zumindest einige davon es geschafft haben, sich ihren jeweils eigenen Bereich zu erhalten? Das ist die abgeschwächte Form des Getrennt-Zusammenseins – für die etwas Mutigeren/Feigeren, die sich partout nicht von gemeinsamer Adresse und Türklingel verabschieden mögen. Oder die so leben müssen, weil es für Kinder tatsächlich netter ist, wenn Papa abends nicht immer abhaut, um in seiner Bude die Mäuse im Kühlschrank zu füttern.

Aber zum eigenen Bereich kommen wir noch (und, ja: Es hat etwas mit Geld, getrennten Schlafzimmern und noch mehr Wohnungsnot zu tun).

Zurück zu den Idealen, die jeder für sich überdenken muss, bevor der Mietvertrag mit zwei unleserlichen Unterschriften versehen wird. Haken Sie offene Fragen ab, bevor Sie sich in die zwar kuschelige, aber auch beengende Wärme einer eheähnlichen Gemeinschaft begeben. Damit Sie Ihrem Liebsten nicht irgendwann vorwerfen, er hätte es doch besser wissen müssen, und sie auch, und überhaupt war alles ein großer Fehler und viel zu schnell, wir hätten uns doch mehr Zeit lassen sollen, ich will meine Freiheit wieder, ich muss auch mal allein sein ... blablabla.

Also: Folgende Überlegungen sollten Sie anstellen, auch wenn Ihnen bereits tausend gute Gründe FÜR ein Zusammenleben eingefallen sind, (Alle praktischen Argumente sollten Sie sofort streichen. Die zählen nicht, weil sie nichts mit Liebe zu tun haben.)

1. Sie würden es nicht aushalten, nicht zu wissen, wann der andere nach Hause kommt?

   Wenn Sie ihm sowieso nicht trauen, warum sind Sie dann zusammen? Eifersucht und Misstrauen werden nicht besser vom Zusammenwohnen. Oder wollten Sie schon immer Lebensaufseher werden?

2. Sie meinen, jemanden »um sich zu haben« täte Ihnen gut und sei etwas, was Sie bräuchten?

   Und will der andere auch der Entertainer Ihres Lebens werden? Will er umsorgt und umtütelt und bekocht und beengt werden? Oder werden Sie dann nur zu Hause sitzen und warten und das Essen warm halten? Und Ihren Arsch nicht mehr hochkriegen, um das Leben zu leben, das Sie sich wünschen, wenn Sie aufregende Filme von aktiven Menschen sehen?

3. Sie meinen, der andere will es, und Sie wollen es für ihn tun?

Und dann? Um einen gut zu haben? Es ist sicherlich erhebend, etwas für jemand anderen zu tun. Aber wenn wir uns dazu verbiegen müssen, können wir dem anderen Menschen dann auch das Verbogene zumuten? Den frustigen, sich selbst verleugnenden Charakter, unausstehlich und lügnerisch, vielleicht sogar ungerecht, wenn es eines Tages lauthals schallt: »Ich wollte nie mit dir zusammenziehen, aber du hast mich dazu gedrängt!« Das ist ekelhaft.

Der Schmerz des Verweigerns wird aber auch hart sein – je nach Stärke, Tagesform und Vertrauen Ihres Partners. Sehr hart. Fast schon zu ehrlich, um noch edel zu sein. Aber jede Liebe, die wirklich tief ist, wird das »Nein« durchstehen, wenn man sich gegenseitig vertraut.

4. Sie stellen sich eine heimelige Zukunft vor mit langen Leseabenden, Sex zu jeder Zeit und idyllischen Kochstudios?

Wieso? Kann das nur mit gleicher Adresse funktionieren? Sie können doch auch mal bei ihm schlafen, wenn es ganz besonders romantisch am Herd war und Sie sich die Hucke voll gesoffen haben. Und er kann sich am Morgen danach auch um die Beseitigung des Chaos kümmern ... ;-))

5. Sie denken, es würde Spaß machen?

Spaß ist, was ihr draus macht, gibt uns die Werbung zu verstehen.

Aber können die oben angedeuteten Spaßbremsen (sprich: A-l-l-t-a-g) Ihnen nicht die Freude verderben? Vielleicht? Oder ganz bestimmt? Und werden Sie dann immer noch voller Güte und Lässigkeit reagieren, oder werden Sie doch launisch werden und unausstehlich und unausgeglichen?

6. Sie haben keine Lust mehr, die Fragen Ihrer Eltern, Nachbarn, Bekannten, Verwandten, Freunde anzuhören, warum Sie verdammt noch eins immer noch nicht mit Ihrem Partner zusammengezogen sind, da kann doch was nicht stimmen … schnickschnackblubberblubber, Sie kennen das und wollen am liebsten auf »Ton aus« schalten. Oder Wohnungen besichtigen gehen …?

Leben die Ihr Leben oder Sie? Wie sehr müssen all diese Leute glücklich gemacht werden und wie sehr Sie? Wer steht im Vordergrund: Ihre Liebe oder das Gequake der anderen? Na?

7. Sie halten es für logisch, nach Jahren trauter Zweisamkeit auch den nächsten Schritt zu wagen?

Beziehung ist keine Mathematik mit plausiblen Gleichungen.

Nur weil alle anderen es so machen, müssen Sie es nicht tun. Nicht umsonst rühmen wir uns fast alle, wie einzigartig wir sind, und dann geht es mal um was wirklich Ernstes, und da wollen Sie mit der Herde rennen? Hallo? Jemand zu Hause?

Warum kann alles nicht so bleiben, wie es ist?

8. Sie halten es für einen erwachsenen Schritt, sich dem Zusammenzwang zu unterwerfen, um Ihre Persönlichkeit reifen zu lassen?

Dann folgen Sie lieber dem Ratschlag zahlreicher Paartherapeuten, die jeder Beziehungskiste raten, die Distanz zu pflegen. Und überlegen Sie schon mal vorab, ob Sie wirklich auf einen eigenen Bereich großmütig verzichten wollen – sei es das Bad, das Schlafzimmer oder das Büro (es flüchten sich nicht umsonst viele Kerle in den Hobbyraum zu 9er Schlüssel und Schlagbohrer oder in den Keller zur Eisenbahn).

Sie wollen also darauf verzichten ...

...weil:

9. Könnte es sein, dass Sie das Zusammenleben als Rettungsanker Ihrer Liebe sehen?

Nein

Ja

Weiß nicht

Verbeißen Sie sich nicht in Nähe, um Probleme zu lösen. Ein Blick von außen bringt mehr, als sich mit dem anderen permanent um sich selbst zu drehen.

10. Sie haben aber schon zugesagt und können doch nun keinen Rückzieher mehr machen? Schließlich haben Sie schon acht Wochen zermürbender Anzeigensuche und Wohnungsbesichtigungen hinter sich ...

Na und? Nein sagen zum Vermieter kann man auch noch kurz vor Unterschrift. Sie fürchten sich davor, es Ihrem Liebsten zu stecken? Wissen nicht, wo, geschweige denn, wie, wenn er oder sie schon laut davon träumt, wie schön und wunderbar es sein wird und welche Farbe das gemeinsame Bett haben soll und wo das Klavier stehen muss?

Und doch haben Sie eine undefinierbare Angst vor dem Zusammenleben, auch wenn Ihnen die Liebe sonst keine Mühe macht. Sie befürchten, wenn Sie erst mal zusammenleben, würde der andere vor lauter Enttäuschung und Frust die Beziehung sogar beenden?

Nun, seien wir ehrlich: Das kann passieren. Auch wenn diese Reaktion genauso schizophren wäre wie das Ultimatum »Entweder Heirat oder Schluss«. Oder wenn man sich bei der Diskussion, welche Eltern die Bezahlung der Hochzeit übernehmen, entzweit.

Sie müssen Ihrem Partner deutlich machen, dass es nichts damit zu tun hat, dass Sie ihn etwa ablehnen, sondern dass Sie einfach Angst haben, das Zusammenleben nicht so zu erfüllen, wie es sich der andere vorstellt. Schildern Sie offen, was Sie bedenklich stimmt.

Erwarten Sie nicht gleich ein »Hurra, danke, dass du so ehrlich bist«. Es wird dem anderen wehtun, und es nutzt jetzt gar nichts, ihm die Vorteile einer getrennten Liebe darzulegen. Das ist erst der dritte oder vierte Schritt. Bitten Sie um Verzeihung, vor allem, wenn Sie kurz vor Toresschluss die Panik kriegen.

Ihr Gefühl zum Thema Zusammenziehen ist:

....

Ich kenne die zermürbende Suche nach Vierzimmerwohnungen. Er (nennen wir ihn Ben) und ich wollten, nachdem wir beide gerade frisch unseren langjährigen Beziehungen entschlüpft waren, uns ebenfalls zusammentun. Wir schrieben in einer Bratkartoffelkneipe lange Listen mit Pro- und Kontra-Argumenten. Es überwogen die Vorteile – scheinbar. Hätte es mich stutzen lassen müssen, dass bei ihm Sachen standen wie »Praktisch, weil nicht nach Hause fahren müssen, wenn getrunken« oder »Weniger Benzin verfahren« und »Mehr Platz«? Jaja, dachte ich, mein kleiner, süßer Realist, so ist er nun mal. Bei mir überwogen Dinge wie »Bei ihm sein«, »Zusammen aufwachen, lachen, essen, nachts lang reden«, aber auch »Mehr Raum fürs gleiche Geld«. Uns schien alles so einleuchtend zu sein, auch wenn wir immerhin beschlossen, dass jeder sein eigenes Büro haben sollte mit verschließbarer Tür und Schildern außen dran: »Eintritt verboten, Sprechstunde ab 11 Uhr« oder »Heute Abend gibt's Nudeln«.

Wir gingen also auf die Suche. Es war nicht einfach, Immobilienfritzen davon zu überzeugen, dass zwei Selbständige genug Tacken haben – auch in der Weltstadt Hamburg ist Wohnungssuche kein Wunschkonzert. Ich suchte bald mehr als er, und zweimal hätten wir ganz wunderbare, riesige, bezahlbare Wohnungen gehabt. Bei der ersten scheiterte es am Geld – sagte er. Bei der zweiten, keine Woche später, wurden seine Argumente gegen die Wohnung, die doch erst ganz wunderbar und toll war, immer fadenscheiniger.

Ich ahnte es. Er sagte es. Ich konnte es nicht fassen. Wie konnte mich ein Mensch, der mich liebte, so enttäuschen und hintergehen? Hick oder hack, ja oder nein, was stimmte und würde in Zukunft stimmen? Hieß heute »Ja« morgen »Vielleicht« und übermorgen »Ganz bestimmt nicht«?

Erbost gab ich ihm unsere Listen zurück: »Die brauchen wir ja nun nicht mehr«, weinte mich Tage in den Schlaf und wusste nicht, wie ich reagieren wollte oder sollte.

Im Nachhinein kommen mir unsere Listen vor wie Spielkram. Alle meine Träume, die mit einer gemeinsamen Wohnung in Erfüllung gehen sollten, sind auch so wahr geworden – wir sind so oft zusammen, dass lange reden, gemeinsam aufwachen oder bei ihm sein das Allerleichteste von der Welt ist. Wir kochen und leben abwechselnd zusammen, und ich hätte – als frischer Alleinwohner, der ich nach vier Jahren plötzlich war (bis auf gelegentliche Nächte mit der temporären Mitbewohnerin Nina G. aus unserer Intellektuellen-WG) – nicht gedacht, dass es mir so viel Freude machen würde, eine eigene Wohnung zu haben und zu behalten. Er ist oft bei mir (was sicherlich auch am vollen Kühlschrank liegt und daran, dass mein Altbauappartement mitten in der Stadt liegt und auch sonst einen Hauch Bohemien verströmt), auch wenn ich nicht da bin.

Es ist gut und klug gewesen, nicht aus einer Zweisamkeit in die nächste zu schlüpfen. Auch wenn wir beide wunderbar »angelernt« waren in Sachen Zusammenwohnen und uns der Zweierrhythmus beiden nicht fremd ist, so dass wir im gewohnten Fahrwasser, bloß mit anderen Hauptrollen einfach hätten weiterschwimmen können – es ist gut, dass wir ausgebrochen sind.

Natürlich ärgert es meine Eitelkeit, dass nicht ich darauf gekommen bin, getrennt zu lieben. Ja, es macht mich geradezu wütend, dass so eine offensichtlich schlaue Idee nicht von mir kam, und ich stattdessen voller Tradition und Scheuklappen auf ein Zusammenleben aus war.

Als Schutzbehauptung kann ich für mich nur in Anspruch nehmen, dass ich mich in den vier Jahren davor so in meine Rolle eingelebt hatte, dass mir Freiheit und Selbstbestimmung seltsam fremd waren, und mich die Vorstellung einer eigenen Entscheidung einschüchterte. Was sollte ich an freien Abenden machen, wenn niemand da war, mit dem man sich um die Fernbedienung prügeln konnte oder darüber, wer den Abwasch macht? Niemand, der bekocht wird oder der sich im Backgammon niedermachen lassen will, keiner, dem man einen Vortrag darüber halten kann, warum Schwarzwäsche nicht gleich Buntwäsche ist und warum ich keine zerlesenen Zeitungen mag? Niemand, der verzweifelt nach seinem Lieblingskäse sucht und von dem ich weiß, dass er trotzdem nicht einkaufen gehen wird?

So ein Quark. Aber manchmal ist es gleich, wie ein Ziel erreicht wird; Hauptsache, es wird. (Denn ist nicht oft das Ziel das Ziel und ganz bestimmt nicht der Weg?!)

Nun läuft dieses Langzeitexperiment schon eine ganze Weile.

Und was soll ich sagen – entgegen meiner Angst, dass wir uns auseinander leben (das ist ja Mode, das tun sie alle, von den Scharpings und Beckers bis zu den Fischers und Schiffers), haben wir uns angenähert. Ohne den Zwang und die Unausweichlichkeit der sonst erzwungenen Nähe. Ich staune und freue mich, dass dieses Paradox funktioniert.

Aber was wäre gewesen, wenn wir gleich am nächsten Tag nach der Bratkartoffelkneipe eine Wohnung gefunden hätten, eingezogen wären – und dann?

Bleibt noch die Sache mit dem eigenen Bereich.

Bei getrennten Schlafzimmern zucken ja alle Leute gleich zusammen (bis auf meine Eltern, die das bereits seit Jahrzehnten leben – sie ersparen sich gegenseitig das Schnarchen, außerdem stehen sie zu unterschiedlichen Zeiten auf –, und Tatsache: Auch nach siebenunddreißig Jahren ihrer »Liaison«, wie es meine Mutter nennt, besuchen sie sich gegenseitig. Nach einer innigen halben Stunde oder so werden die Einpersonenbetten dann wieder allein belegt. Manchmal treffen sie sich auch im Wohnzimmer oder in der Küche, was ich bezaubernd finde).

Also, vom Zusammenzucken: Es muss ja nicht gleich getrennt schlafen sein (obwohl es wirklich gesünder ist, allein und in Ruhe zu schlafen, das hat nichts mit Liebesentzug zu tun. Aber Kuschelfritzen regen sich jetzt bestimmt richtig auf). Es können ja auch getrennte Arbeitsbereiche sein. Der eine hat vielleicht ein kleines Büro, der andere sein eigenes Lesezimmer. Da steht dann auch die eigene Musik, hängen die eigenen Bilder, und überhaupt ist es so eingerichtet, wie man selbst es möchte. Der Ort des Rückzugs. Der Platz der geheimen Sehnsüchte. Die noch nicht mal unanständig sein müssen. So manche Frau fände es sehr gentlemanlike, wenn ihr Kerl die Bundesliga, das Mega-Wrestling oder die

Golfübertragung in seinem eigenen Zimmer gucken würde, statt das Wohnzimmer mit Beschlag und Geschrei einzunehmen. Und so mancher Typ fände es erleichternd, wenn seine Frau sich mit ihrer Lieblingsmusik in ihr Reich zurückziehen würde.

Rücksicht kann auch Rückzug sein – aber ein selbst bestimmter. Keiner, der vor lauter Entgegenkommen dem anderen ein schlechtes Gewissen macht. (Kennen Sie das auch? Jemand ist so rücksichtsvoll, spricht leise, kaut leise, rückt immer die Fernbedienung raus und hört Musik nur mit Ohrstöpseln, dass Sie sich so richtig unwohl und egoistisch fühlen, wenn Sie auch nur laut lachen oder mittellaut mal pupen? Nein? Ich kann auch nur jedem von dieser merkwürdigen Erfahrung abraten.)

Jeder sollte das Recht haben und geben können, ohne auf großartigen Erklärungen zu bestehen, dass der andere seiner Wege gehen darf – auch wenn es nur vom Bad bis ins eigene Zimmer ist. Was spricht dagegen?

Platznot? Gehen Sie spazieren – allein und abwechselnd.

Gewissenskonflikt – der andere könnte denken, Sie führen was Verbotenes im Schilde? Was ist das für eine Beziehung, in der so wenig Luft zum Atmen ist und Vertrauen so knapp bemessen ist? Da sollte mal schnell was klargestellt werden, voller Liebe und mit zärtlichen, aber klaren Worten.

Kontrollverlust? Kümmern Sie sich um sich selbst statt um den Kram anderer Leute, auch wenn Sie sie lieben. Weil Sie sie lieben, sollten Sie das lernen.

Angst vor dem Verlust der Gemeinsamkeit? Oh, bitte – wie viel Gemeinsamkeiten gehen denn dadurch flöten, dass der andere mal für sich ist? Wie viel haben Sie denn in letzter Zeit miteinander angestellt, und wäre es nicht mal Zeit, sich stattdessen bewusst füreinander Zeit zu nehmen, anstatt sie verrinnen zu lassen, während Sie nebeneinander schweigen? Ein Nebeneinanderherleben entsteht durch zu viel Nähe, nicht durch ein wenig Abstand.

So. Sonst noch was Schlaues?

Natürlich hätten wir hier noch weitere Überlegungen zu neuen Partnerschaftsmodellen im Angebot: Aber verzeihen Sie, dass ich nun nicht Jean-Paul Sartre, diesen zwar genialen, aber versoffenen Frauenächter, und Simone de Beauvoir als Beispiel dafür anführe, was intellektuelle Paare unter einer perfekten Beziehung verstehen. Wahrscheinlich war es ganz hilfreich, mit dieser polygamen Saufnase nicht zusammenzuwohnen, weil man dauernd über Mädchenslips und leere Schnapsflaschen gestolpert wäre. Aber auch sonst ist die Qual dieser Beziehung zu groß gewesen, um ein Leitbild zu sein – eher eine Art Lightkultur.

Oft scheitert die Liebe auf Distanz an den wirtschaftlichen Verhältnissen. Wer sich nur im Bad einschließen kann, um mal einen Moment Ruhe vor der Bagage zu haben, lächelt bloß säuerlich angesichts von Vorschlägen wie getrennte Wohnung oder eigener Bereich in Form eines Zimmers, Kellers oder Dachbodens. Klar, so ist das. Ich habe auch keine großartigen Lösungen für jene, die zwar den Sinn sehen, denen aber die Mittel fehlen. Da helfen auch keine zweistündigen Spaziergänge, wenn man eigentlich nur in Ruhe mal lesen oder telefonieren oder niemanden sehen wollte. Da hilft auch kaum die Flucht zur Freundin, in den Park oder ins Café – denn das ist eben Flucht, kein geordneter, wohliger Rückzug ins Aufatmen. Aber manchmal ist das immer noch besser als gar nichts.

Und nun? Für jene, die sich gerade mit Zusammenziehplänen tragen, ohne es des Geldes wegen oder wegen einer

Schwangerschaft tun zu *müssen,* sind diese Anstöße vielleicht wertvoll. Für alle anderen, die in einer Umklammerung leben, obwohl sie ahnen oder wissen, dass sie und die Liebe unter anderen Umständen besser gedeihen würden, sind sie bitter.

Sorry.

6. Kapitel

Sie halten sich für verklemmt?
Sie sind nicht allein …

D ein Pusten an meinem Rücken stört mich.« Sie stutzte, drehte sich dann aber um, ohne an ihn (nennen wir ihn Gerhard, er selbst nennt sich gern Gérard mit ausgesprochenem Accent aigu, wie wichtig! wie vornehm! wie … französisch!) gekuschelt einzuschlafen, sondern rücksichtsvoll in die andere Richtung zu atmen.

»Das schmeckt nach Toilette«, waren seine (Thomas vielleicht. Ja, ganz bestimmt. Der Offizier werden wollte und dann doch bei der Victoria in Hameln und schließlich in Döbnitz landete) Worte, als sie ihn bat, seine Zunge zwischen ihre Schenkel zu stecken. Übrigens das erste Mal, dass sie ihn darum bat und er es kosten sollte, also konnte er doch gar nicht wissen, wie sie schmeckte, dieser Unerot. Toilette? Toilettenstein? Oder »Alpenbrise«? Kloverstopfung? Pff.

»Wachsen die noch?« fragte der Spanier, als er ihr das T-Shirt unter die Achseln wurschtelte; der Spanier, dessen Namen sich kein Mensch merken konnte, Miguel oder Mario oder Manuel oder Martinez, ein gezischeltes thzz am Ende, mondän und weltläufig. Ach ja, er meinte die Brüste, und ihre Freundin, die er ebenfalls bumste, ein paar Tage später, ließ er wissen, dass er die mit den kleinen Brüsten recht mollig fand. Was die Freundin, die fiese Schlange, der Minitittenträgerin dann auch prompt unter dem Vorwand »Ich dachte, das solltest du besser wissen« unter die Nase rieb, pisswarm und fast ohne Süffisanz.

»Guck mal, was die für Riesenbrustwarzen hat«, flüsterte der Junge im Schwimmbad gerade so laut, dass es nicht nur sein Kumpel hören konnte, und das Mädchen verschränkte hastig die Arme vor den Brüsten und hätte doch am liebsten die Hände vor die Ohren gehalten, um sie zu schützen vor dem »Is ja eeklig«-Kommentar, der ihr hinterherschallerte.

»Ich will doch keine braune Spitze haben!« wehrte Andreas, der Freund der Schwester, ab, als sie ihn zum Thema Analverkehr befragte, und der neunzehnjährige Jungspund offenbarte damit sowohl Panik als auch Unwissen, was ihn, der im Alter bestimmt zur Fettleibigkeit neigen würde, nicht gerade sympathischer machte.

»Hast du dir schon wieder einen runtergeholt? Du bist ja echt pervers«, sagte seine Freundin, aber sehr freundschaftlich war ihr Kommentar nicht, und pervers war doch was ganz anderes, oder nicht?

»Du bist sooo weit, das bringt mir jetzt irgendwie gar nix«, sagte Sascha nach erfolglosen Bemühungen, sich in sie zu ergießen, und formte einen Riesenring aus seinen beiden Zeigefingern und Daumen; eine Größe, die selbst einer italienischen Mortadella alle Ehre gemacht hätte.

»Du bist mir zu obszön«, waren Helmuts Worte auf die Frage nach dem Grund der Trennung.

»Wie Harzer Roller«, war ihre Antwort auf seine Frage, wie sein Sperma schmeckt.

»Ich steh nun mal nicht auf gespreizte Muschis, das macht mich nicht an. Das sieht irgendwie nicht schön aus«, gesteht Anton, als sie so daliegt und wartet und er unglücklich neben ihr wegschaut.

»Was hast duuuu denn da an?« war das Einzige, was sie aus seinem Lachen heraus verstehen konnte, als sie mit ihrem brandneuen Palmers-Ensemble vor ihm stand; Marina vor Michael, und es war schwarz, aus Spitze, hatte Strumpfhalter und hatte vorhin im Spiegel noch sehr sexy (mit schar-

fem »S«, und *wie* scharf, keine weiche »sechs«, »sechsi«
schon mal gar nicht) ausgesehen; und er lachte und hielt sich
den Mund, die Augen aufgerissen. Toll. Superreaktion.

»Meine Güte, du bist ja nass wie ein Waschlappen. Was
fließt denn da alles raus?« empörte sich der Freund der
Freundin Claudias, die wunderbarerweise von einer Art Lu-
brikation beschenkt ist, dass es eine Freude wäre. Nur nicht
für den Dämel, der denkt, trocken und eng muss sein.

»Sei doch nicht so ein Planschkalb«, waren ihre Worte,
als er sich beim Ausziehen in seiner Unterhose verhedderte
und glucksend neben sie aufs Bett fiel. Sein Lachen erstarb
augenblicklich, genauso wie die Erektion, in der sich der
Saum verfangen hatte.

»Das lernen wir auch noch«, sagte er süffisant und mit einem halb genervten Seufzer, als sie würgen musste, während sie ihn lutschte.

Penner.

Endlos könnte diese Liste freudscher Fehlleistungen, ab-
sichtlicher Affronts und unabsichtlicher Verschreckun-
gen hier weitergeführt werden, gespickt und garniert mit
Ihren ganz persönlichen Erfahrungen – von meinen sehe
ich hier ab, das würde dazu führen, dass ich schamesrot
verschwinde und hoffe, es niemals mehr im Hellen tun zu
müssen.

Früher hoffte ich ja: Wenn ich endlich erwachsen (also
groß und ein fertiger Mensch mit allen Rechten und keinerlei Verpflichtungen irgendjemandem außer mir selbst gegenüber) bin, dann werde ich richtig unverkrampft sein und
locker zur Sache gehen, all das wissen, wovon die Bücher
nie bis zum Schluss erzählen, und all die Szenen erleben,
die im Fernsehen durch sprudelnde Wasserfontänen oder
lauschige Sonnenuntergänge mit zirpenden Grillen symbo-
lisiert werden. Und »danach« liegen sie da, sie bis zum Po

nackt, er hat die Decke bis über den Bauchnabel gezogen. Wie machen die das, haben die Fernsehleute schief geschnittene Überwürfe oder so?

Also erwachsen und erfahren und superlässig werden. Am Anfang klappte das auch ganz gut – aber kann es sein, dass es mit dem Älterwerden schlimmer wird? Man wird verklemmter, statt sich zu befreien. Man trifft so viele, oder zu viele, die sich ohne Scheu verbalen Entgleisungen hingeben, die kaum wieder aus dem Gedächtnis zu streichen sind. Plötzlich ist da diese Unsicherheit, ob man wirklich gut riecht oder schmeckt. Völlig überraschend denkt man mittendrin dran, ob er die Brustwarzen vielleicht auch so abstoßend findet. Auf einmal geht es nicht mehr, sich in aufreizende Posen zu werfen, aus Angst, er könnte vor Lachen aus dem Bett fallen.

Okay, ich geb zu, ich weiß nicht, wie es *allen* anderen Frauen und Männern geht – aber diejenigen, die sich mir nach fünf Flaschen süffigem Rotwein aus dem Keller meines wunderbaren Ex-Geliebten offenbarten, erzählten die haarsträubendsten Geschichten. Wir redeten uns freilich ein, dass eine Schwalbe keinen Sommer macht und Oral- oder Analverächter kein Weltuntergang sind. Oder dass der Typ von vor fünf Jahren echt keine Ahnung hat und die Schnepfe so was von frigide war.

Haha.

»Ich hab Angst, er/sie will es nicht, ihm/ihr gefällt es nicht, seinem/ihrer Vorgänger/in hat es auch nicht gefallen.«

Das waren unsere Worte, und je mehr Erfahrung zusammenkam, desto mehr vermeintliche Unzulänglichkeiten stellten wir an uns fest. Mit jedem Lover mehr auf der Lakennaht erhöhte sich nahezu zwangsläufig die Verklemmtheit. Wie ein schwieriges Kundengespräch – eine patzige Antwort, und monatelange Gespräche sind einfach futsch. Genauso reagieren wir offenbar auf unqualifizierte Kommentare derjenigen, die mehr als intim mit uns waren.

Aber wieso das denn?

Okay, manche sind abgehärtet und können gleich mal weiterblättern. Aber die Seelchen, denen es auch nach Jahren noch einen Stich versetzt, wenn sie an bestimmte Kommentare erinnert werden, laufen hier zuhauf herum. Deswegen sollten die ganz Harten, denen es so was von schnurz ist, wenn sich jemand im Horizontalton verdaddelt, trotzdem mal lesen, was mit uns so alles passiert, damit sie sich im Zweifelsfall ordentlich benehmen. Denn eins ist klar: Lassen Sie auch mal so was rausflutschen wie »Irgendwie riechst du heute ziemlich nach dem Essen von vorgestern«, brauchen Sie sich nicht zu wundern, wenn es von Fellatio nix mehr gibt oder sie die Beine zusammenpresst, wenn er sie mal wieder kosten möchte.

Denken Sie doch, was Sie wollen – aber halten Sie den Mund, bevor Sie etwas sagen, was unhöflich und gemein ist. Schlagen Sie eine Dusche vor, schließen Sie die Augen – aber machen Sie bloß nicht den Mund auf. Nicht so. Anders. Nett. Liebevoll. Zärtlich. (Und das hat auch ein Nebenherfick verdient, weiß Gott.)

So, zurück zu den Wichtigen, den Seelchen. Den Hypersensiblen, denen es auch noch nach Jahren und zahllosen Beziehungen mit den einfühlsamsten Personen kaum je gelingt, wieder frei von allen Hemmungen drauflos zu vögeln, die Beine zu spreizen, das Licht besser zu stellen, es vor dem Spiegel zu tun oder genüsslich das eigene Geschlecht zur Schau zu stellen. Weil … was ist, wenn der Depp von damals Recht hatte? Wenn die Schwalbe von letztens es genauso sieht wie alle anderen auch?

Dann gehen bei uns Seelchen die Lichter aus. Verkrampfung. Verklemmtheit. Wir suchen nach Anzeichen, ob derjenige vor uns nicht auch so reagiert.

Hält ganz schön auf, und einen Trick dagegen gibt es nicht zu kaufen, Alkohol ist auch nicht der Renner, und Therapeuten beschwichtigen eh nur für Cash oder Karte. Also, Hilfe! Wieder hemmungslos durchatmen! Provozieren! Ausleben! Genießen!

Aber wie denn bloß? Ein System muss her, und zwar schnell.

Nun, es wird nicht gleich heute Abend wieder so sein, wie es vor dem dummen Spruch oder dem peinsamen Erlebnis mal war. Aber sich den Ängsten zu stellen, bevor sie wieder auftreten, ist der erste Schritt zum kunstvollen Verdrängen. Denn vergessen geht nicht. Dafür sind die wenigsten von uns gemacht, wenn es um so etwas Elementares wie Kritik an der eigenen Person geht, noch dazu an Dingen, für die wir gar nichts können, die unser Selbstbild betreffen und unseren Körper, den wir irgendwann mal schön zu finden beschlossen hatten, bis dann dieses Arschloch kam, das … Also hilft nur eins: Es so weit wegsperren, dass es im Bett, davor, daneben oder ganz woanders nicht mehr allzu sehr im Weg ist.

Aber bevor Sie sich Ihren Albträumen widmen, hier noch schnell ein paar Regeln für den Alltag:

1. Meiden Sie Herabwürdiger des Alltags. Das sind solche Leute, die dauernd abschätzig gucken und so Sachen sagen wie »Du bist ja bäbä« oder »Das würde ich ja nicht mit mir machen lassen« oder »Das ist ja nicht normal«. Die beste Methode, um sich so was zu sparen, ist: Erzählen Sie diesen Miesmachern nicht ein einziges Wort. Nada. Nixen. Sollen die sich doch weiter langweilen und sich in ihrer

Rolle als Werthansel vom Dienst bei anderen unbeliebt machen.

2. Glauben Sie nicht alles, was in den Zeitschriften steht. Oder glauben Sie es, aber denken und werten Sie selbst. Wenn es zum Beispiel heißt, dass es Unterwerfung und Machtausübung sei, wenn Männer einer Frau ins Gesicht spritzen wollen, und das sei nicht okay … Hallo, haben Sie Ihre eigene Meinung darüber! Sie müssen sie ja nicht an jede Litfaßsäule pinnen, sondern nur sich selbst überzeugen.

3. Bürden Sie sich nicht die Verklemmtheit anderer auf. Wenn Ihre Freundin keinen Analverkehr mag, bitte schön. Um ihr zu gefallen, müssen Sie jetzt nicht sagen: »Ich auch nicht.« Sagen Sie lieber nichts, oder fragen Sie sie nach dem Warum.

4. Eine Schwalbe macht noch keinen Sommer (Schön gesagt, nicht? Ist nicht von mir) – was so viel bedeutet wie: Wie viel Ahnung hatte der Typ/die Tante, dem/der Sie Ihre größte Verklemmung zu verdanken haben? Welche Situation war es? Wie, schätzen Sie, liegt die Sache in Wahrheit? Und warum glauben Sie anderen mehr als sich selbst? Und wieso begegnet Ihnen nun ein ähnlicher Menschenschlag, der von nichts 'ne Ahnung hat und Sie dennoch beeindrucken will? Abgang, aber zackig, oder Thema wechseln (»Hast du schon den neuesten Film von … gesehen?«).

5. Behalten Sie Ihre Bedürfnisse für sich, solange Sie kein Megavertrauen in den anderen haben – dadurch vermeiden Sie eine Bewertung Ihrer Bedürfnisse. Denn erst wenn sie bewertet werden, werden sie zum Problem. Vorher sind es einfach nur Bedürfnisse (wie Essen, Schlafen, Pipimachen; es muss sein, fertig), sonst nichts. Und das sollen sie bleiben, wertfrei. Ergo: Mund halten. Später ausleben. Weniger den falschen Leuten offenbaren.

6. Seien Sie Ihr eigener Zensor. Lassen Sie sich Ihr Leben nicht von anderen mit schwarzen Balken zupflastern.

So viel zum Überleben unter Spießern. Nun zu Ihnen, dem Gaststar unserer heutigen Sendung zum Thema: Ich bin verklemmt und mach was draus.

Nachdem Sie also herausgefunden haben, dass lauter moralischer Ballast Sie erdrückt, statt dass Sie von der weltläufigen Leichtigkeit eines Global-Lovers erhoben werden, der mit sich selbst im Reinen ist und mit dem Rest der Welt Nachsicht übt – was nun? Noch mal auf Anfang geht ja nu nicht, und auch eine Teilamnesie gilt bei Fachärzten noch als großes Risiko.

Nehmen Sie selbst die Diagnose vor. Bei was genieren Sie sich am allermeisten? Am zweitallermeisten? Nur beim Ausziehen, und danach nicht mehr? Oder vielleicht wenn Sie Ihren Hintern oder Ihre Brust zeigen? Wenn es Ihnen oral besorgt werden soll oder ein Spiegel in Sichtweite ist? Wenn man Ihnen den Finger in den Po stecken möchte oder Sie den Rock heben sollen?

Versuchen Sie die Situation einzugrenzen, und dann orten Sie, wovor genau Sie sich fürchten. Vor einem Kommentar oder vor einem unausgesprochenen Missfallen, das sich ganz verschieden äußern könnte? Davor, dass jemand vor Ihrem Geruch, Ihrem Geschmack oder Ihrem Aussehen zurückweicht? Davor, wie Sie bei einer bestimmten Tätigkeit aussehen oder sich anhören oder anfühlen?

Das alles ist überhaupt nicht albern, und wer das Gegenteil behauptet, ist raus. Jeder Kummer, und sei er in den Augen anderer noch so widersprüchlich oder kleinlich oder nicht der Erwähnung wert, ist für einen selbst trotzdem wichtig. Hören Sie auf Dauer nicht auf Sprüche wie »Red dir das doch nicht ein« oder »Nu hör aber auf« oder »Das stimmt doch gar nicht«. Weil Sie sich nämlich sonst nicht mit dem Problem beschäftigen werden, und dann verhält es sich wie ein Müllhaufen: Je weniger man sich drum kümmert, desto mehr fängt er an zu stinken und wächst und vernichtet das Schöne, was darunter begraben ist. Wenn Sie ihn aber als gegeben betrachten und sich daranmachen, ihn abzutragen – tataa, ist da bald wieder eine Blumenwiese. Nehmen Sie Ihren Kummer also ernst – ohne ihn aus lauter Angst, dass Sie ihn nicht durchschauen, aufzubauschen. Beschäftigen Sie sich damit, und, falls es ein Trost für Sie ist, denken Sie daran: Vielen geht es ähnlich. Viele haben diese »Kleinigkeiten«, die sie belasten, diese Momente der Unsicherheit, dieses »Bitte nicht« in einer prekären Situation auf den Lippen, in der angebliche Unzulänglichkeiten offenbart werden könnten.

Und was ist mit dem kollektiven Wahnsinn, dass nur jene Probleme relevant sind, die alle oder viele betreffen? Entschuldigung! Wenn sich jeder um seine eigenen Probleme kümmern würde und sich keiner mehr bei anderen einmischte, außer jemand bäte darum – dann wurde die Menschheit um einiges gelassener sein. So viel zum gesunden Egoismus, der auch der Gemeinschaft zuträglich ist.

Man muss nicht studiert haben, um sich selbst zu analysieren. Aber es hilft ungemein, sich erstens mit sich selbst auseinander zu setzen und zweitens einen Schuldigen zu suchen, der für die aktuelle Gen;ererei die Verantwortung trägt – und sei es der allererste Lover oder die Großmama oder die verpisste Werbung oder Kermit der Frosch, von dem man immer annahm, er sei lebendig, und der sich dann doch als ein Filzhaufen mit 'ner fremden Hand im Hintern herausstellte. Also, nachdem Sie herausgefunden haben, was Ihr Problem ist, suchen Sie den Problemverursacher. Und hauen ihm eins in die Fresse.

Nein! Aber führen Sie vielleicht ein Zwiegespräch mit demjenigen. Sie müssen ihn ja nicht anrufen, Sie können ihn auch vor Ihren inneren Gerichtshof schleppen. Fragen Sie ihn, warum er Ihre Brüste zu klein oder Ihre Muschi seltsam oder Ihren Hintern flach oder Ihren Schwanz bäbä fand. Okay, und nachdem Sie eine Antwort bekommen haben (zum Beispiel: »Weil alle meine Kumpels auf große Brüste stehen, weil mir Vaginas Angst machen, weil ich selbst einen flachen Hintern habe, weil ich nicht weiß, wie ich einen Schwanz in den Mund nehmen soll, weil unser Kunde dafür bezahlt hat, dass wir ein Bild vom jungen, attraktiven Menschen ohne Hängetitten rüberbringen ...«), lassen Sie den Schuldigen in Ihren Gedanken ziehen. Er soll seine Aussage mitnehmen und auf den Rücken schnallen und weggehen, abhauen, sich schleichen, Land gewinnen, im All die Sterne zählen. Es ist nämlich sein Problem, das er zu Ihrem gemacht hat. Er soll sich trollen, aber hurtig. Sie aber müssen sich klar darüber sein, dass Ihre Angst nicht dem realen Bild entspricht. Wenn Sie Ihre Brüste nicht mögen, weil irgendwer sie nicht mochte, werden Sie sie immer verstecken oder krumm gehen – also, das sieht dann wirklich nicht schön aus und ist doch nur eine natürliche Folge Ihrer Irritation.

Also, der Typ hat sich vom Acker gemacht, seine Aussage zurückgezogen, und nu? Denken Sie an all die Begegnungen und Personen, die Ihnen das völlige Gegenteil bestätigt haben. Sie haben bloß nicht drauf gehört vor lauter Angst. Falls Sie es immer noch nicht glauben mögen, stellen Sie sich vor den Spiegel und vergleichen sich mit dem Bild, was Sie sonst von sich haben. Große Brustwarzen – na und? Wetten, dass Veronika F. größere hat? Und Götz G. schläft trotzdem mit ihr, kann ja wohl nicht so wild sein. Seien Sie fair zu sich selbst, geben Sie sich eine Chance, verdammich! Keine Sau hat behauptet, dass Sie aussehen müssen wie ein Playboyhäschen, keiner hat gesagt, dass Vanille der perfekte Liebesduft sei, keiner hat die Tonlage des wollüstigen Stöhnens perfektioniert.

Und falls Ihnen das Psychospiel mit anschließendem

Spiegeltest und Geschmacksuntersuchung (Ja, doch, Sie dürfen sich da anfassen, sonst wissen Sie ja nie, wie's schmeckt, ja, auch jetzt, ungewaschen, oder glauben Sie lieber irgendeinem Depp, der behauptet, irgendwer schmeckt nach Toilette?????) nicht so recht liegt, dann spielen Sie das Fragespiel mit Ihrem aktuellen Geliebten. Fragen Sie nicht: »Wie gefällt dir ...«, »Findest du auch, dass ...«, sondern unterhalten Sie sich über die Vorkommnisse, die Sie einst geprägt haben. Holen Sie seine Meinung ein, wie es sein kann, dass Menschen zu solchen Äußerungen hingerissen werden. Und indem Sie mit Ihrem Lieblingsmenschen darüber reden, werden Sie sehen, dass auch davon Ungeheuer kleiner werden.

Ach so, warum Sie nicht direkt nach seiner Meinung fragen sollten? Weil er Ihnen nach dem Maul reden wird, im Guten wie im Schlechten, oder weil er Ihnen eben mit Kommentaren wie »Ach, ist doch Quatsch ...« kommt. Das ist ein ganz normaler Abwehrmechanismus, der ist angelernt und die erste Reaktion bei allen Fragen nach eigener Unzulänglichkeit.

Auch nicht okay? Vielleicht, weil Sie gerade keinen Liebsten haben oder sich denn doch nicht über die verbalen Entgleisungen Ihrer Vergangenheit auslassen möchten? Und weil Sie auch kein Meister der Kommunikation sind und es noch unangenehmer finden, Dinge zu offenbaren, statt sie in sich hineinzufressen?

Okay.

Hm. Okay. Grübel, grübel, wie hab ich denn meinen Brustwarzenkomplex weggekriegt und die Sache mit dem molligen Bäuchlein? Wie hab ich denn reagiert auf die Unsicherheit des Geliebten, als er sich geschamig wegdrehte am Morgen? Nun, ich weiß zwar, dass optische Perfektion nicht das hält, was sie verspricht, und dass eigene Unzulänglichkeiten zu einer Demontage des Selbstbewusstseins führen – aber trotzdem muss auch ich mich zwingen, über meine vermeintlichen Fehler hinwegzusehen und aus meinen Vorzügen etwas zu machen. Das wäre die dritte Möglichkeit: Stellen Sie jeder Unsicherheit eine Sicherheit gegenüber; Beine gegen Hüften, Po gegen Brustwarzen, Lächeln gegen Nase, Küssen gegen Bücken.

Was ist aber nun, wenn Sie mit sich ganz zufrieden sind, aber Ihr Liebstes hat was gegen Oralverkehr oder kurze Röcke oder Angst, die Beine zu zeigen oder sich im engen Shirt auf die Straße zu wagen oder sich umzudrehen? Moralische Barrieren, egal, wie sie entstanden sind, wollen nun aber auch respektiert und nicht gleich gestürmt werden. Das bedeutet also auch für unbelastete Liebhaber, Tabus und Verklemmungen beim anderen behutsam zu erfassen und damit umzugehen. Manchmal helfen Filme oder Dirty Talk oder auch nur ein Besuch in einem Erotikladen, um Spannungen abzubauen und sie auf andere flirrende Ideen umzuleiten. Es ist nicht einfach, wenn sich der eine bei gewissen Dingen Schamgefühlen erwehren muss und der andere derweil hofft und wartet und bereit ist.

Man kann das natürlich auch ganz anders sehen. Dass ein bisschen Scham ganz gut ist, so von wegen Würde und so oder weil die Welt bereits so schamlos geworden ist, dass nichts mehr prickelt. Es kann natürlich sein, dass es dann Menschen gibt, die weglaufen werden, weil Sie diese oder jene Verklemmung noch nicht überwunden haben oder nicht darüber nachdenken, sie für jemand anderen ruck, zuck aufzugeben (zum Beispiel Scham vor gewissen Praktiken wie Anal, SM, Sex in der Öffentlichkeit oder zu dritt). Lassen Sie denjenigen ziehen, statt sich zu verbiegen. Aber gönnen Sie sich einen Moment des Nachdenkens, warum

Ihnen etwas an Ihnen missfällt oder warum Sie sich nicht dazu überwinden können, jenes zu tun oder dieses zu sagen. Denn Nachdenken ist der erste Schritt, Frieden mit sich selbst zu schließen und sich nicht andauernd selbst zu verachten, weil man das oder das nicht mag. Und es ist der erste Schritt, um eine Veränderung zu überdenken, falls der Frieden nicht kommen mag.

Eins ist dabei sicher: Sie sind nicht allein. Jeder hat einen wunden Punkt. Das ist so normal wie Sonnenschein und völlig in Ordnung.

7. Kapitel

Story: Wolfsbrut.
Ein Wiedersehen mit sexy Schnüffler
Stanton

Er registrierte kaum, als es losging. Doch als die Sonne hinter den letzten Häuserschluchten in Manhattan endgültig für diesen Tag ihr Leben ließ, spürte er das Ziehen ganz deutlich. Seine Nasenlöcher blähten sich unwillkürlich, er ging noch einen Schritt schneller nach Hause, nur weg von dem Ziehen, von der Gier, von dem Brauchen! Heute Nacht war Vollmond, und er konnte nicht verhindern, dass ihn grausende Vorfreude umfing auf das, was er tun wollte, musste, das er nicht verhindern konnte. Riechen, kosten, schmecken, süße Qual, erotische Folter seiner Sinne, die so gespannt waren wie jedes Mal. Jedes Geräusch so laut, jeder Geruch so beißend. Er hätte jeden beliebigen Duft durch die ganze Stadt verfolgen können, so als ob sie mit sternstrahlenden Wegmarkierungen durchzogen wäre. Jeder Duft hinterließ einen silbrig schimmernden Pfad auf dem Asphalt – vage, unfassbar. Aber den einen, den kannte er ganz genau. Und der zog ihn jetzt an, süßlich, schwer, eisenhaltig.

Er biss sich auf die Lippen, ohne zu merken, dass sie sich weit in seine Wangen zurückgezogen hatten.

Ich saß in meinem stickigen Büro an der 42nd Street und starrte in die brütende Hitze der Stadt; die Dunstglocke, die sich gleichermaßen über die Straßen und mein alkoholvernebeltes Gehirn legte, schien keiner Gemütsregung Platz machen zu wollen. Jenseits der halbverglasten Tür hörte ich das zaghafte und unregelmäßige Klickerklacker der alten Valentine-Schreibmaschine; meine Sekretärin Tina brachte es zwar nur auf fünfundzwanzig Anschläge in zwei Minuten, dafür hatte sie 90 B und brachte mich auf mehr als hundert Anschläge in einer Minute. Ich wusste, sie schrieb zum achten Mal ihre Kündigung, und ich hatte sie bisher nur deshalb nicht angenommen, weil sie jedes Mal mehr als zehn Rechtschreibfehler enthielt. Es würde voraussichtlich noch ein paar Tage dauern, bis Tina, dieses heiße kleine Suburbia-Girl, es fehlerfrei hinkriegen würde.

Es war einer jener Tage, an denen ich meine Tätigkeit als Schnüffler vom Dienst und Dünnbrettkopie Philipp Marlowes so sehr genoss wie eine Wurzelbehandlung. Ich hatte gerade erst meinen letzten Fall abgehakt; eine New Yorker Lady mit deutschem Akzent verdächtigte ihren Mann, es mit ihrer Irish Setterin zu tun – aber das Einzige, was er an der bürstete, war das Fell, und das nicht sehr regelmäßig.

Letztlich war es so, dass es die beiden antörnte, wenn fremde Leute gegen Bezahlung in ihrem privaten Liebesleben herumschnüffelten und sie Tag und Nacht beobachteten. Kranker Exhibitionismus, gefördert durch öffentliche Mittel.

Ich war eine Art Zwischending des New York Police Departement, kein Detective im Staatsdienst, aber auch nicht nur Privatschnüffler. Ich bekam Aufträge von Privatmännern – leider von zu wenig Privatfrauen –, die ich legal zu lösen versuchte; bisweilen ging es nicht, und dann tat ich es auf meine Art. »Meine Art«, das ist die Methode, die heute in der Polizeischule als abschreckendes Beispiel in der Dienstvorschriftenstunde hergenommen wird. Traurige Zeiten. Wenn die Leute vom 9. Revier hier anrufen, dann heißt es: Wir fragen mal im Konzern an, wie's so läuft, gefolgt von dümmlichem Teenagergrinsen. Und sie rufen immer dann an, wenn sie einen Depp brauchen, der die Arbeit erledigt, auf die sie keinen Bock haben, oder wenn Überstunden gestrichen sind. Und ich nehme die Arbeit jedesmal wieder an; teils deshalb, weil ich eine uneheliche Tochter mit gewissen Bedürfnissen vom Honeymoon-Lippenstift bis zur N'Sync-CD oder einem Fummel für den Abschlussball habe – Jeanette, was für ein Name, aber egal, süßes Ding –, die mein ganzer Stolz ist; teils, weil ich beim Nichtstun verblöden würde. So wie heute. Bis zu dem Zeitpunkt, als das Telefon klingelte.

Ich ließ es viermal klingeln und täuschte mit Ärger in der Stimme vor, dass man mich bei wichtigen Geschäften störte. Manchmal wünschte ich mir eine von diesen Kassetten, die mit Arbeitsgeräuschen bespielt sind; aber was, bitte schön, sind die Geräusche in einem Schnüfflerbüro? Das Schnappen des Benzinfeuerzeugs?

»Stanton.«

»Lou, wie läuft's im Konzern? Was geht ab an der Front?«

»Hallo Chat. Bevor du anriefst, sah das Leben noch besser aus. Was willst du?«

Das klang doch enorm nach Stress, nicht wahr? Ich spielte mit dem Zippo.

»Herzlich wie immer. Der Chief verlangt nach deinem Typ.«

Ich ließ wieder eine Weile verstreichen. Dann fragte ich: »Warum?«

»Keine Ahnung. Stufe 2.«

Er legte auf, nachdem wir uns noch über Football und die Schlappe meines Teams unterhalten hatten. Chat hatte echt keine Ahnung. Typischer Giants-Fan.

»Stufe 2« bedeutete, dass es eine inoffizielle Sache war, abgewickelt über ein bestimmtes Policedepartement, aber überwacht vom FBI oder CIA oder DEA oder von einem Swat Team oder der Feministischen Front oder sonst wem, der gerade in der Gunst des Präsidenten stand. Als zuständiger Detective und Angestellter des Staates sollte man sich bei so was keine Fehler erlauben. Und deshalb riefen sie mich an, weil es dann nicht dem

9. Revier angehängt werden konnte, wenn was schief lief. Dann war es halt der Halbzivilist Stanton mit seiner großen Klappe. Natürlich machte ich mich sofort auf den Weg, rückgratlos und pleite, wie ich war.

Nur noch wenige Stunden, und er würde ihr zum ersten Mal ganz nah sein, eintauchen in ihren jungfräulichen Schoß, von ihrer Angst kosten, die rasch in Begierde umschlagen würde. Es war jedes Mal so. Erst hatten sie Angst vor ihm, wenn sein animalischer Instinkt sich Raum brach; aber dann knackte er den in allen Menschen verankerten genetischen Code der tierischen Lust, und nach kurzer Zeit gaben sie sich hin, total, weit offen und mit Fähigkeiten zur Lustempfindung, die auch er vor seiner Verwandlung nicht erahnt hatte.

Sie hatte davon natürlich noch keine Ahnung, hütete ihre Unberührtheit mehr aus Unwissen denn aus Trotz – hob sich also nicht etwa auf, sondern verschwendete einfach keinen Gedanken an Sex mit einem Mann. Sie spürte aber das Rumoren in ihrem Leib, weit unten im Bauch, wie alle achtundzwanzig Tage. Und sie wusste, es würden schlaflose Nächte werden, denn zu allem Überfluss war auch noch Vollmond. Sie wälzte sich dann unruhig und schweißnass in ihrem Jungmädchenbett, auch Milch mit Honig und Muskat würden nicht gegen die Schmerzen und die Schlaflosigkeit helfen; und schließlich würde sie das tun, was sie immer tat: spazieren gehen, mit raschen Schritten. Das entkrampfte sie, ließ das Blut leichter fließen und erschöpfte sie bis zur Bettschwere. Sie hatte keine Angst auf den Straßen in der Nacht – es war wie am Tag, nur dunkel, wie ihr Vater ihr erklärte, als sie noch sein kleines Mädchen war. Die Schlagzeilen von Mord, Überfällen, Verbrechen und Tod in der Stadt registrierte sie nicht mehr als andere Nachrichten vom Tage; es war nicht ihre Welt, und es geschah nicht in dem Stadtteil, wo sie mit ihrer

Mutter, einer jüdischen Emigrantin, lebte. Hilda Blumenfeld lebte ihr Leben so einfach es ging und wusste nicht, wie bald es beendet sein würde.

Chief Inspector und Arschloch vom Dienst Floyd »Stickyfingers« Pickert blaffte gleich rum, als ich in sein gelecktes Büro kam. Die Schreibtischunterlage blitzsauber, drei Bleistifte, gleich lang und ordentlich gespitzt, in einer Reihe rechts; die aktuelle Akte links, der Postablagekorb akkurat geleert und bearbeitet. »Stanton, kommse rein, kommse rein, stehnse nicht rum, kriegen wirs hinter uns.«

Ich würde ja nun gern sagen, unter seiner rauen Schale verberge sich ein weicher Kern, aber der war eigentlich verfault und marode wie sein Gebiss, zwischen dem der Magengeschwurgeruch in hastigen Zügen herauswaberte. Ich würde auch gern behaupten, Stickyfingers wäre gut auf seinem Gebiet, aber er hatte nur deshalb so viel Erfolg mit der Verbrechensbekämpfung in seinem Bezirk, weil er mich hatte, von dem er annahm, ich würde so denken wie ein Krimineller und schon im Voraus wissen, was als Nächstes kommt. Klar, weil er mich für einen hielt, der nur mit dem Taschenrechner – einer »Judenorgel«, wie Sticky es nannte, harhar, todkomisch – dasaß und Dollars abzählte, die ich durch mein kriminelles Genie verdiente.

Na klar, und übers Wasser gehen kann ich auch.

»Seltsame Sache, das, was?«

Kryptisch, der Mann.

»Was?«

»Lesen Sie keine Zeitung, Stanton, weil Sie es nicht beherrschen oder weil Sie sich keine leisten können?«

Ich zündete mir eine Zigarette an.

»In meinem Büro wird nicht geraucht.«

Ich zuckte einigermaßen ungerührt mit den Schultern, sog

schön heftig an der Kippe, stieß den Rauch genüsslich aus, lehnte mich betont entspannt zurück und wartete ab.

»Schon mal was von Soziopathen gehört, Lou? Im Lexikon steht Ihr Bild daneben.«

Ich rauchte weiter und wartete, es war ein schöner Tag, und Sticky konnte mich.

»Es geht um die Mordserie, die inzwischen sogar die *Times* auf der ersten Seite bringt, weil offenbar Zusammenhänge bestehen. Junge Frauen werden ermordet, in den letzten acht Monaten allein sechs. Was auf den ersten Blick willkürlich erscheint, weil alle nichts miteinander zu tun haben, bekommt nun eine Form.«

Ich fragte mich ehrlich, was er von mir wollte. Auf Serienkiller war ich noch nie angesetzt, als Profiler machte ich mich so gut wie eine Kuh beim Gleitschirmfliegen.

»Der Bürgermeister«, jetzt senkte Pickert die Stimme, »bat mich in einem vertraulichen Gespräch, ihm zu helfen, die Stadt endlich wieder sicher zu machen.«

In diesem Moment verschluckte ich mich ungeschickterweise am Rauch, denn was war an New York bitteschön überhaupt sicher? »Chief, ich bin mir nicht sicher, ob ...«

»Schnickschnack, wir müssen etwas dagegen tun, dass hier ein Irrer durch die Gegend läuft, sich junge Mädchen sucht, sie missbraucht und wegwirft wie ein altes Kondom! Ich bin nicht der Meinung, dass Sie Macho da der Richtige sind, aber der Bürgermeister sprach sich für Sie aus, da kann ich nichts dagegen tun.«

Daher wehte also der Wind. Deshalb war der Chief, der mich ohnehin gefressen hatte, so genervt. Klar, er hätte was dagegen gehabt, mich überhaupt in seinem Büro zu sehen. Aber so musste er mit mir leben.

Er atmete schwer ein und ging dann dazu über, mir die bisherigen Ermittlungsergebnisse zu erklären. Sechs Frauen zwischen acht und dreiundzwanzig, alle sozialen Schichten, alle Hautfarben. Alle wurden zwischen dem 25. und 28. eines Monats ermordet, jedes Mal ohne erkennbare Spuren von Gewaltanwen-

dung. Sie waren einfach tot. Die Fotos, die Pickert an der Leucht-
wand anpinnte, zeigten sechs tote Mädchen, alle attraktiv, alle
mit einem seltsamen Lächeln um den Mund. Ich konnte nichts
dagegen tun, aber mir fiel Sascha ein, die Hure, die ich einst
liebte; sie schaute jedes Mal so aus, nachdem ich zu ihr gekommen war. Beruhigte Wollust. Ich behielt meine Gedanken für
mich.

Jede der Frauen hatte offenbar kurz vor ihrem Tod Geschlechtsverkehr gehabt, wie die nüchterne Bezeichnung aus der
Gerichtsmedizin lautete. Aber es war nie Sperma gefunden worden, auch keine Hautschuppen oder Haare, wie sie in solchen
Fällen stets vorhanden waren; keine Hautreste oder Fasern unter
den Fingernägeln, die von einer erbitterten Gegenwehr herrüh-
ren konnten. Der Täter benutzte offenbar Präservative, Hand-
schuhe oder ein Ganzkörperkondom.

Vielleicht betäubte er seine Opfer auch mit einem rückstands-
losen Opiat, wer wusste das schon. Ich fragte, ob man sich in der
Abteilung schon einen Reim darauf machen konnte, warum es
immer um den 26. passierte. »Vollmond«, war Sticky Pickerts
knappe Antwort.

Ich hatte plötzlich das Gefühl, das wäre der Brocken, um den
ich herumschleichen müsste, um den Täter zu finden. Und heute
war Vollmond. Ich hatte noch sechs Stunden bis zum Sonnenuntergang.

Er vermochte ihren süßen Duft in der Abenddämmerung zu er-
schnuppern, diesen herben Schmelz von unschuldiger Feuchte
und schweren Blutblüten, der sich unter dem eng anliegenden
Höschen entwickelte. Er beobachtete sie aus dem Auto heraus
und wollte sie am liebsten jetzt schon anfallen, ihren Rock zerfet-
zen, ihr filigranes Stück Textil über den Fohlenbeinen mit seinen
Klauen aufreißen, um dann schwer in sie zu dringen und ihr jun-
ges Fleisch aufzustoßen; aber er wusste, es würde noch großarti-

ger, wenn er sie dazu brachte, dass sie es auch wollte. Er sah nicht schlecht aus, und in dem Leben zwischen den Vollmondtagen war er Systembetreuer eines New Yorker Verlages, der Schulbücher verlegte; er war die Pannenhilfe vom Dienst, ausgestattet mit Pieper und hohem technischem Know-how, wenn mal wieder eine Kiste spann oder sich ein Netzserver aufgehangen hatte. Vor seiner Verwandlung zu einem – ja, was eigentlich? Tier, Sexmonster, Wolfsmensch, Verführer der Neuzeit? hatte er Beziehungen wie jeder andere halbwegs normale New Yorker zu Frauen gehabt, ein normales Leben mit Hobbys, die richtige Männer haben: Bowling, mit Kumpels zum Basketball, italienische Filme, australisches Bier, Pamela Anderson anschwärmen.

Nach seinem Urlaub auf Kuba hatte es angefangen. Er war sich nicht sicher, ob es nach dem Zeckenbiss begonnen hatte oder nachdem er auf einen Seeigel getreten war – vielleicht lag es auch an dem Fluch der alten Frau, deren Tochter er an der Bar kennen gelernt hatte, um sie dann mit in seinen Ferienbungalow zu nehmen … er wusste es nicht, es war ihm heute, in dieser Sekunde, auf der Jagd, auch völlig egal. Bei Vollmond schaltete es alle menschlichen Erinnerungen aus, seinen Beruf, seine Kindheit in Monterey, alles.

Er wurde zum Wolf, und er roch Blut. Jedes Mal nach dem kurzen, stets fruchtlosen Kampf gegen sich selbst genoss er das Ziehen und hatte gleichzeitig schon Angst vor dem Moment, wenn seine Klauen wieder zurückwuchsen und er seinen Bart nur noch einmal und nicht fünfmal täglich rasieren musste; wenn ihn wieder die Schlagzeilen daran erinnerten, dass es Mord war, was er da verübte. Aber was für ein herrlicher Tod.

Wo sollte ich anfangen? Es war die berühmte Nadel im Heuhaufen, die ich finden musste, und mir blieben nur noch vier Stunden. Dann musste ich den unheimlichen Jungfrauen-Fresser, wie ihn die Medien nannten, gefunden haben und ihn davon abhalten, wieder ein Mädchen zum Tod zu verführen. Es war mir unheimlich, aber ich kam nicht umhin, den Mann oder was immer ES war zu bewundern. Jim Hattrick, der Gerichtsmediziner, hatte mir gesteckt, dass alle Mädchen kurz vor ihrem Tod defloriert wurden, also noch unberührt waren, bevor sie dem Vollmondmörder über den Weg liefen. Und, was ich noch interessanter fand: Jim erwähnte in einem Nebensatz, dass alle einen hohen Hormonwert im Blut hatten, der darauf schließen ließ, dass sie ihre Tage hatten. Also brauchte ich bloß hübsche Mädchen ausfindig machen, die zu Vollmond ihre Tage hatten und noch unberührt waren. Haha. Ich meine, wir sind in New York. Wo sollte ich eine hübsche Jungfrau finden?

Hilda Blumenfeld ging trotz ihrer Schmerzen im Unterbauch zur Chorprobe. Das war einfach ihre Pflicht, und außerdem machte es ihr Spaß, sich alles von der Seele zu singen. Die meisten Mädchen dort waren wie sie: Töchter jüdischer Emigranten, mittlere Schulbildung, um die neunzehn, nicht zu spießig, aber doch aus behütetem Haus. Sie fühlte sich wohl dort, denn die Gesprächsthemen drehten sich eben nicht pausenlos um Jungs, Make-up, MTV und Plateauschuhe. Die meisten der zartgliedrigen Elevinnen hatten keine Erfahrung mit Fummeleien auf dem Rücksitz und schwitzigen Jungenhänden unter der Bluse, es war einfach kein Thema unter ihnen. Als die Chorleiterin zum Einsingen rief, hatte die junge, todgeweihte Hilda ein Lächeln im Gesicht. Sie spürte die rote Nässe zwischen den Schenkeln noch nicht.

Er betrachtete seine Augen im Rückspiegel des Fords. Einst blau, waren sie nun schwarz, der Bart war schon wieder dicht, gab seinem Gesicht etwas Düsteres, Kaltes, Tierisches. Er fühlte sich stark in dieser Wolfshaut. Nichts konnte ihn berühren. Keine Kälte, kein Schmerz. Kein Mitleid, keine Liebe. Er betastete seine Hose. Dort, in der rechten Tasche, ruhten drei Kondome, gaben ihm das beruhigende Gefühl, das Richtige zu tun, wenn er sie benutzte.

Er beobachtete sein Opfer jetzt durch die Fensterscheibe des Gemeindesaals, und er meinte, selbst durch das Glas ihren Honigduft zu riechen. Sein Mund öffnete sich, und sein schwarzer Rachen schien wie das Tor zur Hölle.

Den Tipp bekam ich von meiner Exfrau. Eigentlich waren wir nie verheiratet gewesen, aber schließlich hatten wir eine gemeinsame Tochter, die, wie ich unauffällig zu erfragen versuchte, offenbar schon erste sexuelle Erfahrungen gemacht hatte.

»Was geht dich das an«, schnauzte die Ex mich durchs Telefon an. »Für väterliche Aufklärungsarbeit ist es zu spät.«

Zum ersten Mal freute ich mich ein bisschen über die wüste Art von Jeanettes halbstarkem Freund Bookman Berry. Er war der Schwarm aller High-School-Teenys. Er war größer als ich – bei einssechsundsiebzig ist das nicht schwer –, hatte noch alle seine blonden Haare und enorme Muskelberge. Natürlich war es immer nur sein Lächeln, was den Mädchen so unendlich zusetzte. Und mein kleines Baby hatte er auch schon rumgekriegt, na, Gott sei's gedankt, so war sie wenigstens als Opfer des Jungfrauenfressers völlig indiskutabel. (Bitte um Vergebung, o Herr.) Ich versuchte diese Sorgen meiner Ex beizubiegen.

»Anna, ich will es dir doch gerade erklären. Da läuft ein Typ durch Manhattan, der sich hübsche Mädchen aussucht, die noch nie, na du weißt schon, um sie danach umzubringen. Ich habe keine Lust, das nächste Mal Jeanette in der Pathologie in der Emaillewanne zu finden!«

»Sie hat doch einen Freund.«

Ja, ja, wie gehabt, das wusste ich, ich ließ Bookman Berry ja schließlich beobachten, für teures Geld. Wo er hinging, was er machte, mit wem er sich traf. Jetzt war ich froh darüber und verdrängte das Gefühl, meiner Tochter nicht ihr eigenes Leben zu gönnen.

»Anna, wo finde ich hübsche Jungfrauen in der Stadt?«

Schweigen, atmosphärisches Knistern in der Leitung.

»Du fragst mich, wo du andere Frauen findest? Du wagst tatsächlich, mich zu fragen, wo du einen Stich unterbringen kannst? Du Schwein.« Lachte oder weinte sie?

»Versuch's doch in der Kirche!«

Klick. Ende. Wie sollte ich ihr das jemals erklären?

Also versuchte ich es tatsächlich in der Kirche. Es gab genug davon in New York, aber zu meinem Glück hatten nur wenige heute Abend Gottesdienst oder Chorprobe. Mit einer Liste von acht Kirchen und Gemeinden, die in Frage kämen, machte ich mich reichlich skeptisch auf den Weg. Zwei lagen in Queens, und die Mädchen dort waren, wie ich mir dachte, keine Jungfrauen, das merkte man daran, wie sie sich anzogen, und an ihren seltsamen Rockerfreunden. Auch die nächsten drei waren ein Schuss in den Ofen. Alle Frauen über dreißig. Die letzten drei fuhr ich nur aus Pflichtgefühl ab. Zum Schluss nahm ich noch einen Kaffee an einer koscheren Imbissbude im jüdischen Viertel. Ein Plakat war dort aufgehängt. »Lobet und singet dem Herren.« Jüdische Vereinigung junger Mädchen. Dann eine Adresse, Uhrzeit. Ich ließ den Kaffee stehen, rannte zu meinem Plymouth.

Mir wird immer schlecht, wenn ich daran denke, dass viele Fälle mehr vom Zufall als von meinem Spürsinn abhängen.

155

Hilda spürte etwas Heißes im Rücken, als sie am Fenster stand. Sie drehte sich um, konnte nichts sehen und schalt sich eine Närrin. Sich einzubilden, dass da draußen jemand – oder etwas? – sie beobachtete, war egoistisch und stolz.

Die Dämmerung brach herein.

Er würde sie lieben, wie sie es noch nie erträumt hätte. Sie ausfüllen und ihrem Fruchtgarten das geben, was er brauchte, um zu gedeihen. Er würde ihren zarten Hals zurückbiegen, sie mit wölfischen, hungrigen Küssen überdecken, ihren Körper in Flammen setzen, ihre Naht sprengen und aufspießen. Sein Penis schwoll an und pochte heiß gegen die Hose, in freudiger Erwartung, vom frischen Blut benetzt zu werden. Er hatte Lust, den Mond anzuheulen.

Der Plymouth fuhr stolz stotternd vor das Gemeindezentrum. Auf den ersten Blick wahrlich keine Stätte des Verbrechens. Ich ließ den Wagen im Leerlauf vorbeirollen, warf einen Blick hinein. Mädchen, singende Mädchen. Hübsche Mädchen in hochgeschlossenen Blümchenkleidern. Eine ganz hübsche vorn am Fenster. Dunkles Haar, aufrechte Haltung. Eine kleine Königin unter lauter Prinzessinnen.

Ein alter Ford davor. War es hier? Zwischen den Wolken lächelte ein Vollmondgesicht.

Mit Einbruch der Dämmerung erlebte seine Lust einen Quantensprung. Aber trotzdem waren seine Sinne noch offen für anderes. Ein Bulle war hier. Er roch den Schweiß von angespannter Konzentration. Bullenschweiß. Ein Bulle und ein Wolf und da drin die Lämmer – das war zu viel Animalisches auf kleinem Raum. Aber er wollte sich seine Beute nicht nehmen lassen, nicht, wo er sie fast schon in den Fängen hatte. Er überlegte, ob er rübergehen sollte und dem Bullen die Gedärme aus dem Leib reißen, um sie dampfend auf den Asphalt zu werfen und sich an den Innereien zu ergötzen.

Aber das hatte nichts mit Lust zu tun. Er wollte aus Liebe töten, nicht aus Wut. Gleich würde sie nach draußen kommen …

Bis dahin versuchte er den Bullen mit der Kraft seines Geistes zu verscheuchen. Er war überzeugt, es würde klappen.

Hilda sang die letzten Noten von Händels Messias mit Inbrunst und hoffte, dass niemand bemerkte, dass sie gleich als Erstes auf die Toilette gehen musste, um sich zu säubern. Sie hatte während der ersten Takte des Hallelujas gespürt, dass die ersten Tropfen in ihr Höschen perlten. Immer noch hatte sie das Gefühl, jemand starre sie an, und sie verspürte eine neue Empfindung in ihrem Leib. Da, wo vorhin noch Schmerzen waren, machte sich Leichtigkeit breit, ein Schauer ließ ihre Brustwarzen hart werden. Sie fühlte sich unbeschreiblich weiblich, noch verstärkt durch die Menstruation, ein scheußliches Wort. Die Hitze in ihrem Rücken kroch die Wirbelsäule entlang, umschmeichelte ihren Schoß wie warmes Wasser, ließ eine andere, cremige Feuchte hervorsickern. Sie kannte keines der Gefühle, die sich ihrer bemächtigten, und griff ihr Gesangsbuch unbewusst fester, presste die Knie zusammen und schob ihre Hüfte millimeterweise nach vorn.

Von dem Ford schien ein Schimmern und Glühen auszugehen, das sich direkt auf die Hübsche am Fenster richtete, die sich nun ihr Jäckchen anzog, ein Buch in eine Tasche packte und aus mei-

nem Blickfeld verschwand. Ich stieg aus und schlenderte unauffällig um das Haus herum, bis ich hinter dem Ford stand. Ein Blick
genügte, und ich wusste, ich hatte den Typen. Krallenhände leg-
ten sich um das Lenkrad. Um aus seinem Rückspiegelblickfeld zu
kommen, schlich ich mich auf allen vieren zum Auto. Ich weiß
nicht, woher es kam, aber ich hatte plötzlich unbändige Lust, ein
Mädchen wahrhaftig zu lieben, je näher ich kroch, umso heftiger
wurde die Lust.

Das Schimmern schien stärker geworden zu sein, der Knirps
zwischen meinen Beinen war inzwischen erwachsen und
schmerzte. Bilder drängten sich vor mein inneres Auge; hinge-
gossenes Frauenhaar, schweißglänzende Schenkel, pulsierende
Vulven, stimmloses Keuchen der Begierde. Ich musste mich auf
das zu konzentrieren versuchen, was vor mir lag, ich durfte nicht
in diese Traumbilder hineinfallen, meine Hände nach diesen Verlockungen ausstrecken, der Versuchung nachgeben … und da
bog sie sich mir wieder entgegen … o, nicht doch! Lou, verdammt! Sei doch nicht so schwanzgesteuert!

Ich dachte an meine Exfrau, wie sie sich zum Schluss immer
nur noch verweigert hatte, und schlagartig verschwand auch die
Lust zu lieben.

Dann sprang ich hoch, riss die Autotür auf, zerrte den Typen
raus. Glasige, gierige Augen schienen mich anzuknurren.

Er war stark, aber ich setzte mich auf seine Brust und schlug so
lange in sein Fellgesicht, bis er sich nicht mehr rührte. Dann las
ich ihm seine Rechte vor, legte dem bewegungslosen Untier, das
so seltsam menschliche, weiche Züge zu haben schien, Handschellen an, schleifte es zu meinem Wagen und betete, dass er es
wirklich war.

Der Kontakt zu ihr brach ab, als dieser Bulle mit seinem Bullenge-
ruch auf ihn zu wirbelte und ihn hinter dem Lenkrad vorzerrte.

Er hatte als Tier nie gegen einen Menschen gekämpft, nur gegen Hunde und andere Wesen, die ihn auf dem Weg der Wollust behindert hatten. Aber jetzt regte sich in seinem Wolfsbewusstsein die Sehnsucht eines herrenlosen Schäferhundes, der nach einer lieben Hand und einem geduldigen Futtergeber Ausschau hält, und sein menschliches Ich verachtete diese Hundeseele. Und doch … wäre es dann nicht endlich vorbei? Als schwere Hände immer und immer wieder sein Gesicht trafen, sandte er noch einen letzten Gruß der Gier zu seinem Opfer und ergab sich dann dem Unvermeidlichen, besiegt zu sein.

Besiegt, zumindest bis zum nächsten Abend, wenn Vollmond wäre.

Hilda hatte, als sie sich säuberte, ein wenig länger mit dem Streicheln ihres Schoßes zugebracht, als es sich für ein anständiges Mädchen gehörte.

Es war so schön, so verboten schön gewesen – und plötzlich, wie abgerissen! Fast schuldbewusst wusch sie sich die Hände, packte ihre Tasche und ging hinaus. Als sie einen Plymouth vorbeifahren sah, spürte sie so etwas wie Bedauern, wusste aber nicht, warum.

8. Kapitel

Einsamkeit ist eine verderbliche Ware oder
Warum der Rückzug zur rechten Zeit uns davor
bewahrt, in Sehnsucht nach Liebe zu ertrinken

Man (eher frau) kann es einem ja auch *zu* recht machen. Mehr Frauen als Männer neigen dazu, sich dermaßen auf die Bedürfnisse ihres liebsten Menschen einzustellen, dass sie eigentlich systematisch Selbstzerstörung betreiben.

Vorauseilender Gehorsam, unablässige Beflissenheit, größtmögliche Feinabstimmung bei Terminen, stummes Danebenstehen auf Partys und bloß niemand anderen anschauen. Zur Not dann lieber auf die Party verzichten und, noch besser, so wenig wie möglich mit anderen ausgehen, aber natürlich dem Partner das Ausgehen lassen. Freiheit schenken, sich selbst beschneiden, im absolut besten Gewissen, das Richtige zu tun: Weil es ja für die Beziehung ist, für beide. Sozusagen.

Manche merkt es schon gar nicht mehr, wenn sie sich vor lauter Rücksicht und Abstimmung selbst verliert.

Für den anderen ist das alles zunächst wahnsinnig praktisch: Er hat ein warmes Zuhause, kann gehen, wann immer er möchte, findet den anderen immer dort, wo er vorher war, und kann sich beruhigt zurücklehnen und glauben, alles wäre in bester Ordnung. Die Zweisamkeit erfüllend, die Gemeinsamkeiten ausreichend, das Leben ohne Mangel – gefühlsmäßig.

Der schleichende Prozess von einem unabhängigen »Ich« zum zweifelnden »Ein Teil vom Wir« vollzieht sich so was von unbemerkt, dass es den Ich-Verleugner wie ein Schlag trifft, wenn er sich der Veränderung eines Tages bewusst wird. Dass er sich selbst eingesperrt hat. Dass er in eine Rolle gefallen ist, die nichts mehr mit dem Menschen zu tun hat, der sich einst verliebte.

Warum ich das so dreist behaupte? Nun – nicht nur in meinem Spiegel sehe ich eine solche Person, sondern auch, wenn ich vielen anderen Frauen über die Schulter blicke, die sich letztlich fügten, in Traditionen drängen ließen, ohne dass es verlangt worden wäre, sich der Konzentration auf den Partner so hingaben, dass sie zum Schluss nicht mehr wussten, wer sie sind.

Sie sahen sich durch die Augen des Menschen, dem sie hofften, ein schönes Leben zu bereiten. Und was sie da sahen, ist so fremd, dass man sich zuerst mal selbst siezen möchte.

Das Allerschlimmste, was bei diesen Lebensarrangements passieren kann, ist etwas, auf das mein guter Freund Antonius gestoßen war, nachdem er sich aus lauter Liebe zu etwas gemacht hatte, von dem er dachte, es würde mehr geliebt werden als sein wahres, angeblich anstrengendes und egoistisches Ich: »Anne«, sagte er mir morgens um drei bei einer Mascarponecreme mit Marsala, »unsere Liebe ist unsere Schwäche. Wir denken uns fantastische Arrangements aus, denken uns Bilder und Situationen aus, die den anderen bezaubern und an uns binden sollen. Unsere Liebe ist unsere Schwäche – denn es schmerzt nur uns allein, wenn die ganzen Bilder zusammenfallen. Ob aus Mangel an Zeit, ob aus Unverständnis, ob wegen der Tatsache, dass wir unseren Partner ganz anders eingeschätzt haben, als er ist oder reagiert. Und das ist das Tragische.«

Dem ist wenig hinzuzufügen – außer, wie es erstens jemand mit Leuten wie uns aushält, die sich bis zur Schizophrenie anpassen, und zweitens, wie man da wieder rauskommt, ohne die Beziehung in einer Flut von Jetzt-komm-Ich zu ersäufen.

Leider halten es die meisten ganz gut aus – sie wissen ja nicht, welches Drama sich im Hintergrund abspielt. Wenn ich mich zum Beispiel entschied, nicht mehr abends um elf mit einer Freundin zu telefonieren, um den anderen nicht zu stören oder eifersüchtig zu machen – mein Problem. Er hat nichts von dieser Entscheidung mitbekommen.

Wenn ich mich dazu entschloss, keine Feten oder Partys mehr mitzunehmen, auf die nur ich allein eingeladen bin – Job, Umfeld, alte Freunde –, dann war das ebenfalls mein Ding. Er konnte ja nicht wissen, dass ich mir sagte: Entweder beide oder keiner.

Wenn ich mich zu ihm aufs Sofa setzte, um einen Film zu schauen, den ich bereits auswendig mitsprechen kann, statt mich vor den Rechner zu pflanzen und Dialoge zu üben, dann ist das meine Baustelle. Er konnte nicht wissen, dass mich schlechtes Gewissen und Zeitnot plagten und dass ich meine Arbeit in der Zeit, wo er nicht da war, panisch vorantrieb.

So – diesen Menschen ist also nichts vorzuwerfen, wenn wir Anpassungsfetischisten uns in Zwängen und Rücksichten und seltsamer Liebe ergehen.

Denn wir schmieren es ihnen ja nicht aufs Butterbrot. Oder hätte ich sagen sollen: »Hör zu, da ist eine end-geile Party, lauter Leute von früher, auch ein paar, mit denen ich mal was hatte. Ich geh da hin, brezele mich auf, aber leider kannst du nicht mitkommen, weil du nicht eingeladen bist.«

Oder hätte ich sagen sollen: »Hör zu, das ist eine endgeile Party. Aber ich gehe nicht hin, weil du nicht eingeladen bist, und ich fände es ungerecht, Spaß zu haben, während du zu Hause sitzt.«

Damals: nein. Heute: ja, sicher! Mit ziemlicher Sicherheit hätte er gesagt: »Geh doch hin, hab Spaß, und das nächste Mal komm ich einfach mit.«

So aber war ich insgeheim sauer, weil ich mir etwas vergab, weil ich auf etwas verzichtete und kein Dank zurückkam. Wie hätte er auch – Schatz wusste ja nichts davon.

In diesem Moment begann die Spirale nach unten. Erst nahm ich Rücksicht, ohne meine Zerrissenheit zu offenbaren. Gleichzeitig erwartete ich ein Lob oder positive Reaktionen, dass ich mich so um ihn kümmerte und ihn nicht einfach links liegen ließ. Dann wurde ich wütend, weil er alles tat, was er machen wollte: allein mit den Jungs losziehen, Sport treiben, auf Abende bei Uraltfreunden gehen, einfach Filme anschauen oder ins Bett gehen, ohne auf mich zu warten. Ja, es kam tatsächlich so weit, dass ich ins Bett ging, wenn er ging, das Licht löschte, sobald er müde war – statt meine geliebten Bücher nächteweise durchzulesen.

Und, konnte er dafür zur Verantwortung gezogen werden? No way – ich hatte mich ja nicht emanzipieren können. Ja, klar, ich wusste, dass er ein Wir-Typ ist und ohne das Gewicht meines Kopfes in seiner Armbeuge nur schlecht Schlaf fand. Aber hätte ich nicht trotzdem lesen sollen, anstatt wach zu liegen und seinem Atem zu lauschen, wütend darüber, dass er schlief, während ich ihm einen Gefallen mit meiner Anwesenheit tat?

O, Ärger, Ärger.

Und so ist es (war es) nicht nur bei mir daheim. So viele Menschen begehen ähnliche Fehler – denn es ist ein Fehler, und was für einer. Rücksicht, Kompromiss, Respekt, Vertrauen, Zusammenhalt – alles gut, wichtig, schön. Aber doch nicht bis zur Selbstaufgabe, hallo!

Wissen Sie, diese Geschichte ist sehr ehrlich, und wenn Sie jetzt mit Schmackes loslachen, wie diese selbstbewusste, forsche Schreiberin so unblümerant zugibt, Fehler zu machen, dann blättern Sie mal weiter und ersparen mir das Grinsen und die große Frage: Warum haben Sie denn nicht den Mund aufbekommen, Anne?

Gegenfrage: Wieso gerade ich?

Das Ende vom Lied war, dass wir beide unglücklich wurden. Der eine, dem alles recht gemacht wurde, begriff eines Tages durch eine fürchterliche Wörterexplosion, dass da was schief lief. Und glaubte prompt, mich eingeengt zu haben, jemanden in seiner Freiheit beschnitten zu haben. Er zweifelte an sich und dachte, seine Antenne, seine Fähigkeit zur sensitiven Wahrnehmung sei stumpf geworden.

Schnitt. Nebenan laute Musik. Kennen Sie die Aggression, die so urplötzlich in einem hochsteigt – vor allem wenn man selbst so ein rücksichtsvolles Heimchen ist? Ich würde meine Mucke niemals so laut stellen, dass nebenan die Kaffeeuntersetzer vibrieren. Arrg! Okay, man hat meine Gedanken gerochen, es wird leiser. Und A-ha sind ja doch nicht so übel.

Schnapp.

Hüten Sie sich vor Übervorsichtigkeit und dem Drang, jemandem alles nett machen zu wollen, wenn Sie dabei Gefahr laufen, zu viel von sich aufzugeben.

Wenn Sie nachts gern lesen und der andere Frühaufsteher ist – kommen Sie zu einem Konsens. Geben Sie sich wenigstens eine Nacht in der Woche zum Schmökern. Wenn

Sie Freunde aus alter Zeit haben, die mit Ihrem neuen Leben echt null am Hut haben – dann bitten Sie meinetwegen, dass Sie mal einen Abend freibekommen. Vor lauter Gebetenwerden wird der andere zwar piefig reagieren, aber Sie kommen aus der Nummer raus, wegen falsch verstandener Kompromissbereitschaft auf alles Mögliche verzichten zu sollen, zu wollen, müssen zu meinen.

Und wenn Sie einen Job haben, der seltsame Dinge von Ihnen fordert, wie abends noch mal was lesen, tippen, nachdenken – dann nehmen Sie sich die Zeit. Schweigen Sie nicht. Laden Sie nicht die gesamte Beziehungsorganisation auf Ihre Schultern. Sie sind nicht allein dafür zuständig, dass es läuft, dass Harmonie und gegenseitiges Verstehen herrscht. Sie sind auch nicht der von den zweien, der dafür zu sorgen hat, dass Leidenschaft und Aufregung in der Liebe herrschen. Natürlich haben Sie oft das Gefühl, es kommt nur auf Sie an – und dass ohne Ihre Bemühungen die ganze Kiste nur Sperrholz wäre. Klaro denken Sie, nachdem Sie zwei Wochen mal nicht die Initiative im Bett ergriffen haben, dass der andere sich daran gewöhnt hat, dass immer Sie anfangen. Sicher ist es nachvollziehbar, wenn Sie meinen, ohne Ihre Rücksichtnahme und Flexibilität wäre die Welt ganz schön arm dran.

Aber – wir waren uns doch einig? – hier geht es um falsch verstandene Zurücknahme der eigenen Person, um das Quäntchen – oder sogar das Quantum! – zu viel an Chamäleonhaftigkeit. Nicht um natürliche Rhythmen des Nachgebens bei der Paarbildung.

Wenn Sie feststellen, dass Sie sich im Lauf der Wochen, Monate, Jahre, Jahrzehnte so weit zurückgenommen haben, dass Sie eigentlich nur noch aus Ihrem Vornamen und einem Haufen Frust bestehen, sollten Sie etwas ändern. Der Partner wird aus allen Wolken fallen – hat er doch die ganze

Zeit gedacht, Sie tun, was Sie wollen, aus freien Stücken und absolut mit sich im Reinen. Dass aus dem Pseudo-Inneren-Einklang der Chor des »Und wo bleibe ich?« geworden ist – das wird ihn erschrecken. Er wird sagen: »Warum hast du das nie gesagt?«, oder: »Ich hätte doch gar nichts dagegen gehabt«, oder auch: »Wird das hier jetzt ein Selbsterfahrungstrip oder was?«

Je weniger einfühlsam Ihr Gegenüber reagiert, desto mehr müssen Sie sich überlegen, ob Sie die Kraft haben, sich erstens um sich selbst zu kümmern und sich zweitens auch noch um das Seelenleben des eigentlich Hintergangenen zu kümmern.

Im Zweifelsfall können Sie das nicht. Und dann müssen Sie gehen.

Ich bin gegangen, weil ich keine Hoffnung mehr hatte, jemals aus dieser Konstellation etwas anderes zu machen, etwas, bei dem ich auch auf meine Wünsche eingehen könnte. Er hat mich niemals bewusst gehemmt, aber allein seine Person wurde zum Hemmschuh, den ich mir selbst übergestreift hatte.

Nur im Alleinsein, in anfänglicher Einsamkeit, konnte ich wieder entdecken, wer ich bin. Ich hätte nicht die Kraft gehabt, mich neben ihm und unter seiner Aufsicht emporzuarbeiten aus dem Dickicht der Selbstverleugnung. Denn die Rücksichtnahme, die Verantwortung, diese Beziehung zu pflegen, war zu übermächtig. Mir war dieses Verhalten angewachsen wie eine Haut, die sich nicht von selbst auflösen würde. Ich musste gehen, um sie abzustreifen – obwohl ich mir eigentlich nur ein Kleid übergezogen hatte. Ich bin versucht, die gleichen Fehler wieder zu machen, mich wieder anzupassen, einzustellen, mich so zu verbiegen, wie ich meine, dass es dem anderen wohl tut.

So ein Quatsch!

Aber man wird vielleicht mit diesem Verhalten geboren,

oder es gibt bestimmte Mechanismen unserer Erziehung durch Eltern und Umfeld, die uns dazu verleiten.

Natürlich ist die Lösung nicht zwingend das Ende einer Beziehung. Sobald Sie mit jemandem enge Kommunikation halten, nichts oder nur wenig verstecken, nicht nur den Sonnenschein mimen, sondern es auch mal krachen lassen, Schwächen offenbaren, Widersprüche zeigen – dann könnte es auch gelingen, gemeinsam Ihr Gespenst der Überanpassung zu verjagen. Bevor Sie also meinen, den anderen zu kennen und ihm allein aus dieser verqueren »Erkenntnis« heraus das Leben schön zu machen, bedenken Sie: Sie kennen den anderen nicht wirklich. So wie in Ihnen ein Sturm der Paradoxe tobt, so ist es auch bei anderen Menschen. Und solange Sie sich nicht kennen – wie soll es dann ein anderer tun?

Falls Sie jetzt feststellen: Mensch, ich weiß, was diese Anne meint, weil ich zwar auch nur das Beste will und mache, aber mich selbst dabei vergesse, frustriere, überfordere – dann geben Sie sich von heute an ein Jahr, um es zu ändern. Ihre Seele wird länger brauchen, aber ich möchte Ihnen ans Herz legen, erste Schritte für SICH SELBST zu tun.

9. Kapitel

Schwatzalarm.
Was Kerle reden, wenn sie mit den Jungs losziehen

Sieh dir die an. Die hat doch 'nen Arsch wie ein Kahn. Die würd ich nicht mal von hinten poppen.« Holger zieht an seiner Zigarette, schaut fachmännisch – oder was er dafür hält – durch die tränentreibende Diskoluft und taxiert alles Weibliche auf zwei Beinen, als hätte er den *Playboy* erfunden.

Clemens steht dicht hinter ihm und nickt und nickt und nickt zu allem, was Holger sagt, denn Holger hat hier den größten Schwanz und hat die meisten Frauen flachgelegt, wenn man ihm glauben soll. Aber wieso sollte man das tun? Denn Schnullerbacke Holger, das Macho-Schätzken, ist Ende dreißig und wird seinen Bierbauch nicht mehr loswerden. Er weiß weder, was cool ist, noch, was es heißt, mal keine Flachwichserkommentare über Frauen loszulassen. Er hält sich für den größten oder tut so, wer weiß das schon, und er denkt, Frauen brauchen es, hart angefasst zu werden. Von ihm. Arrg.

Holger, Heinz, Heiko – wir kennen diesen Blubberer doch alle. Eine schwanztragende Schwatztante hoch zehn, die auch dann nicht minder unqualifizierte oder dämliche Sprüche reißt, wenn ein Goldring seinen linken Ringfinger ziert. Je verheirateter, so hat es fast den Anschein, desto bekloppter. Tun so, als ob sie allein die Auswahl des Abends bestreiten und die Ballkönigin bumsen werden. Haben unendlich viele Weiber (oder, klar, Kerle) gehabt und es allen so richtig besorgt, dass die täglichen Dankschreiben immer noch ein knietiefes Papiermeer im Hausflur ausmachen. »Nichts zu ficken hier heut Abend«, sagt Holger also wieder und zwinkert einer Rothaarigen zu, die sich augenrollend abwendet und ihrer Freundin ein Zeichen gibt, mit ihr aus dem Blickfeld dieses Stammtisch-Chauvis zu verschwinden. »Hey, sieh dir das an«, quittiert Holger, »die gehen sich jetzt lecken, und ich soll zuschauen. Willst du hier so lange warten, Clemento?«

Nicknicknick. Holger geht in Richtung der Ladys und holt sich, als er weiß, dass Clemens ihn nicht mehr sehen kann, eine Schachtel Zigaretten aus dem Automaten. »Hallo«, sagt er dann zu einer Dunkelgelockten in schwarzer Lackhose, und sie sagt nichts, sondern wartet darauf, dass er seine verschissenen Mädchengauloises (die roten) einsteckt und den Schlitz frei macht. »Stumm und schön«, sagt er und schaut sie an, während sie wegschaut und sich fragt, warum solche Plapperblasen eigentlich immer am Zigarettenautomaten warten.

»Geile Schnalle hinten an der Bar gesehen«, triumphiert Holger, der Bierbauch, als Clemens noch gar nicht in seine Richtung schaut.

»Was?« ruft Clemens, denn es ist laut, und er kann sich nicht entscheiden, welcher Schnalle er nun auf den Po glotzen soll, um Holger auch mal auf eine aufmerksam zu machen, die es doch sicher mit jedem macht.

»So 'ne Kleine mit Wuschelkopf und Blaselippen, Hängetittchen und ohne Slip unter ihrer Hose, das musste sie mir gleich erst mal voll in die Fresse halten, das Luder. Na ja, später vielleicht, wenn's nichts Besseres gibt, nehm ich sie mal in die Mache.« Und dann lacht er sein Lachen, von dem er hofft, dass es dreckig ist, und stupst sein fliehendes Kinn unbestimmt in die Richtung, aus der er gar nicht kam, und Clemens nickt und nickt und nickt und denkt sich, hoffentlich kommt Ben gleich, der kann immer so schön für Konversation sorgen und hat definitiv einen kleineren Schwanz als Holger. Sagt Holger zumindest, aber der sagt auch viel, wenn der Abend lang und schmutzig war und das Bier warm. Dann erzählt er von irgendeinem Blowjob von irgendeiner Frau, die war sensationell, und auch wenn diese Frau fragt: »Wer? Holger? Kein zweites Mal gesehen, bestimmt nicht in den Mund«, egal, er beharrt darauf und bittet gleichzeitig darum, es nicht seiner Frau zu erzählen, was soll's, da gibt's nichts zu erzählen. Aber er ist eine Klatschbratsche, und die spielt das ewig gleiche Lied in allen Variationen der Weltsprachen. Wie gut er sei, wie sehr es Frauen von ihm brauchen und welche er sich für heute Abend raus gepickt hat, und wenn es keine gab, die sich entblödete, mit ihm auch nur Blicke auszutauschen, dann sind es alle Schnepfen und Schlampen und Zicken, sehen scheiße aus und halten sich für die allergrößten. Blablablaschwallblubber.

»He, Ben, alter Sack. Haste gesehen, das Tittenmonster da drüben? Ey, Alter, die würd ich nageln, sobald die sich nach vorn beugt, um sich die Schuhe aufzubinden.« Sagt Holger und trinkt und Ben schaut hin und sagt: »Ich steh nicht auf große Brüste«, und Holger meint: »Was bist du denn für ein Kerl? Bist du schwul oder scheiße oder was? Aber egal, die würde sich eh nicht für dich interessieren!«, und Ben erwidert nur: »Stimmt, du bist ja hier der mit dem größen Schwanz«, und Holger rastet ganz still aus, ganz still, weil er weiß, dass er den größten hat, ihn aber nicht zeigen will.

»O, Holger«, will Ben dann manchmal ansetzen, »du hast eine Frau zu Hause sitzen, nicht klug, aber willig, und ihre Eltern haben dir deine verkackte Lehre finanziert, und du stehst hier mit 'nem Winzständer und denkst, du könntest sie alle hacken.«

Aber dann schweigt Ben und lässt seine Augen sprechen und denkt daran, dass Männer vielleicht ihren Samen zwischen fast allen Schenkeln loswerden möchten, aber dennoch träumen von der rauschhaften Sehnsucht nach dem eigenen Untergang, dem Untergang in der Frau der Träume, irgendwo zwischen Unschuld und verruchter Wollust, zwischen Raffinesse und Anmut, engelsgleich und diabolisch, eine Versuchung, der man nur nachgeben kann, während man sich aufgibt.

Oder so. Aber das müsste man Schwallkaspern wie Holger erst mal auf die Brust meißeln, bevor sie auch nur die Hälfte davon verstehen, weil allein ihre Angst vor dem einsamen Älterwerden sie dazu getrieben hat, früh zu heiraten, das erste Mädchen, was ihren Schwanz in den Mund genommen hat.

Uuh, Ben, das sind gemeine Gedanken, denn was bist denn du eigentlich? »Die sieht lecker aus«, sagst du oder: »Wann wird hier eigentlich auf dem Tisch gefickt?!« und denkst vielleicht: Ficken, poppen, Spucke auf den Arsch und rein damit, bisschen an den Haaren ziehen und gucken, ob die Möse zuckt, wenn meine Hand auf ihren Arsch klatscht. Vielleicht denkst du aber auch, Mann, was soll ich hier, schon wieder Freitagabend, schon wieder die Jungs, die endlich mal Ausgang haben und gucken und geiern, weil ihre Frauen ihnen vielleicht sonst immer im Nacken sitzen und bei jeder Tusse, neben der ihr Kerl mal zwei Minuten stehen bleibt, gleich launisch fragen: »Wer war die denn?« oder so, und deswegen ziehen wir alle paar Wochen zusammen los, no couples please, und glotzen und schwatzen. Und jedes Mal gerät es zur Fleischbeschau, als ob wir dazu auserkoren wären, uns auszulassen über diese Frauen hier, die sich anziehen, wie sie Lust haben, und einfach nur ein bisschen Spaß haben wollen. Den kriegen sie auch ohne uns, da wett ich meinen Schwanz drauf, also was stehen wir hier herum und tun so, als ob die Bräute auf uns gewartet haben und ihnen die Muschis wer weiß wie jucken? Die wenigsten guten Beziehungen entstehen in Discos oder bei einer Fete, sie kommen eher ganz plötzlich bei der Chorprobe oder weil irgendwer gegen eine Laterne läuft oder ein Zettel herumgeht, auf dem geschrieben steht: Willst du mit mir gehen? Ja – Nein – Später vielleicht. Ja, so ist es, denkt Ben und trinkt ein Schluck Holsten, das gehört genauso zum Freitagabend unter Jungs wie die Faust ins Gesicht von Holger, wenn er gleich auch nur irgendeinen Pieps sagt über dieses wunderbare Wesen, das da gerade an der Bar auf sein Kaltgetränk wartet und nicht weiß, wie süß sie dabei aussieht. Was für eine bezaubernde Kleine. Wie schade, dass ich hier mit diesen Quarksäcken stehe und nicht alleine bin, denn sie sieht so aus, als kenne sie ganz genau diese Zusammenrottung von strunznotgeilen Kerlen, die doch hinterher, und sei »hinterher« vorher auch nur ein Kuss oder ein Tanz gewesen, damit angeben werden, mit ihr oralen Sex gehabt zu haben. Shit. Shit, shit, shit.

Tja, denkt er das, oder wünschen wir uns so eine Ausnahme nur?

Vielleicht übertrefft ihr euch auch nur gegenseitig mit wenig schmeichelhaften und, wie ihr denkt, einfallsreichen Attributen für die vorbeiziehenden Menschen, die doch alle eine Seele, Hoffnungen, Wünsche haben. Beine wie Wasserrohre, Arme wie Wärmflaschen, Titten wie Blechnäpfe, ein byzantinischer Zinken als Nase verkleidet, Arsch wie ein Teekessel. Da wimmelt es von Standgebläsen und Blasebalgen, Dauerlutscherinnen und Fickfressen, von Tittenmonstern und Bauchklatschern oder Hacktanten und Samenspenderinnen. Na ja. Wer weiß das schon, aber was man immer ahnte, zwischen einer Horde Männer, egal, wie alt, egal, wie gebildet, egal, wo, die sich tanzende oder flanierende Mädchen und Frauen optisch reintun, als ob es Softeis wäre, so beiläufig und gleichzeitig gierig –, irgendwer ist immer darunter, der mit den dummen Sprüchen beginnt. Es gibt immer den einen Großlaberer, der anfängt, sein Maul aufzumachen, und schwüle Lästereien loswird. Es gibt immer den, der gegenhält, indem er dem Oberschnicksler seine Unzulänglichkeiten vorhält – leider meist zu offensiv oder aber zu elegant. Und dazwischen sind die Mitquatscher, die nicken und grölen und alle Frauen zu Ludern machen.

Schlimm (auch wenn's bisweilen Spaß macht, gebt es zu).

Schlimmer: Mädchen, die es nicht merken und solchen Luftblasen auch noch Gelegenheit geben, eine imaginäre Kerbe in ihren Ballermann zu schnitzen. Die sich von ihnen anfassen und küssen lassen und ihre Telefonnummer rausrücken. Die die Allgemeinplätze, auf denen sich die Komplimente der Schwätzer abspielen, ernst nehmen (»Du bist was ganz Besonderes, du hast mir den Abend gerettet, in deine Augen zu schauen ist schöner, als die Sterne am Himmel zu zählen, du machst mich ganz wahnsinnig, wie du dich da bewegst ...«) und sich für 'nen einfallslosen Spruch einfangen lassen.

Mädchen, schaut nicht nach dem Dummschwätzer, der mehr mit eurem Busen redet als mit euch, achtet nicht auf die Nicker. Es könnte sein, dass der Stille da hinten, auch wenn er fast überheblich und desinteressiert guckt und so selten balzend lächelt, als ob er Gelée royale gefrühstückt hätte; der, der seine Augen auf Augenhöhe hält, so, als ob er nicht sehen würde, dass die Bluse einen entzückenden Spitzen-BH sehen lässt – der könnte was sein. Knöpft die Bluse zu und schaut ihn an. Nur anschauen, nicht lächeln. Nicht wegschauen. Nicht flirten. Nicht kokettieren. Aufstehen und weggehen. Später wieder kommen und sich neben ihn setzen. Klar, es könnte sein, dass er vergeben ist und dermaßen was von verheiratet aus der Wäsche guckt – aber wollt ihr was zum Bumsen, etwas, was später drüber herziehen wird, wie ihr im Bett wart – oder wollt ihr ein amüsantes Gespräch und vielleicht eine lose Bekanntschaft mit einem, der's wert ist, euch zu kennen, oder umgekehrt? Na?

Wie erklärt sich das Phänomen männlicher Blubberbrüder? Okay, okay, wir Frauen lästern auch, aber wir sezieren nicht sämtliche äußerlichen Merkmale auf Fick-, Blas- oder sonstige horizontale Fähigkeiten und persönliche Vorlieben hin.

Frauen wollen sich nicht ständig beweisen – und wenn sie es tun, dann subtiler. Sie sind selten solche Maulhuren wie die andere Hälfte der Menschheit. Wenn ich darüber nachdenke, mit wem solche Großredner schon alles im Bett waren – selbstredend ohne Kondom, das ist nur was für Chefgrüßer und Frauenversteher sowie Turnbeutelvergesser –, dann müssten die ja das reinste Mutterschiff an Geschlechtskrankheiten sein. Brr, einer, der sein Würstchen in jeden Senftopf steckt, der sollte seine Pelle bei mir doch lieber draußen lassen; verantwortungsloser Saukerl, ekliger, das zieht dir doch die Wurst vom Teller (ich reiße übrigens deswegen mein Maul so weit auf, weil ich mich selbst mal habe küssen lassen von einem Dummschwätzer; uah, und er glaubte schon beim ersten Tanz zu wissen, was ich von ihm dringend brauchen würde und dass ich doch mal hart angefasst werden sollte … neeeiin, und ich gab ihm auch noch meine Nummer, ich muss da wohl mit dem Klammerbeutel gepudert worden sein, weil das Leben so aufregend war in dieser Tanznacht. Immerhin, am nächsten Tag wies ich ihn dann doch ab. Schließlich war ich vergeben und wieder nüchtern und wollte keinen Seitensprung mit einem, der Nummern hortet wie Trophäen. So viel zur Allwissenheit und dem unerträglichen Leichtsinn des Frauseins).

Die männliche Maulhure braucht viel Zuwendung, will sie artgerecht gedeihen. Denn mit dem Alter verschwindet auch die Lust am mundkontrollierten Blubberwahnsinn, oder vielmehr treffen die Lippenbekenner in der Regel irgendwann auf eine Frau, die ihnen klarmacht, dass ihre Rumgeierei weder etwas mit Originalität noch mit Männlichkeit noch mit Charme oder gar anziehendem Sex-Appeal zu tun hat, sondern einfach nur unterste Schublade ist.

Bis dahin aber werden Großschwätzer weiter schwatzen. Werden – anstatt Gefühl zu zeigen – Zärtlichkeit für Weicheierei halten und jedem, der seine Freundin in der Öffentlichkeit küsst, Gefühlsduselei und Schwäche vorwerfen. Und, um sich selbst keine Blöße zu geben, weiter in der Redensart der Macher, Meister und männlicher Überpräsenz daherkommen, Frauen allein auf Aussehen und Bewegung reduzieren und sich dann zu Hause wundern, warum sie in Sprachlosigkeit erstarren oder nicht wissen, was sie auf Liebesgeständnisse antworten sollen. Sie werden weiter verharren in dem Unglück ihrer Sprache, die sich voll gegen das wendet, was sie eigentlich im Inneren beschäftigt: geliebt und begehrt, respektiert und geschätzt zu werden. Sie werden weiter nur mit jenen Menschen im Bett landen, die sie verdient haben (sowohl als auch). Sie werden irgendwann niemanden mehr haben, der zu ihren blödsinnigen Kommentaren nickt, und allein über Männer lachen, die keine Lust auf Derbsinn haben. Sie werden weiter auf den Freitag warten, wenn sie mit ihren Spielgefährten ausgehen und ihnen zeigen können, wo der verbale Hammer hängt. Na, dann – schönes Leben noch.

❧

10. Kapitel

War da nicht noch was?
Tun Sie doch mal was Vergessenes

Zurück zum Wesentlichen: Sie wollen gut im Bett sein oder, wenn Ihnen der Spruch zu abgeschmackt ist, Spaß haben, Spaß bereiten, alles zwischen Leidenschaft und inniger Nähe.

Nein? Interessiert Sie gar nicht? Weiterblättern, irgendwo hinten kommt noch 'ne nette Geschichte über Langweiler, glaube ich.

So. Die Jahre seit dem ersten Buch sind rasch vergangen. Überwältigend schnell, wenn Sie mich fragen, und die Reaktionen reichten von »Kenn ich alles« über »Selbstverliebte Darstellung perverser Anekdoten« bis hin zu »Danke! Hat Spaß gemacht!«.

Vielleicht sollte ich bei dieser Gelegenheit kurz mal was klarstellen: Sie sollen hier nichts lernen. Ich bin weder vereidigte Fachkraft mit »Erotik: jetzt!«-Diplom, noch mache ich es mir einfach und durchforste Lifestyle-Zeitschriften auf der Suche nach der Neuerfindung des Sex (eh nicht möglich – was in den letzten paar Millionen Jahren stattgefunden hat, reicht, und es sind dennoch nur vierundsechzig Stellungen beim Kamasutra dabei herausgekommen, die weniger für Leidenschaft als für Leistenbruch sorgen).

Im Gegenteil: Über Sex zu sprechen und zu schreiben macht Freude, und nur das soll auch bei Ihnen ankommen: Freude. Eine nette Zeit. Das Leben ist hart genug, so hart wird kein Bauchmuskel. Peng, fertig. Sex wird ja heutzutage auch nicht mehr generell zur Fortpflanzung hergenommen (das geht inzwischen sogar ohne Reinstecken und ohne den Namen des Vaters zu kennen, da schau her), also müssen Bücher nicht immer anstrengend sein oder auf Krampf die superprogressiven Pseudomegasexideen offenbaren. Wir alle lernen täglich dazu, und ich bin gespannt auf alles, was ich noch nicht weiß.

Wenn's hier zwischendurch mal billig oder schmonzig oder zynisch wird – so ist das Leben, gleich bleibenden Geschmack kriegt man nur beim Bäcker.

Wahrscheinlich also werden Sie jetzt auch hier wieder nur auf Dinge gebracht, die Sie bereits kennen. Aber es geht nicht immer darum, alles zu wissen oder ständig was Neues zu machen – sondern sich daran zu erinnern und es dann schließlich zu tun. Was hilft es Ihnen, dass Sie wissen, wie ein hingebungsvoller Blowjob funktioniert (dass es dabei auch auf die Optik, die Wärme, die Härte der zusammengepressten Lippen und auf das Summen tief in Ihrem Hals ankommt, sowieso, nicht wahr ;))), wenn Sie ihn seit hundert Jahren nicht angewendet haben, weil eben die routinierte Art Ihres Partnerlebens gewisse Dinge hat vergessen lassen? Und weil abends keine Zeit ist, morgens auch nicht, nachmittags sehen Sie sich nicht, und nachts wollen Sie schlafen, ja, super, aber Sie kennen alles schon, danke. Vielleicht sollte ich das nächste Mal ein Buch schreiben: *So haben Sie mehr Zeit für Sex. 101 Tipps für effektiveres Timetabling.* Wird garantiert ein Renner.

Zurück zu dem, was Sie vielleicht vergessen oder an was Sie schon lange nicht mehr gedacht haben. Oder als zu albern zurückgelegt oder als zu kostbar aufgespart haben oder noch vor wenigen Jahren als abwegig, unnormal, langweilig oder zeitraubend ansahen. Man weiß ja nie, welche

Motivation dahinter steckt, wenn die Leute aufhören, aufregende Dinge zu machen, obwohl sie wissen, wie's geht. Und sich stattdessen lieber hinlegen, einmal rechts, einmal unten anfassen, bisschen küssen, bisschen beißen, reinstecken, abspritzen, Feind erledigt.

Sind es die Jahre? Die Liebe, die zu vertraut ist, um leidenschaftlich zu sein? Die Einstellung, dass Sex nicht das Wichtigste, auch nicht das Zweitwichtigste noch überhaupt irgendwie wichtig ist für einen dauerhaften Bestand einer Pärchenbildung? Die Tatsache, dass die Person, die man liebt, einfach nicht mehr lecker und neu und knusprig ist und man sich deswegen nicht mehr anstrengen möchte oder kann?

Wie auch immer, falls Sie zufällig jetzt in diesem Moment beschließen, sich wieder an all das zu erinnern, was schmutzig und verboten und wahnsinnig aufregend ist und was mit ganz viel Handarbeit und Zungenspielen und lautem Keuchen, weichen Knien, Schweiß und dem Spiegel draußen im Flur zu tun hat – klasse. Hier einige kleine Erinnerungsstützen …

Ganz viel zu gucken …

… haben Männer, wenn Sie a tergo knien. Der eigene Schwanz, wie er hinein- und herausgleitet, die plötzliche Enge des Vaginalkanals, das Hin- und Herschwingen des Popos (nicht nur hinhalten, auch zu beiden Seiten ausbrechen, oh Baby) – hmm. Ja, es ist vielleicht etwas patriarchisch, etwas machohaft – er steckt ihn rein, nicht die Frau, er hat die Macht. Und wenn schon, dieses Gefühl ist so subtil, dass es nicht als handfeste Demütigung durchgeht und nicht mal den Hauch gewaltvoller Dominanz mitbringt.

… bietet der bodentiefe Spiegel hinter ihr. Er sitzt – vielleicht auf dem Bettrand, dem Sofa, dem eilig herbeigetragenen

Küchenstuhl – bitte nicht so einer mit kalter Sitzfläche –, und sie kniet vor ihm, Hintern in die Höhe. Und bläst ihm langsam und wundervoll und feucht den Schwengel. Während er ihre Muschi im Spiegel betrachten darf. Wenn sie jetzt auch noch mit einem oder zwei Fingern an sich herumspielt – könnte ihn das wahnsinnig machen.

… gibt's auch vor einem anderen, weiteren Spiegel, erst mal zum Üben. Wissen Sie eigentlich noch, wie es aussieht, wenn Sie sich breitbeinig hinstellen, sich nach vorn beugen und dann den Hintern hin und her schmeißen oder diese kleinen Stoßbewegungen aus Hüfte und Taille machen? Sieht gut aus, wetten, weil alles straff gespannt ist und der Ausblick oder Einblick sehr verführerisch ist, vor allem, wenn man dabei einen kleinen Slip anhat, der zur Seite geschoben wurde. So, und jetzt mal rübergemacht zum Liebsten unter der Dusche, zwischen den Türrahmen gestellt und ihm ein wenig diese Rückansicht gezeigt. Wipp, wipp, wipp. Hallo, Schatz, kommst du gleich mal ins Schlafzimmer, dann trockne ich dich ab. Er sollte sich nicht daran stören, dass man ihn auf den Knien erwartet und über die Schulter schaut, was er davon hält.

… gibt's schon wieder beim Blowjob. Ich kannte mal einen, der zugab, dass seine Freundin zwar sensationell dabei aussehen würde, wenn sie ihn zwischen den Lippen habe. Dass es ihm aber wenig bringen würde, weil die Festigkeit, der ständige Druck fehle. Kein Wunder, sie hatte einen dermaßen sensiblen Kiefer und jedes Mal eine Maulsperre mit gleichzeitigem Aushang des Unterkiefers, wenn sie sich anstrengte, gut und fest zum Schwanz zu sein.

Was uns aber nicht davon abhält, auf die Optik anzuspielen: Männer sind Glotzer. Ob hetero oder schwul oder bi, gucken tun sie so ziemlich alle gern (Ausnahmen gibt es, ja, aber die beschränken sich auf gewisse Einzigartigkeiten wie den Kerl, den der Anblick einer Muschi oder einer Frau, die sich selbst befriedigt, überhaupt nicht anmachte, während er trotzdem gern sein Dings da reinmanövrierte. Dafür liebte er das Saugspiel und dabei zuzusehen umso mehr). Also geben wir ihnen was zum Gucken! Privatpornos haben den Vorteil, dass sie privat sind und es niemanden geben wird, der die Wünsche, die dort ausgelebt werden, analysiert oder bewertet. Ja, das ist wahrscheinlich auch keine Neuerfindung des Sex, aber der Nachteil langjähriger Beziehungen ist nun mal, dass wir so viel zu tun vergessen und uns dann wundern, warum irgendwas fehlt oder warum Sex mit der Zeit immer weniger wurde und stets im Bett endete, er oben, sie unten.

Gerade habe ich mich mit einem Mittdreißiger unterhalten und ihn nach dem Grund des Fremdgehens gefragt; er vertritt die Ansicht, dass es nur um Sex geht, um Sachen, die man hofft, woanders eher zu bekommen als daheim. Und zu Hause würde man es nicht bekommen, weil man sich als Mann bei einigen Frauen nicht traut, darüber zu reden, was man möchte – unter anderem deshalb, weil man weiß, sowieso abgelehnt zu werden. Dazu komme auch das Lustprinzip – ich will kommen, also tue ich es. Ein One-Night-Stand würde dann einfach nur hergenommen als Samendose – ob sie gekommen ist, wen interessiert's.

Okay, aber liegt Fremdgehen denn bitte schön etwa nur an dem Abenteuer, das einem mit der Freundin fehlt? Oder am Nichtaussprechen von Wünschen, die dann so abwegig auch nicht sind: mal fesseln, mal die Augen verbinden, mal die Strumpfhose aufreißen, mal dat Teilchen in den Mund nehmen, mal sagen: »Fick mich, Geliebter« oder einfach mal nur so laut stöhnen, dass sich die Nachbarn beschweren.

Man kann sich doch gar nicht sicher sein, dass die Zufallsbekanntschaft das liefert, was Mann braucht – ob nun Analverkehr, einen Blowjob, eine Spank-Nummer oder einfach nur den Quickie im Stehen mit hochgeschobenem Rock und nichts drunter.

»Egal«, sagte der Mittdreißiger, »wenn man es will, was man braucht, dann sucht man es sich, oft immer wieder, bis man es gefunden hat.«

Das würde erklären, warum so viele Kerle immer wieder auf die Jagd gehen, obwohl sie fest liiert sind, denke ich und lege auf und ärgere mich erst über die Männer, die das Maul nicht aufkriegen, wennse wat wollen, und mit Liebe so leichtfertig umgehen; und dann ärgere ich mich über die Frauen, die es nicht über sich bringen, mal was anderes zu machen, als Geschlechtsverkehr über sich ergehen zu lassen, oder die ihren Männern das Gefühl geben, abnormal zu sein. Dann ärgere ich mich über die Zeitschriftenmafia, die so tut, als seien alle ihre Tipps so leicht zu befolgen. Gut sind sie ja, die ganzen Ideen, aber wie soll man sie verwirklichen, den Kugelblitz etwa oder die Bitte, dass er sich mal mehr um den Kitzler kümmert, oder dass sie doch bitte mal im Hemdchen die Wohnungstür aufmachen soll oder mit der Kerze an sich herumspielen möchte??! Es liegt so viel im Argen, und ich bin schon ganz zerknittert vor Ärger.

Letztendlich bin ich voll des Ärgers über mich, weil ich nicht in den Männern drinstecke, und wer weiß, vielleicht will sich der eine schlagen lassen oder peitschen oder die Eier beschweren lassen oder mal den Meister spielen – wer weiß das schon, und sie liebt ihn zwar, aber selbst ihm zuliebe kann sie so etwas nicht tun. Zum Schluss explodiere ich vor lauter Wut auch wieder über Frauen, die Herumvögler nicht durchschauen und dann später steif und fest behaupten, Liebe und Sex könne man trennen, jederzeit, auch in der Beziehung. Ich bin noch nicht so weit, wenn ich auf der Betrogenenseite stehe – wie steht's mit Ihnen?

Genug geärgert, ist schlecht für den Teint. Lieber wieder zu den vergessenen Welten der kleinen erotischen Spielarten.

Wir waren beim männlichen Voyeur, nicht wahr, der sich durch das, was er sieht, zusätzlich stimuliert fühlt. Der allein durch den Anblick zweier bestrumpfter Beine und eines gespannten, hochgerutschten Rocks höchst entzückt ist, wenn sie auf ihm kniet. Wenn sie ihre Bluse aufknöpft und ihn zwingt, seine Hände still zu halten. Der sich daran ergötzt, wie prall sein Schniedel heute zu sein scheint und wie schön er glänzt. Wie wunderbar gedämpftes Licht zum Ausdruck ihrer Augen passt. Wie aufregend es ist, ihr dabei zuzusehen, was sie mit ihren Fingern bei sich selbst macht. Wie nett es ist, ein wenig mehr als nichts anzuhaben. Wie aufreizend sich dieses schmale Samtband um ihren Hals macht. Wie prickelnd dieses Stück bestrumpfter Haut zwischen Stiefel und Rock ist. Wie ihr Blick ist, wenn sie ihn während der Fellatio anschaut. Wie süß sie aussieht, wenn sie ein weißes Shirt anhat und wollige Strümpfe, aber sonst nichts, oder nur diesen kleinen weißen Slip. Oder diese bis zum Boden reichende Kellnerschürze und drunter nur einen String. – Wie, das Letzte ist so was von albern? Wieso das denn? Gott, wenn jeder denken würde: Ich mach mich doch nicht zum Affen, hätten wir alle ziemlich lange Gesichter. Es muss doch nicht immer alles super erotisch-ernsthaft sein, kann sich doch auch mal von der neckischen Albernheit zu einem interessanten Spiel ausweiten, wenn er die Köchin vögeln darf. Mann, Mann, Mann, nehmt nicht alles so bierernst, das ist doch kein Film hier, für den die Leute bezahlen, sondern Privatangelegenheit. Trauen Sie sich was zu, anstatt nur zu lachen, das kann ja jeder.

Ach ja, der männliche Gucker. Da gab's doch noch ein paar vergessene Sachen, die die Unsensiblen wahrscheinlich als Kinderkram abtun werden. Aber war es nicht herrlich als Teenie, als alles noch neu und spannend war?

All diese harmlosen
Sachen ohne Reinstecken, wie ...

... Küssen und sonst nichts. Knutschen, bis der Arzt kommt, nicht nur beim Sex. Zungenküsse, kleine Küsse, leckende Küsse, saugende, feuchte, endlose, atemraubende Küsse. Auf dem Sofa, im Auto, bevor man aussteigt, auf dem Treppenabsatz. Überall dort, wo gestohlene, wunderbare Küsse hingehören. Hiermit und an dieser Stelle möchte ich fürs Küssen plädieren, der besten Sache auf der Welt. Wenn man's kann; das Dumme ist, jaja, einem Kerl kannste Ficken beibringen, aber nicht Küssen. Das könnte natürlich ein Problem sein, vor allem wegen der Tatsache, dass Männer aufhören, länger und richtig zu küssen, wenn sie grad nicht mit einem im Bett liegen. Dann werden die Lippen schmal und abweisend, die Zunge lahm und die Augen bleiben offen. Langweiler. Viele, viele Männer werden zu Wenigküssern mit der Zeit, und warum das so ist, weiß keiner, wahrscheinlich weil Zungenkuss = Vorspiel.

... Fummeln ohne Ausziehen nach gemeinsamem Alkoholgenuss (auch ohne, gern). Auch harmlos, aber soooo schön innig. Hach, süße Jugend. Miteinander raufen auf dem Bett, auch angezogen. Überhaupt sich mal wieder gegenseitig ausziehen und nicht immer selbst machen, und gucken, was dann im Bett passiert, nachdem der andere fertig ist mit Lesen. Händchenhalten im Bus. Heimlich nachts ins Freibad einsteigen und superschamhaft ausziehen. Gemeinsam bäuchlings auf dem Bett liegen, *Bravo* lesen und gucken, welche Probleme heute mal wieder von Doc Sommer und seinen Kollegen gelöst werden. Mit 'nem Eis am Brunnen in der Fußgängerzone sitzen.

Okay, okay, ich gleite ins Infantile ab, und als Nächstes kommt »Zeigst du mir deins, dann zeig ich dir meins«. So was von normal, so was von kindisch. Geradezu eine Erholung, wenn man bedenkt, was wir sonst alles veranstalten zwischen Champagner-aus-der-Kniekehle-Saufereien, Wasserbettgehopse, Am-Strand-Pop-Nummern und Verbind-mir-die-Augen-aber-richtig-du-Dämel-ich-kann-noch-was-sehen-Sitzungen.

Glauben Sie mir, so ein bisschen Quietscheentchen-Getummel zwischendurch kann Sie einander näher bringen als Diskussionen, wer es wem nun wie hochkant macht.

Zurück zum Hardcore? Oder doch lieber das, was wir gefahrlos ausüben können, ohne dass uns die Erinnerung allzu schwer fällt? Na schön, schauen wir mal ins Nähkästchen, zum Beispiel, was eine Fellatrice ausmacht: Es geht nicht immer nur darum zu machen. Ab und an, und sei es nur für wenige Stöße, mögen Männer Irrumatio – das heißt, sie bewegen sich im Mund einer anderen Person. Wenn diese an die Wand gelehnt hockt oder sich über ihn beugt, und dann kommt das berühmte besitzergreifende In-den-Nacken-Fassen. Kann man (mit sich) machen (lassen), muss man aber nicht. Wie beim Duschvorhang: Kann schimmeln, muss aber nicht. Dieser Vergleich kommt später noch mal, verzeihen Sie meine Einfallslosigkeit. Macht das Wetter.

Aber es gibt dieses Bedürfnis von archaischem In-Besitz-Nehmen, tja, nur vergessen haben wir es grad mal. Leichter Zorn, ein verrauchter Streit, eine Unstimmigkeit reizt bereits das Tier in uns, das faucht und kratzt (nicht so dolle!) und beißt und die Zunge tief in den Rachen stößt – uff. Ich glaube, ich werde den Ärger von vorhin an meinem Liebsten auslassen und ihn richtig annörgeln, bis er mich an den Haaren ins Bett zerrt und mir zeigt, wo der Hammer hängt ... ach, süße Wut.

Ups, hab geträumt. Weiter erinnert.

Was war das doch gleich, intensive Beschäftigung mit ...

... dem Gesicht. Streicheln, liebkosen, in den Schoß betten und über Augen fahren, Lippen nachzeichnen, Ohrläppchen kneten, Linien und Falten berühren, durch die Haare streichen, sich jeden Quadratzentimeter einprägen. Es ist einfach wundervoll, sich auf einen Menschen derart zu konzentrieren. Es ist einfach erfüllend, zu spüren, wie sich jemand eingehend mit uns beschäftigt, ohne dass wir sofort etwas zurückgeben müssen, sondern uns entspannen, hingeben und genießen dürfen. Ohne Keuchen, ohne Schwitzen, ohne Stöhnen. Einfach nur mal Hmmmm ...

... dem Rücken, den Beinen, Po, Hüften. Wir Frauen schätzen diese Liebkosung mit den Fingerspitzen, die uns eine Gänsehaut nach der anderen beschert. Diese leichte Erregung der Haut, unserem zweitwichtigsten Erotikorgan nach dem Gehirn, lässt in uns das Gefühl aufkommen, man begehre uns von Kopf bis Zeh. Es gibt Zeiten, da will man gevögelt werden ohne Wenn und Aber oder einfühlsamen Quatsch und Blümchen-Rumgedudele mit Ganz-still-in-dir-ist's-am-Schönsten. Und es gibt die Zeit für ganz viel Streicheln, bei dem man nur daliegen und die Augen geschlossen halten darf. Einfach mal erotische Ruhe auskosten. Den aufgerichteten Härchen zuschauen, wohlig warme Hände genießen, die in all die Höhlen gleiten, unter den Armen, in der Pofalte, den Kniekehlen, der Halsgrube, ganz viel Seufz und Hach und tiefes Ausatmen.

… dem Geheimnis zwischen den Beinen. Manchmal scheint es da noch diese Scheu des Mannes zu geben, die Muschi einer Frau kennen zu lernen. Mit beiden Händen, allen Fingern, allen Sinnen. O ja, mit einem Finger kennen sie sie, auch der Handballen weiß was, und der Schwanz fühlt sich sowieso wie zu Hause in ihr. Aber wie reagiert welche Frau auf welchen Druck an welcher Stelle ihrer Scheide? Kann ein Penisträger auch nur ahnen, wie vielfältig die Empfindungen sind, wie angenehm ein Massieren, wie unangenehm ein zu frühes und hektisches Hineingleiten des Fingers ist? Männer, beschäftigt euch mehr mit den Muschis! Nehmt euch Zeit, seht es nicht nur als Vorbereitung eures Einsatzes an, wenn ihr euch mit der weichen Wunde zwischen den Beinen abgebt; springt über eure Lust, euren Ferrari rasant einzuparken, sobald auch nur ein Hauch Nässe verströmt wird. Diese Nässe mag eine Einladung sein, aber sie ist auch ein Zeichen dafür, dass ihr was richtig gemacht habt. Lernt, noch mehr richtig zu machen. Wie ist der Druck des Daumens dort? Wie reagiert sie auf zartes Streicheln am Damm? Wobei stört eine Zunge nur, aber wird ein Fingerknöchel dringend gebraucht?

Fingerspiele müssen nicht zum großen Finale führen – aber zu mehr Lust. Ihrer Lust. Die oft genug zu kurz kommt, denn die Mär von »Ja, Baby, hol dir, was du brauchst« ist ja ganz nett, aber wir können uns beim Akt nur das holen, was ihr Männer bereit seid zu geben. Das bedeutet Zeit, Standfestigkeit, Stellungen, die die Umgebung der Klitoris so reizen, wie es eine Frau braucht, oder bei denen wir zumindest selbst hinlangen können, und es bedeutet eure Bereitschaft, etwas für uns zu tun und nicht nur eine Position zu finden, die eurer Eichel genehm ist. Spannt die Bauchmuskeln an und haltet unsere Hüften fest. Lasst uns Platz für unsere Finger. Oder steckt ihn erst gar nicht rein, sondern kniet euch zwischen die Beine und seht, was ihr mit den Händen machen könnt. Fragt uns, was gut ist, während ihr es ausprobiert. Seid einfach öfter mehr Frau und manchmal weniger schwanzgesteuert, könnte man auch sagen, und verschafft uns Vergnügen, dann werden wir auch stolz behaupten, wie klasse ein Kerl es uns besorgt hat. Zwinker, zwinker.

... dem männlichen »Machtinstrument«: Wie fühlt es sich eigentlich in der Halsbeuge an? Oder zwischen einer Brust und einer Hand? Oder in beiden Händen, die man gegeneinander bewegt oder um ihn herum kreisen lässt? Mit Öl oder Fruchtjoghurt oder warmer Milch? Honig- oder gingetränkt, mit schmackhaften Gleitgels oder in der Achselhöhle? Ja, da auch. Oder nur zwischen eingeseiften Schenkeln oder an der Wange? Jaja, ich weiß, Männer sind tendenziell nicht zum stillen Genuss geboren, sie wollen ihren Speer irgendwo unterbringen und ihrer Eichel Reibung verschaffen. Aber nicht immer, zum Glück, und einige wussten vielleicht noch gar nicht, dass es noch so schöne Empfindungen gibt, die nichts mit einem Geschlechtsakt zu tun haben. Vielleicht sind Sie ja die Erste, die ihm eine neue Welt zeigt? Ist doch auch nett.

Kleine Spielchen aus der alten Zeit

Es muss nicht immer die große Show sein. Vielleicht haben Sie inzwischen mitbekommen, dass mehr Leute völlig normal sind, als Sie dachten. Die meisten Menschen reagieren noch sehr empfindsam auf Dinge, die im Angesicht von TV-Reportagen über gepiercte Genitalien, schlagende Swingerclubs oder Heißwachs-Partys geradezu blümchenhaft unschuldig und grottenlangweilig wirken. Die nichts mit Schmerz oder Gewalt oder exhibitionistischem Lacklederpeitschenkram zu tun haben, sondern mit dem Spiel der Anmache zwischen Mann und Frau (oder Mensch und Mensch, sehen Sie es mir nach, wenn ich nicht immer auf Schwule und Lesben eingehe, auch wenn ich immer an sie denke).

Der kleinen tückischen Erotcrei, die mit Blicken und rein zufälligen Berührungen oder zärtlicher Innigkeit zu tun hat, die davon lebt, dass Erotik das Unausgesprochene, Angedeutete, Verheißende ist. Die in diesen Zeiten so was von gewöhnlich erscheint – und doch so befreiend wirkt, befreiender als jede neue Spielart zwischen NS, SM oder FF. Denn: Nur weil irgendwer behauptet, das ist toll und muss jetzt sein, oder trara, wer das nicht macht, ist langweilig – sorry, genauso wie jeder das Recht darauf hat, zu mögen, was er will, lassen Sie doch auch, was Sie nicht wollen. Und betreiben Sie Liebe, wie es Ihrer Liebe gebührt:

1. Lassen Sie sich Zeit. Sie wissen genau, dass Sie beide scharf aufeinander sind. Sie haben sich verliebt, und es knistert. Lassen Sie sich alle Zeit der Welt. Bei jedem Rendezvous gibt es ein bisschen mehr, ein paar Mal vielleicht auch weniger als bei dem Treffen davor. Spannender als Sofortsex ist das auf jeden Fall.

2. Entziehen und Hingeben: Natürlich wollen Sie befriedigen. Aber lassen Sie den anderen jagen. Seien Sie keine leichte Beute. Auch nach Jahren der Vertrautheit können Sie noch mal die Widerspenstige sein, die sich ziert. Aber nur ein bisschen … ich muss keiner Frau sagen, wie sie das zu machen hat, oder? Es liegt in uns allen verborgen, diese Ziererei nach dem Motto: Und bin ich nicht willig, so brauche Gewalt – aber nur ein bisschen und nur dann, wenn ich es will …

3. Zärtlichkeit versus Begierde. Liebling hier, Schnucki da, Kleines dort, Engelchen da drüben: süß, Zuckersüß. Zahnschmerzverdächtig klebrig. Aber Engelchen mag auch mal schmutziges Luder oder heiße Superlutscherin genannt werden, Schnuckilein will der wilde Muschistoßer sein –

oder so. Wenn man es liest, erscheint es komisch, selbst mir, ja. Aber in der Tat ist der Effekt verblüffend, versuchen Sie mal, im verbalen Umgang mit dem liebsten Menschen unregelmäßig wechselnd Zuckerbrot und Peitsche einzusetzen. Verabschieden Sie sich morgens mit »Adieu, Kleines, ich denk an dich« und rufen mittags an und sagen gleich nach dem Abheben: »Ich will dich jetzt lecken, dir in deine Muschi beißen und deinen Knackarsch kneten. Hallo, Schatz, wie geht's dir?« Nice! Wonderful! Nasty!

4. Das Vollprogramm. Essen, Kino, Tanzen. Hotel vielleicht. Einfach mal Zeit nehmen. Das hört sich lächerlich an, aber die Anforderungen der heutigen Zeit lassen uns wenig Zeit zum Zeitnehmen. Manchmal liegt es echt nur am Stress, an den kreisenden Gedanken, an Müdigkeit und geistiger Erschöpfung, wenn es still wird im Schlafzimmer. Superbanal, ja, aber kleine Probleme müssen ja nicht zwangsläufig groß gemacht werden. Es steckt nicht immer Phlegmatismus hinter Lustlosigkeit, sondern absolute Verspanntheit. Und die geht nur mit Zerstreuung und Zeit weg – leider nicht zwingend im Urlaub, da sich dort eh die meisten Paare die Köppe einschlagen. Zu viel Nähe zu plötzlich – puh, nee.

Verlegen Sie den Ausgehabend auf einen Freitag, da haben Sie das ganze Wochenende zum Entspannen oder Auftanken. Kitschig, ja. Aber es gibt Leute, die haben das vergessen und lassen Wochen um Wochen um Jahre verstreichen, bevor sie sich mal freinehmen. Komisch, nicht?

5. Reden. Kommunikation ist so wichtig, um sich dem anderen nah zu fühlen. Klar, es gibt auch Stummfische, die eben so vor sich hin drömeln und nicht der Typ zum Quatschen sind. Aber ich bitte Sie: Wer redet nicht gern über Sex – solange es nicht sein eigener ist??! Das kann über Dinge sein, die Sie gelesen haben, gehört, gesehen. Und von denen Sie sich fragen, was der andere darüber denkt. Nur so. Gute Übung, um mal das Maul zum Thema aufzukriegen. Jaja, ich weiß,

harmlos. Aber gehen Sie davon aus, dass nicht jeder Mensch so bewandert ist wie Sie, kritischer Leser mit Erfahrung. Jeder fängt irgendwann mal an.

6. Respekt. Behandeln Sie sich gegenseitig gut. Halten Sie zusammen.

11. Kapitel

69 Fragen & Antworten. Kann auch ich die Budapester Beinschere, was hat Joghurt zwischen den Beinen zu suchen, und was, zum Teufel, hat sie, was ich nicht habe?

Es gibt Fragen im Leben einer Frau, die man sich noch nie gestellt hat und auf deren Beantwortung man sowieso getrost verzichten konnte. Das waren meist so Sachen wie: »Wieso dauert es so lange, bis das Finanzamt meine Kohle überweist?« über: »Wieso kriegt der mehr Geld, obwohl ich länger hier bin?« bis hin zu: »Wieso kriegt er ihn nicht hoch, wenn er mich doch lieben tut?«

Bis heute.

Dazu gibt es auch Antworten auf Fragen, die man Männern hat stellen können, ohne dass sie eine Antwort wussten (oha, was für eine durchgeknallte Grammatik – aber nicht ohne Charme). Da ging es meist um Dinge wie »Wer war da am Telefon?«, »Wolltest du heute nicht früher Schluss machen?« bis hin zu: »Was denkst du gerade?«

Bis jetzt. Jetzt gibt es Fragen und Antworten auf alles, was wir letztens erst vergessen haben; zumindest versuche ich es auf 69 zu bringen, weil die Zahl, nun ja, sie verpflichtet, irgendwie. Übrigens halte ich die 69er Stellung ansonsten für Quark, weil nicht nur seine Nase empfindlich nah am braunen Salon ist (da kann er ihn reinstecken, aber doch bitte nicht dran riechen; oder doch, aber vorher duschen, nur so zur eigenen Sicherheit, sonst is nix mit Entspannung. Hassen Sie auch so lange Sätze in Umklammerungen???), also, zur Erinnerung, was vor der Klammer stand, so vom Sinn her: Nase, Geruch, Anus. Ähmm ... 69. Ja. Wer kann sich dabei schon konzentrieren? Und Luft kriegen? Er oben, sie unten – ächz, jammer, stöhn, und den Penis im angenehmen Winkel in den Mund zu kriegen ist auch ein Kunststück. Umdrehen, wurschtel, wurschtel, nimm dein Knie aus meinem Mund, sie oben, er unten ... hmm, na ja, zerquetsche ich ihn jetzt mit dem Po ... und was hat eine Frau davon? Gerade bei Cunnilingus, diesem Schelm, ist Konzentration wichtig, auf beiden Seiten, und wie soll das bitte SO funktionieren? Ist was für Konzentrationskünstler. Also auf die Seite legen, umgekehrtes, in sich gewendetes Löffelsche. Hmm. Na ja, okay. Zwei Vorleger unter sich. Aber wahrscheinlich mehr was für die Optik, vor allem die der Voyeure. Voyeure??? Kinder, jetzt aber raus hier!

So viel zur 69 und ihrer Verpflichtung, weil, was hätte man schon über 54 schreiben sollen? Sehen Sie, so kriegen Sparflammen wie ich die Seiten voll (Selbstkritik ist eine der herausragendsten und nervigsten Eigenschaften. Fast so schlimm wie Klammern, als ob man einen Klammerbeutel im Tornister hätte, nicht wahr, Georg, du zwergiger Besserwisser! Er wollte nicht erwähnt werden, das hat er nun davon).

Mein Lektor bat mich, die Antworten auf Fragen bitte zueinander zu stellen. [Genau!] Schade, eigentlich hatte ich ein virtuelles Memoryspiel vor, so nach dem Motto: Suchen Sie sich einfach eine passende Antwort – besser als im richtigen Leben, wo die Antworten doch häufig lauten: »Ham wa nicht«, »Ham wa noch nie so gemacht« oder: »An dieser Kasse bitte nicht mehr anstellen.« Was wäre schlimm daran, auf die Frage »Was hat sie, was ich nicht habe« unter den Antworten »1. Geld«, »2. Verschnellert den Blutfluss« und »3. Ist gut für die Scheidenflora und das ureigene, sanfte Aroma« aussuchen zu können?

Er hielt es für keine gute Idee, also hier noch mal die richtigen drei Fragen auf vorhergehende Antworten:

1. Was beruhigt schlechtes Gewissen ungemein, wenn auch nur für eine halbe Stunde nach dem Seitensprung?

2. Wieso soll man sich während der Periode in die Badewanne mit heißem Wasser setzen, wenn man am nächsten Abend ein Date hat?

3. Was hat eine Übernachtkur mit Naturjoghurt auf einem Tampon in der Scheide zu schaffen?

Die restlichen 66 Antworten auf folgende Fragen …

4. Was hat sie, was ich nicht habe?
Ihren Kerl. Sonst nichts, ehrlich nicht, denn größere Brüste oder mehr Zeit ändern nichts an der Tatsache, dass er sich nun in eine Neue verliebt hat.

5. Was ist eine Budapester Beinschere?
Der *Spiegel* schreibt dazu: Mystisch verklärte Sexualpraktik, die angeblich nur von ein paar hergelaufenen Ungarn beherrscht wird. Irgendwie müssen verdrehte Knie, geschriene Tiernamen und multiple Orgasmen im Spiel sein, aber Genaueres hat auch die Redaktion von *Spiegel TV – Die Reportage* noch nicht herausgefunden.
Ziemlich gut dargestellt, das musste einfach mal gesagt sein. Und: Klar können Sie das auch.

6. Welchen Effekt haben klare Schnäpse auf die weibliche Vagina?
Je mehr man sich davon oral weghaut, desto mehr trocknen die Schleimhäute aus – also nicht nur Nase und Rachen,

sondern eben auch ein Stockwerk tiefer. Und das bedeutet wiederum, dass mit Feuchtwerden nicht viel passiert. Also: Schnaps trinken, aber dann abschlecken lassen, bevor es zur Sache geht.

7. Wieso haben Pornodarstellerinnen währenddessen noch ihre verdammten Stöckelschuhe an?

Siebenundneunzig von hundert Männern finden, dass ein bisschen was an leckerer ist als gar nichts an. Von hundert Pornoguckern sind siebenundneunzig Männer. Schuhe gelten als Bekleidung. Außerdem verlängern sie optisch das Bein, was auch nicht schlecht ist, und es sieht so »allzeit bereit« aus – genau der Mythos, den Pornos beweisen sollen. Wie Schuppen fiel es einem Bekannten von den Augen, als ich ihn danach befragte: »He, klar, wenn die Mädels den Jungs einen blasen und dabei stehen, holen sie sich ohne Schuhe doch kalte Füße! Wer will das schon?« Logisch, natürlich, und hebt den Arsch und die Titten, wie Bukowski aussagte. Ziemlicher Schnickschnack, wenn so ein Absatz erst mal ein Auge oder Ei ausgestochen hat. Aber wieso nicht mal daheim probieren? Schad ja nichts, mal gucken, was passiert. *Tipp:* Auf alle Fälle halterlose Strümpfe dazu; keine Strapse, die schneiden ein, und mit der Farbe kann man sich fast immer vertun.

8. Wie viel Sex ist wenig, wie viel ist zu viel, und wie viel ist genau richtig?

Am Anfang ist es nie genug und sollte es auch nicht sein. Nach einem halben Jahr sollte nicht gleich die Welt zusammenbrechen, wenn es nicht mehr jeden Abend ist. Einmal die Woche ist definitiv zu wenig, alles andere ist eine Frechheit. Oder ist die stillschweigende Vereinbarung, nur noch einmal alle vier Wochen von beiden gewünscht? Dann halte ich mich mal da raus, aber irgendwas stimmt dann wirklich nicht mit euch. Wie wäre es mal mit Reden, wenn Ihnen die Bumsfrequenz nicht recht ist? Es müssen nicht immer bedrohliche Gründe dahinter stecken, sondern Dinge, die sich gemeinsam ändern lassen können.

Und, genau richtig – das hätte ich fast unter den Tisch fallen lassen, weil ich mich an die Anekdote meines Arztes erinnerte: »Herr Doktor«, sagte sie, »er will viel zu oft, dreimal die Woche!« Er: »Herr Doktor, sie will so selten, nur alle zwei Tage.«

Hm. Zum Glück haben wir alle einiges Einfühlungsvermögen, das uns einschätzen lässt, wann einer zu viel des Guten abverlangt bekommt. Beim Zuwenig sind die Antennen oft gekappt; kein Wunder, wer beherrscht schon die Es-steht-mir-auf-der-Stirn-geschrieben-Sprache. Also, mal abgesehen davon, dass jedes Paar seinen eigenen Rhythmus findet, plädiere ich für mindestens zweimal die Woche. Und Sie?

9. Warum stehen einige Kerle auf kleine Brüste?

Entweder ist es der Madonnakomplex: Deren Mütter hatten D-Cup, und Mütter sind tabu, wenn's um Erotik geht. Also wird auch keine Erotik bei mutterbrüstigen Mädels entstehen. Alles in der Pubertät gelernt.

Oder es ist der ureigene Sinn der Ästhetik – auch Schönheit liegt im Auge des Betrachters, und wie manche bei blondem Haar ganz wuschig werden, reagieren die nächsten auf zarte, kleine Äpfelchenbrüste. Das sind trotzdem ganze Kerle, Holger! (Auch er wollte nicht erwähnt werden, tsstss, und er mag Riesentüten und ist ein Schnacker.)

10. Kommt Sex auf Drogen geiler?

Also, wenn Sie sich einem Drogenrausch hingeben wollen, um all die Liebe zu erfahren, die Ihre Stiefmutter Ihnen nicht geben konnte – na ja. Bei weichen wie harten Drogen ist der Effekt so individuell wie die Schuhgröße. Einige macht es nur müde, andere geschwätzig, die nächsten egomanisch und absolut ungenießerisch oder aggressiv – und die meisten einfach nur abhängig. Es auszuprobieren lohnt nicht, da jedes Glas Wein mehr für die Lust bringt als eine gackernmachende Haschpfeife. Und von »Poppers«, der sexuell stimulierenden und sinnestäuschenden Flüssigdroge auf synthetischer Basis, sollte man auch die Finger lassen. Was man ohne Drogen nicht zu Stande bringt, das sollte man sowieso lassen. Oder wie war das mit morgens noch sich selbst in die Augen schauen können? Und dass zu viel Alkohol nicht nur eine Backsteinmauer zwischen Ihnen und dem Elend der Welt, Charme, Charisma, Frauen mit Damenbart, aber auch einer Erektion aufbaut, wissen Sie ja.

11. Haben Menschen mit dunklerer Hautfarbe besseren Sex?
Nun, schon mal was vom Britannia-Lover gehört? Nee, die wahre Leidenschaft scheinen Latinos gepachtet zu haben, obwohl zum Beispiel Italienerinnen sehr unzufrieden mit ihren Husch-husch-mal-drüber-Machos sind. Spanierinnen reden nicht gern über Sex, aber träumen von wilden Nächten mit Finnen oder Schweden. Dass Amis und Briten meisterhafte Dirty Talker sind, wissen wir. Ob Menschen östlich des Mittelmeeres guten Sex haben, wissen wir nicht, nur dass man dort bestimmt nicht über Sex redet, geschweige denn Studien zulassen würde. In der Karibik träumen so manche europäische Touris von dem exotischen Konglomerat von Milch und Kaffee; besonders bei Frauen geht die Mundpropaganda, dass die Herren mit den Rastalocken mit mehr Wucht ausgestattet sind; Männer suchen den »anderen« Geruch oder wer weiß was, vielleicht auch nur die Liebe, die farbenblind sein sollte.

Nun ist es so: Leidenschaft ist nicht abhängig von Haut- oder Augenfarbe. Da würden ja alle sofort ins Solarium rennen. Sie resultiert aus der Fähigkeit und der Lust, Lust zu bereiten, sie zu geben und anzunehmen. Sie entsteht in jedem selbst, der sich von der moralischen Verziehung oder dem gesellschaftlichen Wertewandel nicht weiter beeindrucken lässt. Deswegen ganz klare Antwort: Nein bis ich weiß nicht recht.

12. Wieso tun Kerle oft so, als ob ihr Penis ein Lebewesen für sich allein ist und sie deshalb auch keine Schuld empfinden, wenn sich der Lümmel selbständig macht?

Weil er sich, als er so mit zwölf, dreizehn zum Leben erwachte und sich als Blutsauger entpuppte, auch als scheinbar eigenständiges Wesen entlarvte. Er stand einfach so, mit oder ohne optischen Anreiz, mitten in der Nacht, früh am Morgen, im Klassenzimmer genauso wie am Frühstückstisch – und provozierte damit hilflose Peinlichkeit und absurden Stolz. Männer können ihn nicht mit purer Willenskraft bändigen, und ab und zu, wenn er soll, will er nicht, obwohl sein Besitzer schon ganz gern möchte. Launisch und zickig, könnte man meinen, und äußerst verwöhnt der Gute, stets um Aufmerksamkeit buhlend und letztlich das geheime Vergleichungsmittel der Männlichkeit. Gut, dass Frauen nicht mit der Größe ihres Geschlechts prahlen, wäre schon seltsam: Meine ist wie eine Alditüte, deine doch nur wie ein Jutesack! Nee, nee.

Also, das Ding ist kein Körperteil wie ein Arm oder ein Bein, sondern vergleichbar mit einem Organ, das unbemerkt und selbständig seinen Verpflichtungen nachgeht. Gib dem Magen was, und er tut was. Gib dem Penis was, und er wird zum Schwanz.

Zu sehr vereinfacht? Nun, der Schwanzträger ist immer noch der Entscheider, aber nur weil sein Ding steht, muss er ihn nicht irgendwo reinschieben. Oder wollen Sie sich etwa von einem Zwerg mit Haaren, aber ohne Augen rumschubsen lassen? Nehmen Sie die Dinge selbst in die Hand (ups, auch schön;)), anstatt sich dirigieren zu lassen.

13. Kann ein Mann treu sein?

Ja, mindestens wie eine Frau, wobei wir dann bei der Frage wären, ob Frauen im Durchschnitt mehr oder länger oder absoluter die Treue halten.

Klar können Männer wie Frauen treu sein, fragt sich nur, über welche Zeit. Und danach hatten wir ja nicht gefragt, nicht wahr?

Das Orakel nuschelte weiter, während ich mit dem schwarzen Ritter kämpfte, damit ich noch eine Frage stellen durfte.

14. Na gut, also wie lang können Männer treu sein?

Wenn wir mal davon ausgehen, dass »treu« bedeutet, mit niemand anderem zu schlafen, während man mit jemandem zusammen ist, und dass auch wilde Knutschereien und Fummeln außen vor bleiben: So lange, wie sie lieben und nicht irgendwas dazwischen kommt, was sie dermaßen reizt, dass sie für einen Augenblick die Liebe ihres Lebens vergessen und stattdessen eben mal in einer anderen Dame abspritzen.

So lange, wie sie Sex von Liebe nicht zu trennen vermögen, wobei sie dann ganz gern mit dem Argument kommen: »Das war doch nur was Körperliches, dich liebe ich doch!« Aber es gibt Männer, die ohne Liebe nicht können und es dann lieber lassen, und demnach treu sind, solange sie lieben. Das kann gaaaaaaaanz lang sein, eine ganze Ehe oder Beziehung lang. Kein Problem und kein Novum.

So lange, wie er es unter Kontrolle der Frau schafft, keine andere auch nur für zehn Minuten allein zu treffen.

So lange, wie sie es sich selbst vornehmen.

So lange, wie es dauert, bis sie herausgefunden haben,

dass ihre Freundin sie betrogen hat, und meinen, sich nun rächen zu dürfen, um den Schmerz zu lindern.

Und: So lange, wie das Bedürfnis nach besserem Sex nicht so lebensbeherrschend ist, dass sie es einfach tun müssen, um noch mal das Gefühl zu haben, wirklich zu leben und begehrt zu sein.

Dem letzten »So lange« kann man übrigens am leichtesten begegnen, alles andere ist Aufgabe des Herrn.

15. Was sollte in einem gescheiten Liebesbrief stehen?
An Frauen oder an Männer? Nun, egal, Hauptsache, es ist eine Mischung zwischen romantischem Unsinn und schwärmerischen Absichten, die durchaus mal ins Glitschige abtrudeln dürfen. Man lobe bei längeren Briefen stets die Macht des ersten Kusses oder Anblicks (»Mir war, als ob der Himmel endlich sein Geschenk an mich offenbarte ...«), bei kürzeren die letzte Nacht (»Allein der Gedanke an die Sanftheit deiner Lippen macht mich trunken vor Glück und Gier«), bei Post-its, die irgendwo zwischen der Unterwäsche versteckt werden, darf eine frivole (was für ein herrlich altmodisches Wort) Andeutung (»Beim nächsten Mal wird dich meine Zunge quälen«) stehen. Und warum steht hier nichts Genaueres? Mehr, mehr, mehr Schmonz und Zitterpartien zwischen redseligem Quatsch und Pikanterie? Ich überlege, ein Buch mit Liebesbriefen für jede Gelegenheit zu schreiben ...

16. Was sind Harnröhrenbisse?
Hmm, eine nicht so einfach lernbare Sache, die Kerle zum lustvollen Schreien bringen kann. Manchmal auch nur zum Schreien, etwa dann, wenn die Erregung noch nicht hoch genug und die Zähnchen zu spitz sind.

Und so funktioniert's: Er steht. Bisschen anheizen, so mit Mund und Hand. Dann oben herum unter der Eichel den

Zauberring (aus Daumen und Zeigefinger, vorher befeuchtet, wir wollen ja nicht, dass das Frenulum quiekt) bilden, rauf und runter reiben, fest, aber ohne Hast. Den Mund am Schaft ansetzen. Die Harnröhre ist ungefähr in der Mitte des Liebsten, aber selten erhaben (oder erhoben?). Jetzt sanft knabbern, als wenn man einen Maiskolben rauf und runter beknabbert. Nacknacknack rauf, nacknacknack runter. Mal gucken, was er davon hält.

17. Was ist besser – Vibrator oder Dildo?
Hmm, dieses Gesirre kann einen ja wahnsinnig machen, aber bei einem Dildo fällt bei exzessivem Gebrauch die Hand ab. Ein Vibrator kann netter sein, wenn er konstant die Klit stimuliert, die es ja bekanntlich mag, wenn sie in einem ganz gewissen, aber stetigen Rhythmus mit gleich bleibendem Druck massiert wird (oder leicht oberhalb der Klit, je nachdem wie empfindlich die Dame ist). Wogegen die Schüttelbewegungen im Vaginalkanal eher unnötig sind, da die wenigsten Frauen allein durch die Penetration (was für ein schönes, blödes, steriles Wort) der Vagina orgasmieren (jetzt höre ich mich an wie meine Biolehrerin, hätten wir das Thema mal gehabt ...). Aber er kann interessant im Po sein, der Wackeldackel. Falls ein Kerl in das Spiel um den Gummiknüppel mit einbezogen werden soll, dann auch lieber einen Dildo, weil er sonst der Maschine mehr Aufmerksamkeit schenken wird als Ihnen – Männer sind so, alles elektrisch Betriebene übt einen geheimnisvollen Reiz auf sie aus.

18. Auf welche Farbe der Unterwäsche stehen Männer?
Schwarz, wegen des Kontrasts zur Haut, sagte ein Fotograf. Weiß, wegen der Unschuld, sagte ein romantischer Chauvi. Rot, wegen der Nuttenhaftigkeit, sagte ein unerfahrener Bursche. So, und genau in dieser Reihenfolge, obwohl Rot

definitiv ausscheidet (es sieht oft genug so dämlich aus, wenn man nicht gerade eine Karibikschönheit ist) und weil Schwarz tatsächlich am meisten schmeichelt. Noch ein Wort dann zu Comicslips, die bei Frauen irgendwie süß aussehen: Snoopy ist da der eindeutige Renner, während Benjamin Blümchen doch zum Lichtausmachen taugt. Spruchbänder sind out (außer Wochentagen, die sind lieb), und kleine Blümchen sind schnuckelig, nur nicht auf Frottee. Ein Liebhaber von Underwear träumt heute noch davon, eine Frau mit grauer Baumwollunterwäsche kennen zu lernen, die so zart und feuchtigkeitsdurchlässig ist, dass man am Fleck erkennen kann, wie scharf und nass sie ist. Huh, aber ich hab mir bisher die Hacken nach solchen sensiblen Slips abgelaufen!

19. Und Frauen?

Schwarz, weiß, grau. Eng anliegende Boxershorts, die machen einen schönen Po. Nix Buntes, keine Comics, keine Seide, selten Strings, noch seltener pludrige Boxer, es sei denn, dass Fußballerbeine drinstecken. So gut wie kaum Feinripp, und wenn, dann eben nur in engen Shorts, jedenfalls keine Schlüpfer mit kochfestem Gummi.

20. Welche Abenteuer kann ich getrost verpassen?

Bungeespringen am Stahlseil, das ist nur echten Kerlen (siehe Frage 32) vorbehalten. Ansonsten alles, von dem Sie ahnen, dass es Ihre Seele verstören, Ihre Psyche verletzen und Ihre Physis angreifen wird. Das geht bei denen einen mit weichen Drogen, Analverkehr oder einem Blowjob im Fahrstuhl los, bei den Nächsten erst mit Gruppensex oder Partnertausch, während die Übernächsten auch beim Gedanken an Pissspielchen nicht mal mit der Schulter zucken oder sich auch für Brustwarzenpiercing ohne weiteres erwärmen können. Obwohl, einmal gesehen, und dann?

Also, Kinderkram, mit dem Sie sich nicht aufzuhalten brauchen, weil der Aufregendheitsgrad durch Legenden und nicht durch Wahrhaftigkeit definiert wurde, ist:

(a) Sex in der Toilette eines Urlaubsfliegers – weil die »High Society« selbst heute noch über zu enge, muffige und zugige abstellraumgleiche Verhältnisse mault.

(b) Sex auf dem Treppenabsatz eines Kellergeschosses, während der Himmel Wassermassen über einem ausschüttet – weil die Blasenentzündung, Steißbeinprellung und Lungenentzündung den Aufwand nicht rechtfertigen.

(c) Den Koitus mit der eigenen Kamera aufnehmen – weil die entweder blöd steht und nur Ruckelköpfe zeigt, das Licht so mies ist, dass man entweder jede rote Pore sieht oder nüscht, oder weil Ihnen plötzlich klar wird, wie dämlich Sie dabei aussehen. Nein, mal ernsthaft: Man kann dabei zwar dämlich aussehen, aber nur selten. Vielleicht sollten Sie, wenn Sie unbedingt Ihre Videothek bereichern möchten, einen erfahrenen Kamerabediener bitten, Ihren Schäferstündchen beizuwohnen.

(d) Sex bei fünf Grad minus im alten VW Käfer/Golf/ Polo/ Jetta – weil da die Luft bald dünn wird, der Schniedel am Schaltknüppel festfriert oder die Zunge an der Innenscheibe und Cola trinken dann auch nicht hilft.

(e) Als Grünen-Politiker mit einem SPD-Funktionär poppen.

(f) Als Politiker überhaupt mit jemandem poppen, der nicht mit einem verheiratet ist und womöglich auch noch Geld dafür nimmt.

(g) Bei *Blade Runner* poppen, bei *Apocalypse Now* poppen, bei *GZSZ* poppen.

(h) Mit einem Mädchen ins Bett gehen, das ein Britney-Spears-Poster an der Wand kleben hat – weil, dann könnte es minderjährig sein.

(i) Auf dem Sofa der zukünftigen Ex-Freundin des neuen

Lovers poppen – weil, da gibt's bestimmt einen Fleck, das ist einfach so, und hinterher jede Menge Blablabla-Ärger.

(j) Bei einem Autounfall Sex haben – weil die Versicherung bei autoerogenen Ursachen nicht zahlt (gilt auch für Unfall durch Ablenkung beim Blowjob).

(k) Mit dem Freund/der Freundin des Lebensgefährten bumsen. Das macht man nicht, weil es wehtut und beim Erwischtwerden das Leben für Jahre erschwert.

(l) Mit dem Bolzenschussgerät arbeiten und zum Beispiel die Hoden oder Brustwarzen irgendwo dran zimmern.

21. Womit hat sich die CDU finanziert?
Dozieren und schwafeln. Was weiß ich denn.

22. Was macht einen richtigen Kerl aus?
Klar, Whiskyfahne, Schweiß wie Pferdepisse und viel Geld. Zumindest relativiert sich dann der Rest – so wirft man uns Frauen vor, dass wir uns am Charme der Moneten aufreiben können und dabei Charakterschwächen gerne übersehen. Und wenn es so wäre? Wenn es wirklich so wäre, dann würden alle kleinen, dicklichen hässlichen Männlins doch sofort anfangen, Kohle wie wild zu scheffeln, um sich dann eine der wartenden Damen auszusuchen. Und sich hinterher beschweren, jene Lady würde nur ihr Geld lieben und hätte sich kaufen lassen. Bullshit. Wir lieben euch trotz der Kohle, seht es ein. So selbstverleugnerisch, dass wir einen mit Minderwertigkeitskomplexen beladenen Workaholic nur wegen der paar Kröten und des goldenen Käfigs lieben, sind wir nicht.

Aber wir wollen hier nicht von Geld und Liebe reden, sondern von richtigen Kerlen. Also, er soll aufregend sein und einen trotzdem in Ruhe lassen können. Er sollte treu sein, aber kein Langweiler. Er sollte gut gebaut sein, da auch, aber kein Fitnessfanatiker. Er sollte einen Beruf haben, der ihn ausfüllt, ohne dass er ständig jammert, Überstunden machen zu müssen. Überhaupt soll er nicht jammern, sondern handeln. Er soll mit Worten begeistern, aber kein redundanter Schönredner sein. Er sollte wissen, dass er der Mann ist, ohne dabei beherrschen zu wollen. Er sollte die Bierkästen selbst raufschleppen, aber gern an ihren Höschen riechen. Er sollte unterhaltend sein, aber nicht dozieren.

So, das war's schon.

23. Was wünschen sich Männer von einer guten Liebhaberin? (Die Frage, was sich Männer von einem guten Liebhaber wünschen, kann an dieser Stelle nicht beantwortet werden, da Sex zwar schön und wichtig ist bei Homosexuellen, aber die Beziehungsfähigkeit an sich und ein gewisses Maß an Romantik wesentlicher sind als siebenhundertsechsundfünfzig Stellungswechsel in der Stunde. Abgesehen davon ähneln sich Wünsche von Hetero und Homo durchaus.)

Tja, oft genug wünschen sich Männer eine Zwanzigjährige mit der Erfahrung einer Vierzigjährigen, aber bitte ohne die Menge an Akten, die dafür nötig wären, und auch nicht mit dem Körper, diese Machoschweine. Ein Paradox wie der fünfundzwanzigjährige Berufsanfänger mit abgeschlossenem Studium, Auslandserfahrung und zehn Jahren ungekündigter Stellung bei der NASA.

Also, Machos hin, Ideale her: sie soll hemmungslos sein, aber nicht routiniert. Hingebungsvoll, aber nicht passiv. Für Abwechslung offen, aber keine läufige Nymphomanin. Initiativ, aber trotzdem dankbar für neue Erfahrung oder Bestätigung. Sie soll ihn in den Mund nehmen und sich gut anziehen können, sie soll ihre Natürlichkeit behalten haben, aber auch wissen, was man mit Make-up und High-Heels bewirken kann. Sie soll allzeit bereit sein, aber nur für mich. Sie soll sagen, was sie will, ohne enttäuscht zu sein, wenn's nicht gleich klappt. Sie soll mir das Gefühl geben, etwas Besonderes zu sein und zu tun. Sie soll echt sein, aber auch ab und an die Rolle einer anderen annehmen. Sie soll ihren Körper lieben, ohne eitel zu sein. Sie soll stöhnen und keuchen, aber keine spitzen, sich wiederholenden Quiekgeräusche von sich geben. Sie soll meine Wünsche erkennen und mir ihre begreiflich machen. Sie soll meine Lust steigern, wenn ich mal nicht so bereit bin. Sie soll nicht alles mich machen lassen, aber auch mal nur nehmen. Sie soll …

Waaas? Und das alles für einen Durchschnittstypen, der noch nicht mal weiß, wie er ihr mit der Hand einen runterholen kann, ohne auch nur einen Finger reinzustecken? Für einen, der so selten abwäscht, dass eine Sonnenfinsternis häufiger vorkommt? Für einen, der noch nicht mal ein Kompliment loswird, wenn es ihm auf dem Teleprompter diktiert wird? Für einen, der nicht zuhört und schlechte Musik hört und die Bude vollqualmt, aber nicht lüftet und sich hinterher mit ihrem T-Shirt den Schwanz abwischt?

Kommt gar nicht in Frage. Und das ist auch gut so, denn nur gute Männer verdienen gute Frauen, sach ich mal und lache mir leise einen Wolf.

24. Haben die Schweizer Kerle einen größeren Dings, oder warum weigern sie sich, bei der EU-Norm für Kondome mitzumachen?
Ja, offenbar.

25. Ist es wirklich so einfach, einem potenten Kerl einen runterzuholen, wie eine reife Orange auszupressen?
Jein. Abspritzen wird er schon, aber nicht unbedingt davon schwärmen, wenn es zu schnell oder zu zaghaft ist oder sich die Rubbelei nur auf die untere Hälfte konzentriert. So man-

che Frau hat sich dabei auch schon eine Sehnenscheiden-
entzündung eingefangen, weil sie nur mit einer Hand im
Liegen an ihm rummachte und dabei *Die Glocke* rezitierte,
in Gedanken, alle verdammten Strophen, und sich abge-
müht hat wie beim Dauerlauf. Also, los, auf ihn draufho-
cken, beide Hände abwechselnd nehmen, fester zupacken,
auch mal beide benutzen: die eine am Schaft, die andere am
elementaren oberen Drittel, wo's wirklich Spaß macht. Besonders der Teil, der seinem Bauch zugewandt ist, ist empfindlich, und viel Feuchtigkeit ist vonnöten, soll es nicht zie-
pen und reißen. Und nun, keine Hetze. Wenn Sie etwas machen, was offenbar gefällt – machen Sie weiter. Fragen Sie
auch mal zwischendurch, ob es so gut ist oder so besser, ob
es fester sein soll. Natürlich im Flüsterton.

Umschließen Sie den Schwanz fest, entweder nur mit
Mittelfinger und Daumen oder mit der ganzen Faust, so
dass sich ein fester Ring bildet. »Fest« ist das Zauberwort,
obwohl auch sanftes Streicheln, so, als ob man das Fell
einer Katze streichelt, ein netter Anfang ist. Wenn er irgendwann – nach diversen Streicheleinheiten, Berührungen
rund um Damm und Hodensack – ziemlich aufgeregt ist,
dann sollte man einen Rhythmus und eine Streichelart bei-
behalten und nicht abrupt wechseln, das ist arg frustrierend. Wenn er kommt – loslassen oder noch mal fest zupacken, ganz wie er meint (das lässt sich ja hinterher dezent
nachfragen).

26. Gehört zur Familie eine Ehe?
Wieder ein klares Jein. Denn unsere Gesellschaft sagt zwar
ja zur Ehe, aber tut sich schwer, Familien zu unterstützen,
egal, in welcher Zusammensetzung, ob hetero oder homo,
ob allein erziehend oder Drei-Generationen-Häuser. Und so
manches Ehepaar, das Kinder in die Welt setzt und be-
schließt, hauptsächlich deswegen verheiratet zu bleiben,

gibt ein schlechteres Umfeld für Kinder ab als Alleinerzie-
hende, die sich mit Freunden und Eltern ein ganz anderes
Klima für die Kleinen geschaffen haben. Nein, Ehe ist nicht
zwingend notwendig für eine Familie – denn eine Familie ist
bereits vorhanden, wo Kinder sind, so sagte schon Roman
Herzog. Ein ziemlich fortschrittlicher Mann, finden Sie nicht
auch?

27. Bin ich gut im Bett?
Die Frage aller Fragen, und da sie leider nicht wohlwollend
vom Ex oder von einer anderen Vertrauensperson wahr-
heitsgemäß beantwortet werden kann … Also, entgegen der
wahnwitzigen Vorstellung, dass alle anderen der Überknal-
ler sind, während Sie sich fragen, was der Unterschied ist
zwischen dem Felgaufschwung und der Wiener Auster, lässt
sich eines immer sagen: Sie sind so gut, wie es das Partner-
spiel erlaubt. Nee, echt jetzt, als Frau hat es nichts damit zu
tun, dass Sie röhren wie ein Hirsch, wenn der Kerl Sie nur
anpackt, beweglich sind wie ein Dollhouse-Girl, Lack und
Leder tragen und ihn inklusive Eier in den Mund nehmen
können und dabei so glücklich aussehen wie das Pikantje-
Girl. Niemand ist ohne den anderen gut, und keiner, der
schon »alles gemacht« hat oder immer und allzeit die Beine
breit macht oder sein Ding aufstellt, ist ein Meister. Sondern
nur jener und diese, der/die sich immer wieder aufs Neue
auf den anderen einlässt und Signale erkennt, ohne sein
Repertoire (Brustwarzen kneifen, Hals küssen, Po kneten,
Muschi lecken, reinstecken, Finger in den Po, wow, toll, und
das auch noch auf der Waschmaschine) runterzuelern.

28. Es ist doch langweilig, wenn man nur so daliegt, oder?
Nö. Manchmal haben Frauen wie Männer Lust darauf, den
anderen einfach nur so zu beschlafen, fertig. Manchmal,
wie gesagt.

29. Was meinen Kerle mit »Der hab ich es richtig besorgt« oder »Die würd ich mal so richtig rannehmen«?

Tja, vielleicht hetzen sie sie durchs Gelände wie der Militaryreiter seinen Gaul? Oder er ist für sie einkaufen gegangen? Oder hat sie beim Squash durch die Halle gejagt? Ich bin mir nicht sicher, aber ich hoffe, sie meinen damit, dass sie eine Frau voll und ganz befriedigt haben, nicht nur dafür gesorgt haben, dass sie eine angemessene Anzahl von Orgasmen hatte, sondern sich auch sonst begehrt, geliebt, bewundert oder vollauf seelisch zufrieden fühlt.

Was ich befürchte, ist, dass es ganz anders ist. Dass er damit auf seine Stoßgeschwindigkeit und die Dezibel ihrer Protestschreie anspielt. Denn derartige Sprüche werden meist von Personen mit einem IQ geäußert, der verdächtig nah an den eines Stücks Bierhefe reicht. Und wie wir ja wissen, fickt dumm eben nicht gut, Hefeklopse schon gar nicht. Also, wie sollen es die Burschen trotzdem geschafft haben, eine Frau so richtig, richtig glücklich gemacht zu haben? Oder war die Frau so blöde, ihm ins Ohr zu säuseln, was für ein toller Hecht und wollüstiger Stier, was für ein übermächtiger Tiger und geiler Hengst er doch gewesen sei; dass sie es nur von ihm und genau so braucht und dass er es ihr so richtig besorgt hat?

Nee, Mädels, das kann nicht euer Ernst sein. Es sei denn, es ist so. War es so? Wenn ja, warum prahlt der Sack damit? Geschwätziger Protzer.

30. Männern ist Sex am wichtigsten, stimmt's?

Ja, und die Erde ist eine Scheibe.

Sex ist definitiv die wichtigste Nebensache der Welt – bei vielen Männern aber in einer Liste der Lebensaufgaben erst in den hinteren Rängen vertreten. Für einige ist er einfach notwendig, für viele steht die Art der Beziehung zu einer Partnerin im Vordergrund. Der beste aller Geschlechtsakte könnte einen Mann niemals dazu bringen, mit der ansonsten wenig geliebten Frau zusammenzuleben. Oder, andersherum: Guter Sex ist wie ein Bonus in einer guten Beziehung und oft auch ein Garant für körperliche Treue.

Und doch scheinen die Umtriebigkeit und das Selbstwertgefühl von Männern oft durch die Sexualität bestimmt zu sein. Wie komme ich bei Frauen an, wie attraktiv bin ich, wie oft kann mein Schwanz, ist meiner größer als der von anderen, werde ich sie flachlegen oder nicht …? Das kommt daher, dass sie sich selbst darin noch nicht genügend erforscht und wieder gefunden haben, sich selbst nicht kennen oder sich immer wieder von anderen Bestätigung einholen müssen, weil sie nicht wissen, wer sie sind und was sie sich wert sind.

In dem Moment, in dem sie eine natürliche, selbstbewusste und gelassene Einstellung zu ihren Wünschen und Trieben haben, lässt plötzlich auch das Vordergründige ihrer Bemühungen nach. Sie definieren sich nicht mehr über ihren Schwanz, sondern über das, was in ihnen steckt. Und wenn die Frage nach dem »Wer bin ich und wie gut bin ich?« erst mal beantwortet wurde, werden viele andere Dinge viel wichtiger. Kinder, Beruf, Sport, die Partnerschaft.

Ja, doch, diese Zeichen und Wunder gibt es, auch wenn man bei manchen Männern sicher vergeblich darauf wartet, dass sie ihren Schwanz als gegeben hinnehmen, statt ihn als Grund ihres Daseins zu betrachten und ihm so zwanghaft zu folgen wie andere Leute Kniffs in ihre Sofakissen schnicken.

31. Aber Mama sagte doch: »Männer denken nur an das eine!« Stimmt, und Papa achtete darauf, dass man sparsam mit Kosmetik und großzügig mit dem Rocksaum umging, um diese Gedanken nicht noch zu provozieren. Aber denken Männer bei jedem halbwegs attraktiven Wesen nur daran,

ihn ihr reinzustecken, und das möglichst ohne Umwege über Rendezvous oder Heirat?

Keine Ahnung, ich war nie ein Mann, und ich denke zirka dreimal über den Tag verteilt an Sex, kurz, sehr kurz, personenungebunden und mehr schemenartig. Nun, und wenn ich dann meinen Kerl frage, der just zur Tür hineinkommt: »Hey, denkst du gerade an Sex?«, und er sagt: »Nein. Dran denken hängt mit dem sensitiven Sehen zusammen, mit Geräuschen, die dich an etwas erinnern, mit Gerüchen, die an einem vorbeiziehen und an das Mädchen von vor vier Jahren denken lassen …«, dann lässt sich Mutters Sorge wohl so erklären: Männer denken an Sex immer dann, wenn

(a) der Reiz übers Auge da ist (sprich rote Lippen, enge Röcke und so weiter),

(b) eine Erinnerung hochkommt – bei dem Song hab ich mit Tanja, das Parfüm hat Anja, in dem Film war ich mit Charlotte, und

(c) sie danach gefragt werden.

Aber bestimmt nicht immer und dann nicht an das eine. Und sie wollen auch nicht immer nur das eine. Klar, sie spielen mit dem Gedanken, wie es wäre, wenn, aber genauso schemenhaft und unbestimmt, wie sie an die Frage denken, was es in drei Wochen zu essen gibt.

32. Um noch mal auf echte Kerle zurückzukommen, die ja irgendwie in dieser Welt der Spargeltarzane und Nulpenpflücker fehlen: Was ist das Gegenteil von einem Weichei, Chefgrüßer, Schattenparker oder Als-Zweiter-Kommer?
Achtmannzelt-bei-Sturm-Aufsteller, An-Tankstellen-Raucher, Bei-Download-Reset-Drücker, Bank-ohne-Maske-Überfaller, Die-Pille-durch-Smint-Ersetzer, Nach-dem-Kotzen-Weitersaufer, Ohne-Publikum-Stage-Diver, Nordpol-Camper, Nymphomaninnen-Befriediger, Polizisten-Duzer, Peperoni-mit-Tabasco-Abschmecker, Russenmafia-Be-

scheißer, Tanklastzug-Ausbremser, Sonnenfinsternis-ohne-Brillen-Gucker, E-Mail-vom-Chef-ungelesen-Löscher, Geisterfahrer-Überholer, Hooligans-Schubser, Hochzeits-tag-Vergesser, Ins-Feuer-Furzer, Im-Bett-Erster-Brüller, Uhu-als-Gleitmittel-Nutzer, VW-Aktien-Käufer, Ventilator-mit-dem-Finger-Stopper, Wein-mit-Schnaps-Verdünner, Drei-Liter-Blutspender, Stahlseil-Bungeespringer, Strom-kasten-Pinkler, Minenfeld-ohne-Suchgerät-Räumer, Trotz-Sturmwarnung-Segler, Mit-dem-Feuerzeug-in-den-Tank-Leuchter (aber mit Zippo).

33. Haben Frauen mit Leicht-Über-Normal-Gewicht mehr Spaß beim Sex?

Wenn man sich mal die ganzen leidenden Gesichter der Hungerhakenmodels ansieht, die so aus ihrer geliehenen Edelwäsche schauen, als ob sie erst Drogen nehmen müs-sen, um sexuelles Interesse zu heucheln – dann ja. Da das aber absoluter Humbug ist, weil Models nun mal so ausse-hen, weil sie denken, das ist cool, kann auch keiner behaup-ten, dass normale oder übergewichtigere Frauen mehr Spaß am Leben, ergo am Sex haben. Zumindest ist klar: Wer nicht dauernd an seine Bauchfalte oder die Streifen an den Hüften denkt, die trotz fehlender Schwangerschaft da sind und nie wieder verschwinden; kurz, jemand, der sich in sei-nem Körper, egal, wie schön oder durchschnittlich der ist, wohl fühlt, wird tendenziell mehr Spaß beim Sex haben. Weil er sich leichter gehen lassen kann, ohne darüber zu brüten, ob die Brüste jetzt hängen oder schwingen.

Hört sich nach einem Argument an für: schön gleich Sexstar. Isses aber nicht. Is ne Frage der Intellenz, so von wegen der inneren Ausgeglichenheit. Ich versuche es mal mit einem bekannten Argument: Wenn der Typ oder der Mensch, mit dem Sie da gerade im Clinch liegen, Sie nicht lecker finden würde, lägen Sie mit ihm nicht im Clinch.

So. Und na klar haben wir normalen Frauen mehr Spaß am Sex, wie an allen weltlichen Genüssen.

34. Welche Unfälle können eigentlich so passieren?
Oha, ein wahres Gruselkabinett der unmöglichen Möglichkeiten eröffnet sich auf dem Gebiet der horizontalen Unfallchirurgie. Vor allem bei dem Spiel mit und an sich selbst sind schon die seltsamsten Dinge passiert, bei denen nur noch die schnelle Fahrt ins Spital helfen kann. Man hüte sich also vor:

♥ einer geöffneten, leeren oder halb leeren Flasche, ob Schampus oder nicht, Glas ist schon schlimm genug, auch kleine Colafläschchen taugen nicht zum Liebesspiel. Im Flaschenhals entsteht ein Unterdruck, man bekommt das fiese Teil nicht mehr da raus, wo es eigentlich auch nicht hinein sollte – ob aus dem Po oder empfindlicheren Stellen.

♥ kleinen, spitzen oder abgerundeten Gegenständen in der Penisöffnung; also Kugelschreibern, Golftees oder sonstigen Kleinigkeiten. Es gibt Leute, die manövrieren die Dinger durch die Harnröhre, um die Prostata zu stimulieren, was aber leider schief geht.

♥ Hilfsmitteln wie Staubsaugerrohren.

♥ Sex mit den Beinen auf seinen Schultern, obwohl beide nach dem Aufwachen noch nicht Wasser gelassen haben (kann ihr irre wehtun).

♥ Eigenrasur mit den falschen Gerätschaften – besonders Hodensäcke sind ausgesprochen schlecht dafür geeignet.

♥ einigen Kamasutra-Stellungen, denn die führen eher zum Chiropraktiker als zur Ekstase.

♥ Sex in der Dusche; kann zu Steißbeinbruch führen, vor allem, wenn es ihn lang hinschlägt.

♥ allem, was ätherische Öle enthält und mit Schleimhäuten in Kontakt kommt – das gilt besonders für Chinaöl oder frisch angeleckte Pfefferminzbonbons.

♥ Oralverkehr, wenn an seinem Schwengel zum Beispiel Eisenkugeln befestigt sind – die können zu Erstickungsanfällen des Blasenden führen.

♥ Halstüchern oder Seilen, die an die Stange des Duschvorhangs geknüpft sind, das andere Ende um den eigenen Hals, während man sich einen runterholt: Die Knie knicken vor lauter Wollust ein, und schon knüpft man sich selbst auf. Nicht schön, das.

♥ Dingen, die durch Wärme ihre Form verändern, größer werden oder sich auflösen: Dazu gehören zum Beispiel Dekokerzen wie diese kleinen Weihnachtsdinger. Schwuppdiwupp, gehen die auseinander, driften in der neuen Umgebung hin und her und klumpen sich anderweitig wieder zusammen. Auch nicht angenehm sind Sachen, die auseinander gehen, wie Tannenzapfen zum Beispiel, die in Wärme ihre Lamellen spreizen und dann … na ja, ich erspare uns den Rest.

♥ Leidenschaft während der 69: Wer den Kopf des Liebsten arg in die Zange der Oberschenkel nimmt und sich abrupt herumwälzt, kann ihm schon mal das Genick brechen. Ja, ist eklig, ich weiß, aber es musste mal gesagt sein, oder?

♥ Sachen, die direkt mit Stromanschlüssen zu tun haben. Brutzel, brutzel, britzel, schmilz.

♥ Kälteschocks – Gurken aus dem Kühlschrank zum Beispiel, die können bei Damen Blasenentzündung und bei Kerls (im Po) Hämorrhoiden verursachen.

♥ dem Ertapptwerden beim Liebesspiel, denn auch das kann der Gesundheit abträglich sein, zum Beispiel wenn der aktuelle Lebensgefährte des Bettgenossen einen erwischt.

♥ Fehlern bei der Vorhütung (trifft für alle die zu, die meinen, eine Schwangerschaft sei auch ein »Unfall«): Achten Sie darauf, die Pille nicht zusammen mit Antibiotika zu nehmen, das Diaphragma nicht vor Ablauf der Acht Stunden hinterher herauszunehmen, keine Kondome zu benutzen, die seit Wochen in Ihrer Brieftasche auf den Einsatz gewartet haben. *Achtung:* Das synthetische Speisefett Crisco, ehemals Geheimtipp unter den Gleitmitteln (wer weiß, was jetzt angesagt ist?), greift das Gummi von Kondomen an. Mein ja nur.

35. Sollte man immer Toilettenpapier am Bett stehen haben?
Nö, das Zeug lässt sich wirklich schlecht vom Penis abfisseln. Lieber Kleenex oder noch besser als perfekter Gastgeber: ein angewärmtes, leicht feuchtes Baumwollhandtuch (so in Gästehandtuchgröße oder wie die Tücher, die es bei guten asiatischen Restaurants für die Schmuddelfinger gibt). Das muss ja nicht wartend neben dem Bett liegen – sondern kurz, husch, husch ins Bad –»Bleib liegen, Chéri« –, zack unter heißes Wasser und bloß gut auswringen, bevor Sie es zärtlich über Bäuche (na, *Ihrer* doch auch!) und Schenkel reiben ...

36. Was ist eine Abbesse?
Im Mittelalter geprägter Begriff der Bordellaufseherin. Heute sacht man wohl Puffmutti, wa?

37. Gibt es noch so ein paar geheimnisvolle Vokabeln, mit denen man in trauter Runde angeben kann?

Jupp. Zum Beispiel mit ...
* *ACDC* – Bedeutet übersetzt eigentlich »Gleichstrom/Wechselstrom«, ist aber in der englischen Umgangssprache auch ein Synonym für bisexuell (klaro, mal Gleich und Gleich, mal im flotten Wechsel ... brr, höre mich an wie eine Trutschenschreiberin eines Sexel-Wochenblattes).
* *Algerisch-Französisch* – Anilingus, Lecken des Anus (da schnall man echt ab; duschen nicht vergessen).
* *Araber* – Schwuler, »*arabische Möse*« = Anus.

* *Balak* – Ein Phallus aus Holz und Wachs, der angeblich in Vorneo benutzt wird. Oder meinten die Kollegen Borneo? Wie auch immer, die Dinger sind riesig.
* *BDSM* – Sammelbegriff der Abkürzungen für Bondage & Discipline sowie Sadomasochismus.
* *Bugger* – Sodomit.
* *China-Bad* – Wird auch *Persisch* genannt; während des Akts zieht der Kerl sein Dings aus ihrer Dose (oder auch aus seinem Anus), taucht ihn in heißes Wasser oder Öl, und versenkt seinen Speer wieder. Dadurch soll eine stärkere Durchblutung entstehen, Lust und alles andere gesteigert werden. Na, dass man sich dabei mal nicht die Finger oder andere kostbare Extremitäten verbrennt …
* *Cream* – Sahne, Sperma.
* *Deutsch* – Stinknormal. Er in ihr. Bambi-Sex halt.
* *Digitatio* – Sich gegenseitig einen runterholen, statt es alleine zu machen.
* *Diletto* – Italienisch für »Entzücken«, kann aber auch ein Dildo sein.
* *ez-rider* – Sprich »easy rider«. Nix mit Moped, sondern ein Dildo, an dem unten ein Gummiball befestigt ist. Draufsetzen und loshüpfen.
* *Gravidität* – Hat nichts mit Gravitation zu tun, sondern bedeutet – Schwangerschaft!
* *Goldfisch* – Ist dasselbe wie ohne Arme keine Kekse. Also: beide fesseln sich die Hände auf dem Rücken (wie das gehen soll, verrat mir mal einer) und versuchen dann trotzdem, miteinander Spaß zu haben.
* *Hickey* – Der gute, alte Knutschfleck, zumindest nennen ihn so die Kids in Amerika.
* *HWG* – Häufig wechselnder Geschlechtsverkehr.
* *Indisch* – Umgangssprachlich für die Ausübung zahlreicher verschiedener, teilweise akrobatischer Stellungen (was weiß ich, sie macht 'nen Handstand dabei, oder er legt sich

ein Bein hinters Ohr), selbstverständlich übernommen aus dem Handbuch des Kamasutra, das vierundsechzig Stellungen mit anteiliger Pattellasehnenüberlastung vorsieht.

* *Italienisch* – Achselhöhlensex, Herkunft nicht belegbar. Schade eigentlich. Mit dem Arm kann also jeweils der Druck auf das beste Stückchen verstärkt werden, und es gibt Leute, die stehen drauf, geraten manchmal allein vom Anblick einer Achselhöhle in Wallungen. Ob allerdings rasiert oder unrasiert besser kommt, ist jedem selbst überlassen, der die Probe aufs Exempel macht ...

* *Kalte Bauern* – Spermaflecken!

* *Kink-Sex* – »to kink« (am.) bedeutet »verknoten, verdrehen«. Also völlig verdrehter Sex, zum Beispiel an unmöglichen Orten (auf dem Hochspannungsmast? im Kühlhaus? im Orchestergraben?) in fantasievoller Aufmachung oder Verkleidung; einfach alles, was abseits der Routine und angeblicher Normalität ist.

* *Mamma-Koitus* – Tittenfick (hu – wer's dafür hat, hat's gut), auch *Spanisch* genannt.

* *Necking* – kommt noch vor Petting und schließt das Berühren der Geschlechtsorgane aus.

* *Rimming* – Popolecken, um genau zu sein (schelmisch grins): den Anus. Gegenseitiges Lecken in dieser Art nennt sich ganz romantisch: *Rosenblatt*. Ist doch süß, oder?

* *Russisch* – Anale Stimulation und Massage mit einem in Öl getauchten Finger.

* *Schlittenfahrt* – Er oben, sie unten. Er hebt ihr Becken und platziert den Po auf seinen Schenkeln, dringt in sie ein, und ab geht's.

* *Schwedisch* – Dabei wird der Penis beim Eindringen unten am Schaft so fest gehalten, dass die Vorhaut zurückgezogen wird und die Eichel freiliegt. So soll es möglichst schnell gehen. Na ja, immer noch besser als von hundert rückwärts zählen, nicht?

* *Tossing* – Überraschender Sex mit Fremden (Zug, Flugzeug und so weiter).
* *Weißes Studio* – Doktorspiel für Erwachsene: Sie als Krankenschwester verkleidet, untersucht ihn ausführlichst. Im *schwarzen Studio* dagegen werden SM-Praktiken ausgeübt. Bloß nicht farbenblind sein …

38. Hat eigentlich irgendwer wirklich was vom Analverkehr?
Also, einem Kerl am After herumzupoussieren bedeutete in der Antike, seine kreativen und künstlerischen Fähigkeiten zu steigern. Ansonsten kann es tatsächlich Spaß machen, auch ihr, wenn sie mal das ganze Machobrimborium und die angebliche Demütigung beiseite lässt. Dass jahrelanger Analverkehr zu einer Beeinträchtigung des Schließmuskels und Stuhlinkontinenz führt, ist je nach Arzt widerlegt oder auch bestätigt. Man ist sich nicht einig darüber, und für Feldversuche habe ich noch niemanden gefunden.
Wie, ist Ihnen peinlich, das zu lesen? Was musste man auch danach fragen!

39. Was sind K-Punkte?
Ach, so ein Franzose namens Kivin hat die Dinger an den Schamlippen entdeckt, so knapp unterhalb und jeweils links und rechts von der Klitoris. Zusätzlich weist er noch auf den C-Punkt hin; »C« von »controlling«, und das Teil soll sich zwischen Vagina und Anus, also etwa in der Mitte des Damms aufhalten. So, und wenn man(n) die Pünktchen sucht und findet (nicht mit dem Anton, mit den Fingern), dann soll was passieren, was Großartiges, weltumspannend Schönes, und alles in acht Minuten. Heißt es. Freiwillige vor?

40. Wie lautet die Parole?
Im Zweifelsfall: »Ich liebe dich, brauche und begehre dich

wie die Luft zum Atmen, vermisse dich, dass es schmerzt, wenn du gehst, und will dich mehr als alles andere in meinem Leben.«

Ansonsten auch: »Parksünder«, »Nein, danke, aber morgen ist wieder Weihnachten«, oder auch: »Ich habe immer Streichhölzer bei mir.« Kommt nur darauf an, wo Sie reinwollen.

41. Was tun gegen dünne Wände in Mietshäusern?

Das möchte ich wirklich mal zu gern wissen, denn nebenan scheint er gerade nach Hause gekommen zu sein, pfeifend. Und während sie den ganzen Tag nur dann und wann mal durch ein Husten (die Arme, quält sich schon seit einer Woche; und zwischendurch schrie ein Kind, seit wann haben die denn eins?) auffällig geworden war, geht jetzt die Post ab. Hin- und Herschickern auf hohen Hacken, wahrscheinlich Stiefel, ein paar laute Worte, rums, fällt die Tür zu, sie geht die Treppen runter, er ist allein. Wird gleich wieder schlechte Achtzigerjahremusik laufen? Arrg, ich frage mich echt, wenn ich sie sogar husten höre, wenn ich hier sitze und mich abplage, was hört sie dann erst von mir und meinen … ähm, Bekanntschaften? Das, also mein Bett müsste, rein grundrissmäßig, hinter deren Garderobe und gegenüber von der Küchentür stehen. Und lauter als Husten sind wir allemal … hm. Zum Glück stört mich noch nicht das Kratzen des Füllers auf dem Papier, aber je mehr ich mir überlege, was die Leute so hören und was ich dagegen gar nicht aus ihrem Schlafzimmer höre … ist wohl gleich, schätze ich. Und falls es Sie stört, dass die Nachbarn mehr von Ihnen zu hören bekommen als umgekehrt – pff, und? Bisschen Neid ist immer gut, denn Neider machen eines nur besser.

42. Soll das Foto von ihm/ihr ins Portemonnaie, oder darf ich das von Bruce Willis/Winona Ryder drinbehalten?

Ach, viel romantischer als dauernd beim Zahlen ins verknitterte Passbildgesicht des Liebsten zu blicken, ist doch, ein schönes Schwarzweißporträt auf dem Nachttisch oder, hihi, als fiesen Anspruch auf einen Liebesbeweis, auf dem Tisch im Büro. Für manche harten Kerle, die erst weich werden, wenn ihr Lieblingsverein verliert, fast so eine Qual wie »Ich liebe dich« zu sagen am Telefon, und jeder im Büro kann's hören. Seltsam eigentlich, dass viele befürchten, so ein Geständnis könnte sie vor anderen als weich, lasch und unterdrückt oder sonst was outen. Ich versteht's nicht – Zipfelspiele in der Öffentlichkeit, ja, Zärtlichkeit, nein? Sehr merkwürdig.

43. Welche Dinge sollte eine Frau niemals tun, will sie ihre Würde wahren?

(a) Einer Triole – egal, ob mit zwei Kerls oder zusätzlicher Dame im Dreierpack – zustimmen, ohne davon überzeugt zu sein, dass hinterher alles wie immer – nämlich wunderbar – sein wird.

(b) Ihm sagen, wie bezaubernd er aussieht, wenn er völlig betrunken mit anderen Frauen rummacht.

(c) Einem Gespräch von Frau zu Frau mit seiner Exfreundin zustimmen.

(d) Mit seinen Freunden, die sie nicht leiden kann, Silvester oder Weihnachten verbringen.

(e) Aus Mitleid Ja sagen, wenn sie Nein meint.

(f) Auf seltsame SMS antworten, die partout unverschämt sind.

(g) Abnehmen wollen, weil er einen saudämlichen Spruch über ihre Hüfte gebracht hat.

(h) Aufhören, die Lieblingsserie zu gucken, nur weil es seine Ex auch gemacht hat und er heute darüber lästert.

(i) Für ihn extra zur Tanke laufen, wenn er keine Zigaretten mehr hat oder das Bier alle ist – sorry, wie oft sträuben sich denn die Kerle? Man muss erst schwanger werden, damit sie einem jeden Wunsch erfüllen, und nicht mal dann holen sie ohne zu maulen Chickennuggets oder Häagen-Dasz-Eis.

(j) Auf die Frage »Wie war ich« überhaupt auch nur grunzen.

44. Und Männer? Wobei setzen sie ihren Stolz aufs Spiel? Wenn sie …

(a) … aufhören, zum Sport zu gehen, weil sie sich sonst so allein fühlt.

(b) … so tun, als ob sie sich für die Lieblingsserie interessieren.

(c) … versuchen, auf eine Freundin der Freundin einzugehen, obwohl sie sie nicht ausstehen können.

(d) … Stullen schmieren, wenn sie ihrem Ex beim Einzug hilft.

(e) … fragen: »War es gut für dich?«

(f) … anfangen, beim Sex den Bauch einzuziehen.

45. Wie nennt man Menschen im Bett, die so unsäglich stöhnbare Namen haben wie Dagmar, Rüdiger, Rike, Eberhard oder Gwyneth?

Im Zweifel einfach Schätzchen. Ansonsten ist es natürlich nicht gerade nett, an dieser Stelle über unstöhnbare, nicht keuchfähige oder über andere nicht wirklich lustvoll ausgestoßene Vornamen zu reden, weil die wenigsten was für ihren edlen, wenn auch bedeutungsbehafteten Namen können. Es gibt nicht viel Erfüllenderes, als seinen Namen zu hören, wenn der andere in die Umlaufbahn eines Orgasmus geschossen wird. Und »Oh, Baby« ist in etwa so persönlich wie ein Strafzettel. Tja, also muss man sich Kosenamen einfallen lassen, die den Spagat zwischen Individualität und Aussprache schaffen, und die vom Stapel lassen, bevor es zur Sache geht. Für Dagmar »Mara«, für Rüdiger »Gerry«, für Rike »Ricky«, für Eberhard »Thomas«, und mit Gwyneth geht in nächster Zeit sowieso keiner ins Bett.

46. Mal angenommen, ich blättere zufällig in Anzeigenblättern und lande bei den eindeutigen Angeboten. Was bedeuten denn da so ganz merkwürdige Abkürzungen wie …

 * *a2m* – Anal to mouth. Muss ich jetzt ne Zeichnung machen? Also, etwas, was gerade im After war, kommt direkt in den Mund. Ich frage mich, wer das wissen wollte …
 * *a/p* – Je nachdem, welcher Buchstabe groß gedruckt ist, bedeutet es Aktiv oder Passiv. Also der- oder diejenige macht oder lässt an sich machen.
 * *B* – Black, Schwarz. (Für Anhänger der zwischenmenschlichen Farbenlehre …)
 * *BBB* – Bart, Bauch, Brille (damit man weiß, was auf einen zukommt …).
 * *BBW* – Big beautiful woman (eine Tussi mit Rubenskurven).
 * *BV* – Brustverkehr (rechts hat Vorfahrt).
 * *BW* – Brustwarzenspiele (können sich manche stundenlang mit aufhalten).
 * *CBT* – Cock & Balls-Torture – Schwanz-und-Hoden-Folter.
 * *DD* – Dildo (also keine Doppel-D-Körbchen).
 * *DWT* – Damenwäscheträger (nach der Größe fragen).
 * *FF* – Faustfick, selten Fußfetischist (meine Güte, wie soll das denn gehen?).
 * *FS* – Facesitting; sie sitzt auf seinem Gesicht (nur aufpassen mit der Luftzufuhr).
 * *GS* – Gruppensex (dabei muss kein Partnertausch stattfinden, wurde mir erklärt. Als ob das beruhigt).
 * *»O«* – unterwürfige Frau (zu viel de Sade gelesen).
 * *PT* – Partnertausch (und das soll gut für die Psyche sein?!).

* *SS* – Sperma schlucken (schon wieder Familienvernich-
tung).
* *TT* – Tits-Trimming, also Brustwarzenkneifen und Ähnli-
ches (hat nichts mit Muskelübungen zu tun).
* *WS* – Watersports, Urinspielchen (Achtung bei Spargel-
essern).

47. Gibt es je nach Sternzeichen irgendwas, worauf man beim
    Anfassen achten soll?
    Ich habe intensiv nachgeforscht und tatsächlich eine Quelle
    gefunden, die behauptet, dass jedem Sternzeichen auch
    eine eigene, hochsensible und erogene Zone zu Eigen ist.
    Hier die Ergebnisse (nicht getestet, nicht bestätigt):

Widder	Kopf
Stier	Hals/Nacken
Zwillinge	Schultern
Krebs	Brüste/Magen
Löwe	Rücken
Jungfrau	Magen
Waage	Nieren
Skorpion	Geschlechtsorgane
Schütze	Hüfte/Schenkel
Steinbock	Haut, Zähne
Wassermann	Knöchel
Fische	Füße

48. Bietet das Internet irgendwelche neuartigen Sachen rund
    um die schönste Sache der Welt?
    Um ehrlich zu sein, nein. Da gibt's viel Fleisch zu sehen, wer
    wem was wie reinsteckt und was es auf sich hat mit Cum
    Spots (Sperma im Gesicht der Dame), Bondage (Fesselspiel-
    chen), Teen Spreads (Pseudoteenager machen ihre Beine
    breit) und Lezzies (lesbische Ladys im versunkenen Spiel zu
    zweit oder gruppenmäßig). Aber es deprimiert ungemein,

dieser stetige Austausch von Körperflüssigkeiten und Hardcorestuff. Viel Technik, viele Fremdwörterlexika in Sachen sexuelle Vorlieben bis Perversionen, noch mehr Nahaufnahmen von Geschlechtsteilen – aber wenig bis kein Gefühl, und falls man mal wissen will, wie man es am besten vermeidet, darauf zu warten, bis ER oder SIE endlich anrufen, bleiben einem nur die Chatrooms zum Austausch mit anderen Leidensgenossen. Wer Erregung sucht, wird sie finden; wer aber im Netz nach einem roten Faden durch sein eigenes Gefühlschaos fahndet, wird enttäuscht sein.

49. Wieso gucken Frauen ständig irgendwelche TV-Serien und halten sich dafür ganze Nachmittage oder Abende frei?
Wieso wohl? Weil das das wahre Leben ist! Und überhaupt, was ist das für eine bescheuerte Frage? Männer glotzen doch auch ständig Fußball oder Götz Alsmann oder Harald Schmidt oder Stefan Raab – und wo ist da bitte schön das Leben? Gefühl? Schicksal? Freundschaft, Intrigen, Familie, Karriere, Identifikation, na?

Ich bin bekennende *McBealistin* (Vox, dienstags, 22 Uhr 05), während mich Leute, die *90210* (samstags irgendwann, oft Wiederholungen, was keinem auffällt, weil die Leute eh immer gleich doof aussehen) gucken, aufs Merkwürdigste irritieren. Mit meiner Tante teile ich die Vorliebe für die *Nanny,* obwohl wir uns beide niemals auch nur eine Folge der *Lindenstraße* angeschaut haben. Auch für den *Prinz von BelAir* zeige ich eine Schwäche, aber Will Smith ist auch wirklich zu köstlich. *Hör mal, wer da hämmert* müsste inzwischen Kultstatus haben, während *Full House* ja grottenlangweilig ist.

So viel zur Objektivität von Serienguckern, die tatsächlich auffallend oft Ritzenpinkler sind, haha, lustig, dieses Wort, saublöder Kerl! – also, am häufigsten Frauen sind.

Dabei ist unsre Ally nur eine Zeiterscheinung: Bereits

Mitte der Neunziger wollte man sie lancieren, und keine Sau hat verstanden, was diese durchgeknallte Magersüchtige eigentlich will. Weder der Humor noch die Storyline schien in den Hirnen der Deutschen anzudocken – und heute ist es ein Straßenfeger, der selbst zu Silvester 2000/01 für laue Partys sorgte, weil die große Allynacht im Fernseh lief, die den Jahreswechsel amüsanter machen sollte. Und gemacht hat, Wahnsinn, wir schafften es gerade noch kurz vor zwölf auf die Hasch- und Haremsfete …

Jede Gesellschaft verdient nun mal ihre Serien – und wenn wir uns heute von *Big Brother* bis *South Park* alles in die Birne donnern, was so reinpasst, und Stunden unseres viel zu kurzen Lebens für fremder Leute TV-Auftritte opfern – dann haben wir es wohl nicht anders verdient.

Ich könnte hier Myriaden von Seiten opfern, um über die Wichtigkeit von TV-Serien und ihre Besonderheiten zu schwadronieren, und mich darin ergehen, welcher Typ Mensch welche Serie guckt und ob man daraus auf die sexuelle Gewohnheiten schließen kann (*Unter uns* = macht das Licht aus, *Marienhof* = nur Petting, *GSZS* = reinstecken, fertig, *Melrose Place* = schielt nach dem besten Freund, *90210* = völlig normalo, *Ally McBeal* = oberhammerwahnsinnsmäßig, *Lindenstraße* = schwul, *Reich und Schön* = analfixiert, *Akte X* = dominant, *Der Bulle von Tölz* = strapsgeil, *Großstadtrevier* = romantisch, *Doppelter Einsatz* = quickieerfahren …).

Aber um die Eingangsfrage zu beantworten: Das Zeug kann süchtig machen. Wie gute Schokolade, wie guter Sex, wie alles, was den Ernst ersetzt. Und nur weil Frauen sich dabei eventuell auch noch zusammenrotten und sich mit Bergen von Eiskrem und Zigaretten eindecken, um auch noch am nächsten Tag darüber zu reden, welche Figur nun wieder was gemacht hat – ach, das ist ein bisschen wie läs-

tern über gemeinsame Bekannte, ein bisschen Familien-
ersatz, ein bisschen das Gefühl, etwas gemeinsam durchlebt
und durchlitten zu haben. Auch wenn's nur ein Film ist,
Fußball ist ja auch nur Sport, oder?

50. Sind Sportler die besseren Liebhaber?
Im Prinzip jein. Es kommt darauf an, was Sie wollen: Body-
builder haben nun mal einen kleinen Schwanz und durch
Anabolika auf Winzmaß geschrumpfte Eier, und auf Muskel-
pakete stehen gerade mal fünf Prozent aller deutschen
Frauen. Kondition ist keine Frage des Lauftrainings – aber
die Libido könnte eindeutig höher sein (Ausnahme: Leis-
tungssportler. Die sind entweder so high von ihren Endo-
morphinen und Adrenalinen, dass nichts besser auf sie
wirkt als Sport – oder sie sind so ausgepowert, dass sie nur
noch schlafen wollen), besonders direkt nach dem regelmäßigen Training. Schön Schuld hat dabei der höhere Testos-
teronspiegel im Blut, der ja aus Ochsen schon Stiere gemacht hat.
Das ist doch auch was! Ansonsten, wie gehabt: Wer ständig dasselbe macht, wird niemals ein guter Liebhaber. Egal,
wie lang er auf einem rumjuckelt.

51. Kann sich Essen auf den Genitalgeschmack auswirken?
Definitiv ja. Dabei sind Extremesser – also Viel-Fleischesser
(ab dreimal die Woche) oder Vegetarier – diejenigen, bei denen sich »schlechter« Geschmack am ehesten niederlässt;
bei Frauen leider mehr als bei Männern, da die Schleimhäute vermehrt auf Stoffwechselaktivitäten reagieren und
dementsprechend gewisse Duftnoten absondern – zudem
transportiert Urin auch eine Menge Riechinformationen, die
sich trotz Wischen und Waschen übern Tag ablagern können. Keine Sorge – nach dem Pizzaabend schmeckt das
Döschen nicht gleich wie ein Basilikumwald oder ein Orega-

nofass. Bis auf Spargel schlägt nichts sofort durch – es kommt auf die regelmäßigen Gewohnheiten an, die erst den spezifischen Geschmack des geheimen Gartens oder des Palmenwedlers ausmachen. Menschen, die wenig (Wasser) trinken, schmecken beispielsweise säuerlicher – besonders exzessive Kaffeetrinker sollten für Ausgleich sorgen; Fleischesser wirken beim Probieren muffiger, Mega-Milch-trinker kommen auf eine Bitternote, und Obstverächter sind auch nicht gerade die Leckerli-Highlights, ähnlich wie Fast-Food-Fans, denen eine gewisse Frische abgeht. Mal abgese-hen davon, dass abwechslungsreiche Ernährung und viel Flüssigkeit auch sonst dem Körper gut tut – Oralverkehr wird dann noch netter.

52. Sagt der Tanzstil etwas aus über die Qualitäten als Lover?
Antirhythmisch, unbeweglich, taktlos, albern, einfallslos – wer so tanzt, begreift eventuell auch nicht die Erotik des sexuellen Bewegungsapparats. Umgekehrt wird allerdings auch kein Schuh draus: Sensationelle Tänzer sind nicht un-bedingt Überflieger, auch wenn sie komplizierte Schrittfol-gen mit rassiger Geschmeidigkeit paaren. Wer sich leiden-schaftslos bewegt – ob Amateur oder Profi – bringt's im Bett wahrscheinlich auch nicht heftiger. Aber anstatt auf den Tanzstil zu achten, sollten Sie lieber mit dem Menschen es-sen gehen: Zumindest bei Männern ist schnelles Essen ein Indiz für schnellen Sex. Schade, ist so, Feldversuche bestä-tigten das leider zu oft.

53. Haben Akademiker besseren Sex?
Haben Hunde fünf Beine? Zwar geben Hochschulabsolven-ten an, sie seien im Großen und Ganzen zufrieden mit ihrem Sexleben; und macht man mal die Bildung für eine gewisse Einfallsfreudigkeit beim Paarturnen verantwortlich, dann könnte das schon sein. Wer nicht doof ist, hat mehr Spaß,

stimmt. Aber Doofheit hat nichts mit dem Bildungsabschluss zu tun, leider. Sondern viel mit menschlicher Intelligenz, die sich nicht mit ein paar Scheinen erwerben oder gar bestätigen ließe. Zudem sind höchst vergeistigte Menschen auch noch wenig körperbetont und haben mit Triebhaftigkeit wenig am Hut. Sie finden weniger Befriedigung in dem, was sie nachts zwischen den Laken treiben könnten; es ist nicht das, was sie bewegt oder voranbringt. Die Chance, einen hemmungslosen Doktor der Philosophie zu finden, ist weniger hoch als einen umtriebigen Linguistikmagistrat.

Ach, was rede ich denn da. Akademiker geben eh nicht zu, wenn sie schlechten Sex haben oder wenn andere Sachen wichtiger sind – oder was ihnen zum Thema Lippischer Rundschlag einfällt, auch wenn's dabei nur ums Essen mit zwei Löffeln geht; einer Angewohnheit, die Akademikern mehr auf den Sender geht als zeitweilige Impotenz bei ihren Versuchstieren. Doktoren sollen außerdem wahre Sexmonster sein, während Ingenieure eher die Turnbeutelvergesserfraktion repräsentieren. Nur eins haben sie gemeinsam: Sie stehen sich mit Vorliebe selbst im Weg.

54. Womit machen sich Menschen ganz schnell unbeliebt?
Mehr reden als zuhören, schnorren, »Wie war ich?« fragen, obwohl sie nur dagelegen haben und sich einen blasen ließen, oder einfach nur unherzlich sein. Wie Stefan und Tina, die ich an dieser Stelle gern erwähnen möchte, diese Langweiler, die sich gegenseitig betrogen haben und aus purer Routine miteinander leben. Na ja, schade, eigentlich.

Ansonsten sind die Besserwisser anstrengend, die ichbezogenen Dazwischenquassler, die Dauerzwinkerer und solche, die meinen, Frauen wollten immer hart angefasst werden oder »dass dir drei Kilo weniger auch gut stehen würden«. Raus!

Ansonsten sind auch jene sehr merkwürdig, die beleuchtbare Vitrinenschränke besitzen und Neo-Achtzigerjahrebilder in Form von dem Paar im Sonnenuntergang unter der Dattelpalme oder dem blonden Mädchen, dessen Haare in eine Pferdemähne übergehen. Auch Satzabhacker und Im-Bett-Rumkommandierer können sich mal die Rücklichter von hinten anschauen, genauso wie Ralleystreifenselbstlackierer und Frauen-penetrant-Mausi-Nenner. Sonst noch was? Grad nicht, sonst wird das hier noch ein eigenes Kapitel.

55. Wieso stellt eine kluge Frau keine Fragen?
Tja. Untreue Männer rühmen sich oft einer »klugen« Ehefrau zu Hause, die sich eher die Fingerkuppe abkauen würde, als zu fragen, wo er letzte Nacht war oder warum er im Büro wieder länger bleiben musste. Ich kann nur hoffen, dass niemand eines Tages stolz darauf ist, eine derart »kluge Frau« zu sein, die auch bei offensichtlicher Untreue das Maul hält. Eine »kluge« Frau stellt keine Fragen, weil sie keinen Bock auf unangenehme Antworten hat, keine Lust auf Lügen, keinen Schmacken, verletzt zu werden. Sie schützt sich mit ihrer Fraglosigkeit; allerdings fragt sich, ob sie damit wirklich vor Leid verschont bleibt. Ich denke nicht. Aber manchmal macht nicht Fragen klug, sondern die Antworten. Ein kluger Mann gibt die richtigen.

56. Soll man mit seinem Lebensgefährten auch geschäftlich zusammenarbeiten oder lieber nicht?
Schwierig. Entweder heißt es dann: Der kriegt die Jobs nur, weil seine Frau sie ihm zuschustert (gell, Jan und Felicitas?). Oder: Er arbeitet, und sie liegt auf der faulen Haut. Oder: Sie gibt den Ton an, er räumt ihr hinterher. Aber egal, was andere sagen: Sie müssen sich selbst entscheiden, ob Sie eine finanzielle Basis auf die unsicheren Füße der Liebe

stellen wollen. Ob Sie Geld mit jemandem teilen wollen, mit dem Sie sich eher streiten werden als mit Geschäftskollegen, die Ihnen nicht so viel bedeuten, bei denen es nicht drauf ankommt, ob Sie mal unterschiedlicher Meinung sind.

Sie müssen wissen, ob Sie Privatleben und Arbeitsalltag mischen wollen oder in der Lage sind, zu trennen. Sie müssen darauf gefasst sein, vierundzwanzig Stunden täglich jemanden um sich zu haben (es sei denn, Sie haben zwei Restaurants, in denen jeder für sich arbeitet) und dass Sie beide durch dick und dünn gehen, ohne Auszeit, ohne Rückzug – denn der würde auch das Aus des Geldhahns bedeuten. Mitgefangen, mitgehangen – Sie machen sich voneinander abhängig. Das kann zusammenschweißen oder auseinander treiben. Sehen Sie zu, dass Sie nicht gleich die gesamte Kohle reinstecken oder dass nur einer verdient – denn am Geld wird es scheitern, wenn etwas schief geht, das ist trauriges Gesetz.

Wenn's nicht anders geht: Sehen Sie zu, dass Sie nicht dasselbe machen und zu Konkurrenten werden. Also nicht Schreiber und Schreiberin oder Koch und Köchin. Suchen Sie die Ergänzung, nicht den Kampf der Rivalen. Dann fällt es auch leichter, einem die Führung zu überlassen – denn das muss sein, alles kann auch nicht ausdiskutiert werden. Wir sind hier schließlich beim Arbeiten und nicht in einer Kommune. Übertriebene Rücksicht ist dann Humbug – oder wollen Sie alle im Team anscheißen, nur Ihren Lebenspartner nicht, obwohl der mit am Schlamassel beteiligt war? Das ist unprofessionell. Leider wird Kritik dann noch schwieriger – wer will schon von jemandem angemotzt werden, mit dem man schläft und lebt?

Wie man's dreht und wendet, und da bin ich ehrlich: Lassen Sie es sein. Ziehen Sie nicht aus Liebe jemanden mit in Ihr Boot – das Gleichgewicht ist schwerer zu halten, als wenn jeder für sich dahinpaddelt.

57. Welche Tageszeit ist die schönste, um miteinander zu schlafen?

Zwischen 17 und 19 Uhr.

Ach so, Sie wollen eine Begründung? Natürlich hängt es von der persönlichen Befindlichkeit ab sowie vom Tagesablauf, der oft etwas völlig anderes vorsieht als freie Zeit im Bett. Aber auch vom Biorhythmus, der zu jeder Stunde des Tages anders ist, körperliche Schmerzen wie auch körperliche Freude stärker oder schwächer empfinden lässt, müde oder motiviert macht, konzentriert oder fahrig. So, und alle Komponenten zeigen bei vielen Menschen auf diese Uhrzeit.

Liebe am Spätnachmittag ist wahrlich eine Erfahrung wert – Sie werden sich völlig anders fühlen als im Schoß der Nacht oder im Grauen des Morgens.

58. Wie kriege ich jemanden dazu, sofort hemmungsloser zu sein?

Geld? Heiratsantrag? Allohol? Nee, sofortige Wirkung zeigt nur eins:

Licht aus.

Na, damit hat wohl kaum einer gerechnet ... zurück zur Schamhaftigkeit. Auch mal nett.

Wie, Sie wollen: hemmungslos sofort?! Küssen jetzt?! Analverkehr total??!! Mit Punkt-für-Punkt-Strategie auch noch? Also, heute muss ich mein Geld wirklich schwer verdienen.

Natürlich gibt es diverse unglaublich intellektuelle (Ironie) Anleitungen, wie Mann jede schüchterne Novizin in ein »heißes Sex-Luder« verwandelt. Da ist die Rede von »heißen Fantasien, die man sich gegenseitig beichtet«, »Kerzenmeer und Ölmassagen«, mal die Bude aufräumen, Zeit lassen und gekonnt verführen. Ist ja alles sehr lobenswert – wenn man bedenkt, dass Männer sich sowieso erst mal im Klaren sein müssten, dass Rein-Raus auf die Dauer langweilig ist. Aber gehen wir mal davon aus, dass in jedem Mann ein Stolz steckt, der ihn animiert, sich anzustrengen.

Aber gewisse Frauen (und/oder Kerls) haben nun mal ihre Prinzipien, die aus der Erziehung, schlechten Erfahrungen oder gesellschaftlichen Moralvorstellungen entspringen. Die sind nicht mal eben mit 'ner Duftkerze oder 'nem öligen Finger im Po zu beseitigen. Und, sorry, auch in unserer Sofortgesellschaft (Bauch weg in vier Tagen, fünf Pfund in drei Tagen, neues Styling in zehn Minuten, in drei Minuten Aktienmillionär) ist Geduld und Ausdauer gefragt. Deswegen beginnen Sie erst mal mit Licht aus, und der Rest wird sich mit der Zeit ergeben müssen.

59. Welche Sorte Eis macht sich gut als Spieleis?
Jede, die keine superdunklen Flecken auf dem Laken macht, nicht gleich wegglitscht und außerdem leicht zu handeln ist. Ausgeschlossen sind also Billigeis, Schokoladensorten, Brombeere und andere Beeren sowie solches Eis, das man erst mal mit Frostschutzmittel bearbeiten muss, um es aus der verdammten Packung zu wurschteln.

60. Muss man sich in der Öffentlichkeit immer zwingend als Paar zu erkennen geben – Händchen haltend, umklammern beim Gehen, abschlecken und so weiter?
Nö. Wenn Sie es tun möchten, machen Sie es. Wenn einer es nicht tun möchte, der andere aber auf diese subtile Art der Ablehnung empfindlich reagiert, sollte man darüber reden, wo das Problem liegt – denkt der Verweigerer nicht daran, dass es dem Kuschligeren wehtun könnte? Oder geniert er sich? Oder will er gar Unabhängigkeit demonstrieren? Das wird ja den meisten (und meist männlichen) Nichtanfassern vorgeworfen, dass sie insgeheim auf andere schielen und sich als »noch zu haben, zumindest zum Flirten« darstellen wollen. Aber das ist in den seltensten Fällen so; meist re-

giert die Furcht vor den Kommentaren der Umwelt, ähnlich wie bei Liebesbeweisen am Telefon – also als zu weich, zu beeinflussbar, zu abhängig von der Gunst der Frau angesehen zu werden. Das ist das Übel dieser Zeit: Sich zu Hardcorepornos zu bekennen ist okay, aber öffentlich seine Partnerin liebevoll zu küssen nicht. Völlige Idiotie. Wenn das nicht krank macht und verunsichert, was dann?

Aber es kann ja auch völlig entspannt sein: Wenn beide verwundert feststellen, dass sie nicht ständig aneinander kletten müssen, ist das völlig in Ordnung. Das hat nichts mit Lieblosigkeit, Peinlichkeit oder Gleichgültigkeit zu tun, sondern ganz im Gegenteil mit Sicherheit und wohliger Vertrautheit. Da genügen schon Blicke oder die Geste des Feuergebens oder die Art und Weise, miteinander und mit anderen zu kommunizieren, um alle Zweifel zu zerstreuen, nicht zueinander zu gehören.

Das Gefühl der Zugehörigkeit ist nicht zu unterschätzen – Nichtanfasser sollten bei ihrem Kuschelwuschel zumindest für Ausgleich sorgen, sei es mit Kleinigkeiten wie Türen aufhalten, am Bürgersteig zur Straßenseite gehen, in den Mantel helfen oder mit größeren Signalen, die wir alle brauchen, wie mal über die Wange streichen, Herzen auf Servietten malen oder, ach ja, das geflüsterte »Ich liebe dich« bei festem In-die-Augen-Blicken.

61. Wie mache ich ein kleines Vermögen?
Indem Sie ein größeres aufs Spiel setzen.

62. Soll ich einen Seitensprung beichten?
Das hatten wir doch schon. Die Antwort bleibt dieselbe: Nein. Aber drüber nachdenken, wie weit es mit Ihrer Liebe gekommen ist, das sollen Sie, Teufel noch mal!

63. Was sollte eine Frau tun, um einen Kerl dazu zu bringen, ihr einen Antrag zu machen?

Puh, also die meisten habe Ich am Esstisch gehört, bei Bauernfrühstück oder Salat mit Austernpilzen – aber ob das was zu bedeuten hat?

Ich habe mir ernsthaft den Kopf zerbrochen, mir sämtliche Situationen von Anträgen im Freundes- und Bekanntenkreis angehört und kann nur auf folgende Zusammentreffen folgender Faktoren hinweisen:

1. Schluss machen – beide Frauen haben wenig später einen Antrag zu hören bekommen.
2. An drei aufeinander folgenden Abenden etwas unglaublich Leckeres kochen, wie selbstverständlich abwaschen und danach lecker Sex haben. Jeweils am dritten Abend hieß es: Dafür kriegst du lebenslänglich.
3. Sich ewig lang nicht sehen (hübsch ist dabei eine Dienstreise), wieder kommen, bisschen fremd und scheu tun, dann übereinander herfallen wie noch nie.
4. Romantische Augenblicke abwarten: Feuerwerke, Heiratsfeiern anderer Leute, vor dem vorbeifahrenden Bus retten, Spaziergang im Apfelblütenfeld. Bei der Gelegenheit einfach mal selbst einen Antrag machen.
5. Romantische Augenblicke herbeiführen – mit ins Stadion gehen und grölen, lachen, weinen. Donnerstagnachmittag ins Bett entführen, verführen, wilde Dinge sagen und dann ein Bier mit den Zähnen öffnen.
6. Dinge tun, auf die er immer still gehofft hat, aber insgeheim bereits abgehakt hatte. Auf die Frage: »Wie kann Ich dir das nur vergelten?« (od. Ähnl.) antworten: »Wolltest du meinem Vater nicht eine ganz bestimmte Frage stellen?«
7. Sich in Liebe schwängern lassen.
8. Behaupten, dass Ihr Nachname besser zu seinem Vornamen passen würde als umgekehrt. Diskussionen über Tradition

und Emanzipation vom Zaun brechen. Liebevoll nachgeben und seinen Namen annehmen.

9. Nach Las Vegas in eine kitschige Kapelle schleppen und ein Elvisdouble als Pastor kaufen. Vorher viel trinken (Sie: Wasser. Er: bunte Cocktails mit Vodka). Nicht vergessen: mit einem Ferrari hinfahren und ihn dabei auf die Strumpfbänder schielen lassen. Hu!

10. Nebenbei gesagt: Heiraten oder Geheiratetwerden ist nicht alles. Bleiben Sie Sie selbst, sonst verbiegen Sie sich und werden nach dem Reiswerfen zum Hausdrachen. Also: Behaupten Sie vom Erzfeind Ihres Freundes, er habe Ihnen einen Antrag gemacht, aus lauter Gemeinheit, weil Sie noch frei seien und er es Ihrem Freund nicht gönnen würde undsoweiterpipapo. Bei manchen funktioniert's – aber wie lang hält es?

11. Behaupten, Sie würden nur noch zwei Monate leben. (Na ja, er wird's schon mitkriegen, dass Sie ihn gelinkt haben. Oder Sie finden jemanden, der so aussieht wie ein Doktor und der behauptet, die Heirat hätte Ihnen das Leben gerettet.)

12. Sie versprechen ihm eine Aufenthaltsgenehmigung mit dem Ja-Wort.

Ernst zu nehmen? Nun, nur für jemanden, der auch glaubt, man könne das Glück zwingen …

64. Werden Menschen, die früher mal eine wahnsinnig umtriebige Zeit hatten und alles vögelten, worauf sie Appetit hatten, mit der Zeit ruhiger?

Jein. Wenn sie von der Psyche her so viel drauf haben, sich, ihre Lust und ihre Gefühlswelt zu analysieren und auszubalancieren – dann wird ein Mittdreißiger, der Mitte zwanzig rumgefickt hat wie ein Irrer, jetzt durchaus die Treue halten können. Wäre ja noch schöner, wenn man jedem aus seiner Vergangenheit einen Strick drehen könnte. Zudem hat es den Vorteil, dass der- oder diejenige absolut weiß, auf was sie künftig verzichten kann, und nicht irgendwann das Bedürfnis übermächtig wird, was angeblich Verpasstes nachzuholen.

Andererseits gibt es Menschen mit einer gewissen Beziehungs- und Entwicklungsstruktur, die sich nach einer bestimmten Zeit nach etwas Neuem umschauen – es ist dann einfach Zeit. Das können acht Monate sein, aber häufiger sind es drei Jahre.

Grundsätzlich: Zuversichtlich sein und dem anderen nicht ständig seine Erfahrungen aufs Brot schmieren oder allein wegen der Vergangenheit generell misstrauisch sein. Wir hatten alle ein Vorleben, und es hat aus uns gemacht, was wir heute sind. Mit allen Bekenntnissen zum Ja oder Nein.

65. Kann nicht mal jemand ein paar frauenfreundlichere Sachen erfinden?

Au ja: Fehlen würden uns reißfeste, aber hauchzarte Strumpfhosen und Stockings, sanfteres und hautbildfreundlicheres Licht in Umkleidekabinen, Riemchensandaletten, die einem nicht den ganzen Fuß ruinieren oder fies zwischen die Zehen schneiden, Lippenstift, der zwar teuer sein darf, aber dann wenigstens nicht so nach Chemie riecht, Bodys mit Verschlüssen, die sich nicht ständig mit feinen Härchen zoffen, Bügel-BHs, die sich nicht gleich in Einzelteile auflösen und die Waschmaschine mit ihren Metallklammern zerlegen, Flugzeugsessel, die einem nicht die Venen abschnüren, Strings, die nicht beißen, Selbstbräuner, der nicht penetrant danach riecht, Jeans, die Oberschenkeln mehr Platz lassen, aber trotzdem gerade geschnitten sind, Stiefel, in die auch normalwadige hineinpassen, Intimwaschlotions, die nicht so heißen, angewärmte Instrumente beim Gynäkologen, Zigaretten, deren Geruch nicht an den

Fingern klebt. Des weiteren Heißwachs, das beim Abreißen nicht wehtut, Bodycreme, die wirklich gegen trockene Haut hilft, Haartönungen, die nicht so nach Friseur riechen, Männer, die nicht ewig mit einem Auge blinzeln, wenn was komisch sein soll. Ach, und vielleicht Strumpfhalter, die nicht einschneiden und in hautfreundlicheren Farben.

Wäre das alles machbar? Bald? Morgen? Jetzt?!!!

66. Warum geben Frauen nicht gleich eine Erklärung ab, warum sie sich trennen?

Weil sie meist schon vor einigen Monaten bemerkt haben, dass etwas nicht stimmt. Weil sie sich innerlich bereits verabschiedet haben, bevor sie es aussprechen – aber immer noch zu weich sind, einem Kerl ehrlich zu sagen, was er falsch gemacht hat oder mit welchen Eigenarten er sich unbeliebt gemacht hat (meist Sachen, für die er nichts kann – Schnarchen, allergisches Niesen, Fußball gucken). Anstatt zu sagen: »Ich liebe Dich nicht mehr, ich will keine Zukunft mit dir, ich begehre dich nicht und will wieder allein sein«, wird geschwiegen. Drumherum geredet. Abgelenkt, Szenen gemacht, Türen geknallt, Phrasen gedroschen: »Wir passen nicht zusammen, wir sollten uns lieber jetzt als später trennen, wir leben nebeneinander her.« Und er? Will dauernd drüber reden, erfahren, erklärt bekommen. Sagt man ihm dann was – wie: »Du hast dich nicht mehr um mich gekümmert« –, kommt garantiert: »Versteh ich nicht, stimmt doch gar nicht.« Es ist so was von klar, dass auf jede Erklärung dieses Zweiergespann an Unverständnis kommt, dass auf Erklärungen eigentlich erst mal verzichtet werden kann, bis der Schmerz ein bisschen nachlässt. Zwischendurch wird er auch fürchterlich nett: Macht Geschenke, Komplimente, versteht und verzeiht sich selbst keinen Fehler. Jede Erklärung wird mit »Du hast Recht« quittiert – und dieser Ja-Sager soll ein Mann sein? Und dann merkt er irgendwann, dass das Nettsein nicht hilft. Und wird wieder gemein, der Verlust macht ihn aggressiv und unleidlich. Wer hat da noch Lust auf Erklärungen? Sie werden nicht kommen, bis die Distanz wirklich geschaffen ist. Falls es ihm dann nicht schon egal geworden ist ...

67. Was ist der Sinn des Lebens?
47.
Ansonsten: zu leben.

68. Warum sollte man nicht mit guten Freunden schlafen?
Weil man dann keine guten Freunde mehr hat.
Okay, zu lapidar? Natürlich kann auch alles gut werden. Ohne die peinliche Schweigsamkeit am nächsten Morgen oder das empfindliche Wegschauen. Die große Frage, ob man nun verliebt ist oder nicht, woran es gelegen hat, dass plötzlich derjenige, an dem man alles zu kennen glaubte und mit dem man stundenlang über das andere Geschlecht herzog, plötzlich auch zum Lover mutiert ist, den man so gar nicht kennt! Es kann wirklich so enden, dass letztlich ein Liebespaar aus ehemaligen Kumpels wird – aber das ist die Ausnahme. Meist ist da nur noch Befangenheit, Unsicher- heit, mindestens einer leidet (meist sie, weil sich Frauen nach überraschendem Sex eher verlieben; weiß der Him- mel, warum, schlechtes Gewissen vielleicht, auch ohne Liebe Lust gehabt zu haben, oder Hormontango?!), und aus engen Freunden werden zufällige Bekannte. Es ist ein- fach zu schade, um es zu riskieren. Falls es doch passiert: Zeit heilt. Ein halbes Jahr, dann kann man sogar davon schwärmen, ohne dass bittere Pausen entstehen. Und wer weiß – manche Freundschaften sind so elementar auf Menschlichkeit gegründet, dass Sex nicht zum Problem wird – sondern nur eine weitere Gemeinsamkeit ist. Die man wohlweislich vor anderen verschweigt ...

69. Warum sollte man sich von einer Frau trennen, die Sex nur in den Werbepausen betreibt?

Eben, wieso eigentlich? Drei Minuten Werbeblock reichen doch für Vorspiel, Versenkung, verschnaufen ... Na ja, man könnte ihr einen Videorekorder schenken; aber grundsätzlich sollte es bedenklich sein, mit jemandem zu leben, der nach dem TV-Programm lebt und liebt! Oder finden Sie das völlig in Ordnung? Na, Ihr Liebesleben möchte ich nicht haben.

Rhetorische Sonderfrage ohne Nummernvergabe: Wieso ist es manchmal besser, es nicht zu tun?

Weil Vorfreude schöner ist. Weil Warten die Lust erhöht. Weil Dinge, die wir zu schnell kriegen, langweilig und unattraktiv sind. Weil die Beute gejagt werden will. Weil die Schwierigkeiten hinterher größer sind als der Spaß währenddessen. Weil sich schon einige Liebespaare über das Geländer gestürzt haben. Weil die Fantasie einen Kick bekommt. Weil es dann leichter ist, verliebt zu sein.

So, da haben wir doch die 69 geschafft, ohne uns Knie in den Mund oder Nasen in den Pohschi zu rammen. Bleibt nur zu hoffen, dass Sie sich besser amüsiert haben als beim letzten schlechten Sex. Damals, mit schwitzigen Händen planlos fummeln, der Akt selbst wie eine in den Flur geworfene Salami, weder kurz noch wenigstens schmerzlos, wie ein Probetraining im Fitnesscenter nach zehn Jahren Couchhockerei – also, hier gab's wenigstens was zu lächeln.

Und einige Fragen bleiben natürlich auch offen – aber ein bisschen Kopfarbeit vor dem Einschlafen hat noch nie geschadet. Also, ich hätte gern Folgendes gewusst:

1. Sind Kerle mit dem Temperament eines Streichwurstessers, der Attraktivität eines Sockenschläfers und mit dem Wesen eines Kartoffelbreimanschers noch sexy?
   - ☐ Ja
   - ☐ Nein
   - ☐ Weiß nicht
   - ☐ Schreikrampf

2. Was meint die größte deutsche überregionale Tageszeitung, wenn sie den Begriff »sexeln« benutzt? Fummeln? Reinstecken? Nur vor Publikum poussieren? Oder …
   - ☐ Petting
   - ☐ Ein Gerücht
   - ☐ Nichts

3. Woran erkennt man, ob jemand wirklich an einem interessiert ist?
   - ☐ Er schläft nicht gleich danach ein
   - ☐ Er verabredet sich noch mal
   - ☐ Er redet übers Kinderkriegen
   - ☐ Weiß nicht

4. Warum wird mir von diesen Schokokugeln, die ich hier gerade liegen habe, schlecht?
   - ☐ Zu süß
   - ☐ Zu viel
   - ☐ Die sollen in den Mund

5. Was machen Kerle falsch, wenn sie einer Frau zwischen die Beine fassen?
   - ☐ Zu fest
   - ☐ Alles
   - ☐ Zu einseitig
   - ☐ So was machen die???!!

6. Welches sind die typischen drei Eigenschaften, die ein so genannter Traummann laut Umfragen angeblich haben muss?

☐ Treu, ehrlich, witzig

☐ Humorvoll, großzügig, offen für Experimente

☐ Schlank, Nichtraucher, vermögend

☐ Hart, schnell, schwarz

☐ Groß, blond, blöde

☐ Ich lese so was nicht

☐ Wieso fragen Sie? Stimmt das etwa nicht?

7. Wie lautet die häufigste Bezeichnung für die weiblichen Brüste, und wie kommen die Leute darauf?

(a) Titten – kommt von englisch: »tit«, was auf Amerikanisch »teat« heißt und »Brustwarze« bedeutet. Oder auch von »to titivate«, was so viel sagt wie sich schön machen, und schön isses ja, oder? Wie sacht man: Charakter hat die Frau, und obendrein noch hübsche Schuhe.

(b) Mollies – weil die »molls« (engl. für »Hure«) sie als Verkaufstresen einsetzen und ein »mollycoddle« ein verweichlichter Zärtelbart ist, der noch an der Mutterbrust nuckelt.

(c) Titis – Verkleinerungsform von (a) sowie abgeleitet von »titbit« = »Leckerbissen«. Der berühmte aristokratische Mund voll: Lippen spitzen, und alles geht rein.

(d) Holz vor der Hütten – Da ich die bayerische Seele nicht wirklich verstehe, versuche ich es mal mit der Übertragung. Also: Feuer, Wärme, Essen kochen. Hütte, Geborgenheit, die stützende Hand der Mutter. Hmm … wer große Brüste hat, hat viel Holz und kann besser kochen vielleicht? Oder bringt einen gut durch den Winter?

(e) Boobs – Ein Boob ist eigentlich ein britischer Dummkopf oder Tölpel, also wo bleibt hier die Schützenhilfe der Linguistik? Bubis, die Verniedlichung, wird dem Vorbau auch nicht gerecht. Also, wat nu? Kissen vielleicht?

(f) Busen – Nicht korrekt ist, dass der Busen den Abstand zwischen den Brüste benennt, also die kleine Falte, den Schlitz, der Hautteil ohne Erhebung, der bei entzückenden Almdödlermadeloutfit klein kariert zusammengepresst wird. Wie heißen diese Kostüme doch gleich? Sennerinnenglück? Bergfestrobe? Ich komm partout nicht drauf, haben Sie das auch manchmal, dass Ihnen ein Wort verloren geht und dubiose Menschen Lösegeldforderungen aus zusammengeklebten Zeitungsbuchstaben einsenden? Ach, ja, Dirndl. Drei Makk hat mich das gekostet!

Lösung __ ist korrekt.

Bei der Gelegenheit kann ich mal loswerden, dass nicht alle Frauen auf wildes Busenkneten stehen (warum: siehe f) und die Berührung der Brust für viele Frauen auch erst dann interessant wird, wenn die Brustwarzen stehen. Das bekommt Mann mit streichelnden Fingerspitzen und unter Einsatz zartester Fingernageltechnik an den Rippenbögen und dem Übergang von Hüfte zu Rücken hin. Wahlweise auch durch Hals- und Nackenküsse. Wenn die Gans was anzuziehen braucht (= Gänsehaut!), dann lecken, lecken, lecken. Saugen – na ja, die Zitzchen selbst sind nicht so empfindlich wie das Drumherum, sonst würden wir beim Stillen ausrasten. Das nur mal so, für später.

12. Kapitel

Tabuzone.
Über sinnfreie und sehr sinnvolle Verbote

Über Tabus zu schreiben kann natürlich die eigene Moral empfindlich stören; aber da das Darstellen seltsamer Dinge niemals ein Akt der Befreiung ist, sondern immer eine Qual (wie eigentlich sowieso sämtliche Ergüsse auf Papier oder am Bildschirm), seht es mir bitte nach, dass ich nicht immer respektvoll neutral bleibe, wie es sich für einen journalistisch ausgebildeten Wörterhansel gehören würde.

Lassen Sie uns an dieser Stelle über eins einig werden: Verbrechen sind Verbrechen, die haben nichts mit irgendeiner Art von Tabu (das ja auch immer etwas Mystisches mit sich bringt) zu schaffen. Wer (die eigenen oder fremde) Kinder begehrt oder Frauen Gewalt antut, bricht keine ungeschriebene Regel, sondern ist ein verabscheuungswürdiges Mistschwein.

So viel dazu.

Ich werde auch nicht bei Adam und Eva anfangen und mich über Inzest auslassen oder über die Lust auf amputierte Körper diskutieren – für mich gehört das ins Reich der abstoßenden Perversionen. Und ob man sich vor dem Partner befriedigen soll oder die Toilettentür nach fünf Jahren Beziehung einfach mal auflässt, das sind Befindlichkeiten, die an anderer Stelle besprochen werden sollten. Es sind immer die Kleinigkeiten, die auf Dauer zählen …

Was ist überhaupt ein Tabu – etwas, über das man nicht spricht? Dann hätten sich die Tabubrecher in unserer Gesellschaft innerhalb zweier Jahrzehnte massiv vermehrt – zumindest sind die exhibitionistischen Verbalmasturbierer an jeder TV-Ecke zu sehen; Zeitschriften, die einst unter dem Ladentisch hervorgeholt wurden, hängen heute an jedem Kiosk; selbst die Gespräche unter Freunden sind deutlicher geworden.

Oder sind Tabus etwas, was man nicht zeigt? Auch darüber sind wir hinaus: Pornos, Big Brother, Supersexsausen auf allen Kanälen.

Oder sind Tabus einfach nur Dinge, die man nicht gesellschaftlich akzeptiert? Dann ist aber die Hemmschwelle deutlich gesunken: Sadismus, Lack-und-Leder-Szene, Fetisch, Prostitution, Masochismus, Swingerclubs, Bisexualität.

Vielleicht sind Tabus auch Sachen, die man zwar sich antut, aber nicht anderen – den Freund des Freundes zu begehren, für die Rechte der Huren zu demonstrieren, beim Bügeln Telefonsex zu haben.

Merken Sie was? Beim Freund des Freundes überkommt uns eine gewisse moralische Abscheu, während der Rest für die einen nur befremdlich, für die anderen einfach Zeiterscheinung, für die nächsten Praxis ist. Heißt: Moral (unter uns: genauso dehnbar wie ein kochfestes Schlüpfergummi) dient ebenso zur Aufrechterhaltung von Tabus wie gesellschaftliche Normen. Aber wie wäre es mal mit: Verstand? Selbsteinschätzung? Menschlichkeit?

Selbst in der kurzen Zeit, die ich bisher auf Erden wandle, hat sich viel verändert: öffentliche Selbstbefriedigung (Nina Hagen), Abschaffung des Paragrafen 175 und damit zumindest Anerkennung der Homosexualität, pseudoinvestigative Fernsehreportagen in der Welt der Nackten und Idioten, Werbung mit viel nacktem Fleisch, die Pille danach, Gang

Bangs, Pornodarsteller werden High-Society-Maskottchen. Muss ich erwähnen, dass trotzdem immer weniger Kinder und Jugendliche zu Hause aufgeklärt werden?

Es fällt mir tatsächlich nicht ganz leicht, über bestehende Tabus zu sprechen, geschweige denn, sie moralisch oder verstandesgemäß zu beurteilen – denn sie könnten sich nicht nur bald erledigt haben, sondern lassen auch eins immer außen vor, von dem ich glaube, dass es das Wichtigste ist, was einen Menschen ausmacht: Gefühl. Nur wenig Menschliches sollte uns fremd sein – doch gewisse Extreme (nicht unbedingt Perversionen) zerren an Seele und Körper. Vielleicht wäre das eine geeignete Form, Tabus im Wandel der Zeit zu benennen: Was gefährlich ist für die Seele, sollte nicht als Treibmittel der Lust empfunden werden, sondern ein Tabu bleiben.

Als hypersensibler Kopfmensch, der sich vom Unterleib nur dann lenken lässt, wenn Salsa gespielt wird, versuche ich es gleich mit dem Schlimmsten, damit ich es hinter mir habe:

Sex mit Tieren
Rechtslage: Sex mit Tieren ist in Deutschland seit dem 1. April 1970 nicht mehr strafbar. Zuvor sind jährlich etwa zweihundert Menschen verurteilt worden. Auch in vielen anderen Ländern ist Tiersex erlaubt. In Dänemark gibt es für Tiersexliebhaber Hundebordelle – angeblich. In England muss man dagegen mit lebenslanger Haft rechnen.

Sex mit Tieren – no. No, no. Dieses Tabu sollte weiterhin gelten – und zwar nicht allein wegen Moral oder persönlichen Ekels, sondern außerdem wegen folgender einleuchtender Argumente:

(a) Tiere haben andere Geschlechtsorgane als Menschen. Der Mensch könnte das Tier verletzen.

(b) Das Tier könnte den Menschen verletzen. Zum Beispiel könnte ein männlicher Esel den Menschen zu stark durchschütteln. (Bei Eseln/Pferden werden deshalb von Zooerasten Penisringe benutzt, um die Eindringtiefe einzuschränken.) Außerdem kann ein Pferd treten oder den Menschen in der Box an die Wand quetschen.

Hunde haben Penisknochen, und der Penis eines Schäferhunds wird im erigierten Zustand zehn Zentimeter dick. An der Wurzel jedes Hundepenis wird der so genannte Schwellknoten bei der Erektion so dick, dass man den Penis vielleicht nicht mehr herausziehen kann, zum Beispiel wenn man sich anal penetrieren lässt. Der Fachausdruck dafür ist »Hängen«. Da hilft nur Warten: Manchmal anderthalb Stunden lang, bis der Penis wieder erschlafft.

(c) Tiere haben eine aggressivere Darmflora, sind von Würmern (Bandwürmer und andere) befallen, haben Flöhe und/oder Zecken und übertragen Infektionskrankheiten beim Lecken; davon können zum Beispiel Auge oder Geschlechtsteil des Menschen betroffen sein.

(d) Tiere können beißen. Entweder als Teil ihres gewöhnlichen Paarungsakts oder als Abwehr. Sie können sich ja mal für Ihren Arzt eine tolle Geschichte ausdenken, warum der friedliche Hund Ihrem Kumpel auf einmal die Eichel abgebissen hat …

(e) Wenn zwei Menschen nacheinander Sex mit einem Tier haben, können Krankheiten von einem Menschen auf den anderen übertragen werden.

Trotzdem »lieben« Menschen Tiere: Diese Zooerasten haben sogar einen Geheimcode, den »Actaeon & Hobbes' Zoo Code«. (Ungesicherte) Beispiele: ZB = Ich stehe auf Bären, L3 = Ich suche dringend einen Partner, VGC = Ich bin kein Vegetarier und so weiter.

Was nicht geht:

(a) Man kann Tiere nicht schwängern.
(b) Tiere können Menschen nicht schwängern.

Ob das beruhigend ist, weiß ich nicht. Zumindest ist es ein sehr, sehr, sehr sinnvolles Tabu, Fantasien von Affen, Hunden oder anderem Getier dort zu belassen, wo sie hingehören: ins Reich der Gedanken.

Bitte lassen Sie auch die ägyptische Spielart der »ophidicism« außen vor – Schlangen, Aale oder anderes schlängelndes Getier in Körperöffnungen einzuführen, auf dass sie sich mühsam wieder herauswurschteln müssen. Ich weiß nicht, ob das eine Perversion ist oder Schmarrn – zumindest filmisch wurden derartige Praktiken bereits vorgeführt, und ich erinnere mich an einen Horrorthriller, in dem einer Schlange das Maul zugenäht wurde, in den Anus warme Milch gespritzt und dann ... ach, Sie wollen das nicht hören? Stimmt. Selbst die Erinnerung lässt mich schaudern, weil es eine solche Ängstigung für meine Seele ist, dass Sie mich bitte nicht danach fragen, wie es weitergeht.

Dehnungsspiele

Sie haben sicher schon erraten, worum es hierbei geht: Körperöffnungen mit allen möglichen Mitteln so zu dehnen, bis Fistfucking oder eine natürliche Geburt geradezu lächerlich dagegen wirken (verzeihen Sie, aber Ironie hilft gegen Unverständnis). Von selbst gebauten Zugmaschinen bis hin zu überdimensionalen Dildos und sonstigem Kram werden Vagina oder Anus malträtiert. Ich weiß nicht, wer da was von haben soll – Sie etwa? Bin neugierig, also schreiben Sie es auf. Aber nicht so neugierig, dass ich dafür plädiere, dieses Tabu aufzuheben. Hört auf, euch gegenseitig zu quälen – man könnte sich ernsthaft verletzen. Ob Gebärmutter oder

Darm – der Mensch ist ein empfindliches Bauteil, das spätestens im Rentenalter all das zurückzahlt, wovon man immer meinte, der Körper werde es schon aushalten.

Darkrooms

Dunkelheit. Suchende, findende Hände. Musik oder Matratzen, Sex mit Fremden, oft welche, deren Gesicht man noch nicht einmal sieht. Zu oft ungeschützter Verkehr. Meist in der Schwulenszene – außerhalb der Swingerzone habe ich von gemischten Darkrooms noch nichts gehört.

Wenn jemandem danach ist, von vielen fremden Händen angefasst zu werden, ist das okay. Man weiß ja vorher, dass man nicht Liebe, sondern pure Geilheit sucht. Damit muss jeder selbst zurechtkommen, wenn er sich dafür entschieden hat, und nicht hinterher jammern. Sondern es das nächste Mal lieber lassen. – Aber eins nach dem anderen: Tabu, oder nicht? Es wäre hilfreich, über dieses Tabu mehr zu hören oder zu sprechen; viele junge Menschen, die sich wer weiß was für Orgien ausmalen, vergessen eins: Schlimm ist, wenn man Sex ohne Schutz betreibt. Stellen Sie sich vor, Sie bekommen Aids und wissen noch nicht mal, von wem.

Aids ist nicht mehr wegzudenken aus unserer Welt. Die heute Zwanzigjährigen sind bereits mit dem allgegenwärtigen Wissen aufgewachsen, dass es diese Immunkrankheit gibt. Für sie gab es niemals eine Zeit, in der man es ohne Kondom hat tun können (geben wir zu: wir dachten allenfalls an Filzläuse, Tripper oder Babys). Und doch: kaum einer macht es gern mit. Mit Kondom. Und in so einem Darkroom »Kann mal einer das Licht anmachen« zu sagen ist nicht drin, und gefühlsechte Rollis spürt man ja kaum noch, es sei denn, sie rutschen. Also: Hat er jetzt ein Kondom drauf oder nicht?

Darum: Ein Darkroom ist ein Tabu, das man vielleicht

nicht aufheben, aber über das man zumindest aufklären sollte, um mehr Menschen davor zu schützen, sich ungeschützt beschlafen zu lassen. Das hat bei aller Lust nun überhaupt keinen Sinn. Wer Verstand hat, kümmert sich um diese Gefahr und geht nicht darüber hinweg, als würde die Welt nur aus lauter lieben Menschen bestehen.

Dreiloch

Interessante Werbung im Internet gesehen: Mädel, breitbeinig kniend. Hinten einer, vorne (also unten) einer, und im Mund den nächsten. Jaja: Penis. Und dann kann sie noch nuscheln, dass sie Mitleid mit ihren Bekannten hat, die keine Freundinnen haben, und dass sie sie deswegen mit sich schlafen lässt, während sie ihrem Freund einen bläst. Na, so was, welch herzensgute Frau, welch Großzügigkeit in Person, wie einfühlsam und hilfsbereit. Leute, Leute, das geht über einen flotten Dreier echt hinaus. Geradezu quadrophon, das Ganze. Trotzdem bin ich mir nicht sicher, was sie davon hat, außer jede Menge wegzustecken.

Aber darüber werde ich später nachsinnen, jetzt schau ich mir einen Film mit Mel Gibson an. Huch, da hör ich doch schon wieder Höschen auf den Boden klatschen …

Wurde nichts mit Mel – Preview ausverkauft. Wozu sollen Männer überhaupt wissen, was Frauen denken? Erstens denken wir selten in ganzen Sätzen – wenn man es hörbar machen wollte, käme ein lautes Summen heraus mit so vielen parallelen Gedankensträngen, angefangen von: »Weiter links bitte«, »Eitle Ziege da drüben«, »Irgendwie hab ich Hunger« bis hin zu: »Warum sind sich doofe Männer immer in allem sicher, was sie tun, und intelligente Männer so zweifelnd an sich selbst?«

Stattdessen gönnte ich mir *Hannibal* (gegen Bezahlung einer überregionalen Tageszeitung), in dessen Augen das

Wissen um alles menschlich Verwerfliche schimmert, womit wir wieder bei den Tabus wären (Kannibalismus gehört wohl eindeutig zu den Dingen, die wir hier und jetzt als Verbrechen deklarieren, Hopkins hin, Julianne Moore her). Was ist daran sexy, Bries mit Schalotten zu servieren? Nur weil sich Julianne alias Clarice zuletzt in Gucci hüllt und auf hohen Riemchenhacken gegen Lecter antritt? Bäbä. »Ich hab dich zum Fressen gern«, wird da gleich mit dem Geräusch von platschenden Innereien unterlegt. Brrr. Aber es war ja »nur« ein Film – obwohl: Gezieltes Schneiden und Blutfetischismus sind manchen auch nicht fremd auf dieser Welt. Ich frage mich allerdings, woher der Wunsch zu verletzen kommt? Warum muss es ein dermaßen bitterer Kick sein? Warum wird mit Elektroden, Messern, Säuren herumgespielt, wo doch jeder weiß, dass der Körper heilig ist als weltlicher Transporteur der unbeugsamen Seele? Mir kommen Zweifel, ob Menschenschneider eine Seele haben.

Zurück zu der verkappten Mutter Teresa und dem Spiel mit den drei Löchern (nicht zu verwechseln mit dem »Tier mit zwei Rücken«).

Liebe? Fehlanzeige. Zur Liebe, auch wenn sie sonst durch nichts zu definieren ist, gehört zumindest die Ausschließlichkeit: ausschließlich eine Person zu lieben und sich mit ihr zu vereinigen, sei es für den Moment oder für immer. Sollte diese Frau tatsächlich das liebende Herz eines Wals haben und sich voller Hingabe allen dreien widmen? Maybe – aber sorry, die Jungs sehen das nicht so, sondern wollen nur eins: ficken. Muss Leben so sein?

Erotik? Na, ich weiß nicht, dieses Bild hat zwar etwas von verbotener Lust und lässt sich als Fummelvorlage bestens verwenden – aber entbehren pornografische Darstellungen nicht sowieso das gewisse Prickeln? Man sieht ja eh alles, und oft genug in schlechtem Licht.

Ist es nun ein Tabu, wenn es eine Frau mit drei Kerlen gleichzeitig macht? Und sich dabei fotografieren lässt, auf dass selbst ihre ehemaligen Schulfreundinnen, Lehrer, ihre Mum und ihr Dad sie erkennen, von der Erbtante ganz zu schweigen? Dass uns völlig egal sein soll, was irgendwer von uns hält, sagt sich leicht. Aber das, was andere von uns oder über uns denken könnten, bewegt leider *jeden*. Den einen mehr, den anderen weniger, aber ganz im Geheimen interessiert es uns schon, und sei es nur zehn Sekunden am Tag.

Sagen wir mal, die Nummer ist kein Tabu. Ob diese Dreierkonferenz nachahmenswert ist – mit oder ohne Dokumentation für die (zahlende) Nachwelt –, sollte jeder selbst entscheiden.

Aber kommen Sie mir hinterher nicht mit jammervollen Briefen, dass Sie nicht wissen, was Sie tun sollen. Sobald Sie sich von jemandem unheilbar an Ihrer Seele verletzt fühlen, unmittelbar oder nach Monaten noch – dann gehen Sie Ihre eigenen Wege und schreiben die Vergangenheit als Erfahrung ab und lassen sie hinter sich.

Cherry-Poppers

Achtung! Diese Drogen machen willenlos, so dass Sie nicht mehr zwischen Realität und Wahn unterscheiden können. Kleines Beispiel: Das vierte Opfer Hannibals (jaja, ich hack da jetzt drauf rum) zog sich unter Einfluss der Amsterdamer Synthetikdroge mit einem Stück Spiegelscherbe die Gesichtshaut ab und verfütterte sie an seine beiden Beagles.

Das Zeug wird in Ampullen vertickert, die aufgebrochen werden, ab damit unter die Nase, und im Moment des Orgasmus soll man für einen kurzen Moment abheben. Aber mit diesem Zeig rumzuhantieren ist gefährlich – und das meine ich nicht als Indiz dafür, wie toll es ist, sondern als echte Warnung. Wenn was auf dem Index steht und tabu ist, wirkt das ja auf manche selbstzerstörerischen Kräfte gerade besonders anziehend; aber, ihr Lieben, liebt euch ohne, sonst kann das sehr, sehr hässlich enden.

Fetisch

Etwa zwei bis fünf Prozent aller Männer (bei Frauen ist Fetischismus so verschwindend gering, dass man keine Zahl dafür fand) erleben ihre Sexualität über ihren persönlichen Fetisch. Er hilft ihnen – so sagen Experten – über eine Angst hinweg, ist eine Abwehr gegen vielfältige, oft eingebildete Bedrohungen: Angst, zu versagen, den Penis zu verlieren, Angst vor der Übermacht der Mutter oder sonst was – ohne Fetisch läuft nur wenig. Ob Unterwäsche, Schuhe, Strumpfhosen, Füße, Lackklamotten, abgeschnittene Haare, Laufmaschen, ein bestimmter Duft, gepierte Brustwarzen oder Penis, rotes Licht, selber dabei Frauenunterwäsche tragen, Windeln, ein Knebel, ein Schnuller oder Augen verbinden – angeblich sind es unverarbeitete Kindheitserlebnisse oder Eindrücke, die in Form des Fetischs immer wiederholt werden müssen. Wie so oft kann sich die Sexualforschung nicht beziehungsweise nur widerstrebend darauf einigen, woher der Hang zum Fetisch kommt – einig sind sie sich nur darin, dass es eine Art Störung sei, die einen Geschlechtspartner überflüssig machen kann und in wenigen Fällen auch gefährlich wird.

Horrorvision ist sicherlich ein Fetischist, der fesselt, verletzt oder gar tötet. Der seine Hoden auf einen Stuhl nagelt oder die Brüste seiner Gespielin mutwillig mit Nadeln durchstößt, egal, was sie davon hält. Gibt es alles! Gewalt ist aber keineswegs immer Bestandteil beim Spiel des Fetischisten, deswegen ist es ein Tabu, das nur bedingt sinnvoll ist. Fetischismus geht auch nicht immer mit SM-Praktiken einher, auch wenn es in der Spielart häufiger anzutreffen ist. Stiefel lecken, von Stiefeln getreten werden, in Frauenstiefel onanieren – es ist, wie es ist, in gegenseitigem Einverständnis kann auch jemand (meist eine Frau, tja) sich dazu bereit erklären, das Fetischbedürfnis des anderen zu befriedigen, solange es ihr nicht schwer fällt oder zu viel Überwindung kostet. Würden Sie zum Beispiel bereit sein, superdünne Strumpfhosen zu tragen, weil Ihr Partner den Wunsch hat, durch diese künstliche Barriere zu deflorieren? Ab und an vielleicht, aber nicht dauernd? – Natürlich lässt nicht jeder Wunsch nach einer ungewöhnlichen Praktik auf einen Fetischisten schließen; genauso gut kann es sich einfach nur um eine heimliche Neugier handeln, eine interessante Lust, ein neues Spiel, das nicht immer sein muss, aber Abwechslung bringt.

Fetisch – also (k)ein Tabu? Ein Fetischist, der seine Befriedigung nicht erlangt, kann ein sehr einsamer Mensch sein, der seine spezielle Zuwendung nur gegen Cash bekommt, was an sich ja schon frustrierend ist.

Mit der Gewissheit, dass ihn kaum jemand so annimmt, wie er ist und fühlt, mit allem, was er braucht, und sei es als Hilfsprothese seiner Lüste – hat er trotz allem auch ganz »normale« Sehnsüchte, Hoffnungen, Wünsche. Die Sexualität abzukapseln vom Charakter ist unmöglich. Also nimmt man alles oder nichts. Es gibt viele Fetische, die nichts mit Schmerz, Gewalt oder Demütigung zu tun haben. Vielleicht sollte mal jemand mit diesem Tabu brechen und wirkliche Aufklärung leisten, damit nicht jeder verträgliche Fetischist einsam bleiben muss. Meine Freundin N., mit der ich ab und an eine intellektuelle WG eingehe, würde mich zwar schelten und eine grundsätzlich zu großherzige Kuh schimpfen. Sie ist wie ich ängstlich, wenn es um menschliche Tiefen geht, die uns beiden fremd sind – aber leben und leben lassen, auf eine menschlich akzeptable Weise, sollte weiterhin zu den Grundsätzen eines jeden gehören. Dazu kann auch gehören, aus Liebe oder Zuneigung etwas zu tun,

an das man sonst nicht gedacht hat. Und sei es, Strumpfhosen mit Naht und Laufmasche zu tragen, oder einen Slip,
den er zerreißen darf. So what? Vielleicht macht es Sie ja
an? Überraschen Sie sich selbst.

Wäschevergabe
(getragene Unterwäsche kaufen/verkaufen)

Es gibt ja Leute, die schnuppern an Damenfahrradsätteln.
Und sind die perfekte Klientel für getragene Unterwäsche –
meist sind es Männer, die sie kaufen, und oft genug nicht
wirklich Frauen oder Mädchen, die das Zeug anbieten. In
Japan kann man Dessous – angeblich von minderjährigen
Schülerinnen, die Jungs stehen da ja wohl total auf Teeny-
erotik – aus dem Automaten ziehen, und auch in deutschen
Kleinanzeigen tummeln sich dann und wann Wäschehau-
sierer. Klar, muss ein einträgliches Vergnügen sein: Zehner-
pack Schlüpfer bei Spar erstehen, einen Tag tragen, rein in
den Gefrierbeutel und für fünfzig Mark an den Slippisamm-
ler. Mal mit, mal ohne Bild, oft mit irgendeinem Schnapp-
schuss, bestimmt nicht von der leibhaftigen Lady.

Was der Käufer dann damit macht? Dran schnuppern,
ein weniglich an seinem Pint herumreiben, vielleicht darin
kommen und sich jede Menge Gedanken über die Trägerin
machen.

Tabu oder nicht? Merkwürdig ist, dass es häufig um Wä-
schestücke geht, die mal Mädchen gehört haben sollen. Da
liegt der Verdacht nahe, bei Wäscheschnupplern handle es
sich um verkappte Kinderficker. Kann sein, muss aber
nicht – ist wie beim Duschvorhang, der kann schimmeln,
muss aber nicht. By the way: Mein Duschvorhang ist
schwul, denke ich. Meinem Lover H. folgt er immer nach
und schmiegt sich an und um seine Hüften, mich lässt er in
Ruhe. Nicht mal auf kleinste Wedelfühlung geht er. Übrigens
bei Dome erstanden, sollte uns das was sagen?

Der Übergang von jenen Männern, die es genießen, den Duft einer Frau und ihrer Scham tief in sich aufzunehmen und sich olfaktorisch stimulieren zu lassen, zu solchen, die es ohne direkten Kontakt tun, sondern nur über den Slip, ist sicherlich fließend. Denn was ist dagegen zu sagen, dem Liebsten auf seine Geschäftsreise einen Slip mit in den Koffer zu schmuggeln? Er wird dran riechen, unter Garantie. Ist er jetzt schon pervers? Bewahre, nein! Wir kuscheln uns ja auch in getragene T-Shirts von ihm oder saugen den Geruch vom Kopfkissen, noch warm von seiner Nähe, tief ein und lassen die Gedanken schweifen. Vielleicht sind wir Frauen nicht die großen Unterwäsche-Dufterspürer, aber über die Nase spielt sich der Trieb nun mal auch ab. Sehr intensiv sogar, um genau zu sein. »Hach, er riecht so gut«, hat schon so mancher Frau gereicht, um sich hinzugeben.

Das ist für viele nachvollziehbar – Wäschekauf von fremden Frauen eher weniger. Tabu? Jein: Jene, die auf Slips von minderjährigen Jungfrauen stehen, sollten sich fragen, ob sie es nicht endlich auch mit einer erwachsenen Frau aufnehmen wollen. Den anderen sei gesagt: Wieso blättern Sie fünfzig Mark für Anonymität hin? Meinen Sie nicht, es lässt sich ein Weib finden, das Sie mag und Sie die besten Stücke selbst aus dem Wäschekorb fingern lässt? Hmm … volle Auswahl, Farben, Formen, und die Trägerin live dazu. Viel besser, wirklich.

Experimente mit menschlichen Verdauungsprodukten
Schon wieder im Internet gesurft, dem neuweltlichen Sündenpfuhl. Kein Herumdrücken mehr in schäbigen Sexshops, kein Fünf-Mark-Gesuche mehr in Showkabinen (die Umstellung der Automaten von DM auf Euro wird Milliarden verschlingen und die Geschichte verteuern: mindestens drei Euro, knapp sechs Mark sollen's werden; diese Kleingeldfischerei ist ja auch zu abtörnend), keine leutseli-

gen Blicke des Videofritzen mehr, wenn man *Golden Sho-wer – Novizinnen im Sprudelrausch* ausleiht. Oder wie auch immer diese Filmchen heißen, in denen mit menschlichen Exkrementen herumgespielt wird und wo sich sperma-bekleckerte Nymphen die potenzielle Nachkommenschaft mit ein wenig Urin aus dem Gesicht wegspritzen lassen.

Wie, eklig? Mag ja sein, für die meisten – für einige we-nige aber nicht. Da sind Wasserspielchen (»watersports«) kein Schauderthema, sondern es wird sich gegenseitig ge-zeigt, wie man es macht, da landet der heiße Saft auf ande-rer Leute Körper, es wird getrunken oder genascht. Was ich mich dabei nur frage: *Wo* zum Geier macht man das? Ste-hend in der Wanne? Kreischend in der Dusche? Im Sommer grundsätzlich draußen? Oder … ? Da Pissspielchen nicht mein Fall sind, werde ich wohl keine erschöpfende Auskunft erhalten, denn die wenigsten Showergirls und Pissnelken (sorry, es passte zuu gut) geben bereitwillig Auskunft. Auch nicht im Fernsehen, das uns ja sonst nichts vorenthält, nicht mal den Big-Brother-Blödsinn oder sonstige Volksverdum-mung (flapsige Friseure, grottendoofe Girls auf Inseln, Ak-tientipps, die nach Dartpfeiltreffern runtergeschrieben wer-den). Deswegen kann ich hier gar keine lustige Anleitung zum lustvollen Pinkeln geben. Ich habe zwar mal in einem recht progressiven Personenkreis meine Überlegungen zur Ausführung von Wasserfreuden kundgetan und stellte also halbwegs öffentlich in Frage, ob denn wohl gerade in der Spargelzeit jemand Spaß daran hätte. Aber es gab jeman-den, der das ganz prima fand, also gibt es offenbar Connais-seure, die sich weder von der Farbe noch vom Geruch ab-schrecken lassen. Ich erinnere mich auch an einen Film, FSK 16, in dem sich eine Frau über ein Waschbecken hockt, den Rock leicht anhebt, und dann hört man es laufen. Sie schaut ihn an, er schaut zurück, sonst ist nichts zu sehen. Er wurde erregt, ohne dass irgendwer irgendwem ins Gesicht genässt hätte. Lust ist offenbar auch eine Frage der Nuancen: Es muss nicht immer Hardcore sein, um zu erregen. Vielleicht scheue ich mich deshalb, Watersports als Tabu zu sehen. Es gibt dabei genug Grauzonen, die nicht abschrecken. Und sei es nur, ihm dabei die Stange zu halten.

Weniger Grau in Grau geht es bei den Kaviarliebhabern zu. Für mich persönlich so ekelhaft, dass ich nicht genau weiß, wie ich drumherum schreiben soll. Okay. Luft holen. Und: Kot fressen ist widerlich und sollte ein Tabu bleiben. Ende der Diskussion. Sich gegenseitig ein Würstchen zu zeigen – ich weiß grad nicht, wie ich das neutral bewerten soll. Kinder machen das ab und an, aber aus Neugier, nicht aus sexueller Lust. Ich denke, das ist okay. Aber sich mit Kot zu beschmieren und daraufhin in Wallung zu geraten – bitte, könnte das ein geächtetes Tabu bleiben? Ja? Danke. Damit schließe ich noch schnell ab mit der »Römischen Dusche« – gegenseitiges Aufeinander-Erbrechen, und hoffe, dass diese Art Wechselspiel nur im Reich der alten Römer bleibt. Der ganz alten Römer. Um nicht zu sagen, der toten.

Pärchensex, Swingerclubs, Gruppensex, Dreier mit Bi
Ich weiß, ich weiß, einige von Ihnen werden sich jetzt langweilen. Alles schon durchgekaut, selbst »die Reporter« waren schon auf Sex-Tour in Deutschland. Mag ja sein, dass der gleichzeitige oder zeitnahe Akt mit wechselnden Partnern bereits jenseits der Frage nach Tabu ist. Sicher gibt es Paare, die sich seit Jahren treffen und gegenseitig Zärtlichkeiten und die Partner tauschen, natürlich gibt es Swingerclubs, in denen die einen schauen, die anderen machen, mit seinem Liebsten und mit mehreren anderen Leuten auch. Klaro gibt es Partys, bei denen Leiber eng verknäult über- und aufeinander herummachen, egal ob mit dem gewohnten oder einem anderen Menschen.

Aber. Das große Aber. Es geht hier nicht um ein gesellschaftliches Tabu oder um Vernunftgründe, die dagegen sprechen. Es geht um den Schmerz, den Menschen empfinden, wenn sie den, den sie lieben, mit anderen beim Paarungsakt sehen. Auch wenn sich solche empfindsamen Menschen paradoxerweise vielleicht von der Atmosphäre und den Möglichkeiten erregen lassen – sobald sie gewahr werden, dass ihr Partner mit jemand anderem ebenso viel Freude oder Spaß hat wie mit ihnen, oder sogar mehr Hingabe zeigt, geht der Schmerz tief. Unter Umständen so tief, dass man sich überlegen muss, ob Partnertausch nicht doch zu verdammen sei.

Ich habe viele Briefe von Frauen erhalten, die sich trotz aller sexuellen Aufgeklärtheit nicht mehr mit ihrer Innenwelt zurechtfinden. Die es im Nachhinein beschämt, was sie getan haben oder wobei sie Zeuge wurden. Die es verletzt, wenn ihr Liebster nur noch geil wird, wenn es samstags in den Schmuseladen geht. Die sich ängstigen, dass sie ihm nicht mehr genügen. Die sich fragen, wie ihnen das alles nur entgleiten konnte.

Denn das Problem bei dieser Verwechsel-mich-Geschichte ist, dass es zur Regel wird – »normal« macht nicht mehr an. Man(n) will zusehen, wie die Freundin einer fremden Frau in den Schritt fasst. Will dann vielleicht mitmachen oder die Fremde und die eigene Frau gleichzeitig berühren. Wenn sich dann aus der Situation heraus Dinge entwickeln, die man vorher mündlich ausgeschlossen hat, eskaliert es in der Seele. Da sieht man den eigenen Mann, der nie und nimmer mit einer anderen schlafen wollte, wie er plötzlich doch küsst, berührt, sein Geschlecht am Körper einer Fremden reibt. Obwohl es doch vorher hieß: Nur gucken, was die anderen machen, und sich trotzdem treu bleiben.

Wie bei dem Paar, das zunächst »nur« einen Dreier arrangieren wollte: sie mit zwei Kerlen. Während der heißen Phase ergab es sich plötzlich, dass die Kerle nicht nur sie, sondern sich auch gegenseitig vögelten – nach anfänglicher Scheu verführte der Bi-Mann den Hetero-Kerl zu Homopraktiken, die bekanntlich von den meisten immer noch mit Heulen und Zähneklappern beäugt werden (Schwule machen gar nicht so oft Analverkehr, es geht nicht immer um Reinstecken, wahrlich nicht).

Was geschieht dann? Die Frau ist zunächst erschreckt, vielleicht verstört, bestimmt erregt von der verbotenen Passion, die sich da im Liebesspiel offenbart. Der eine steckt im anderen, während der mittlere in ihr steckt. Es gibt zahlreiche Kombinationen, die nach einer aufregenden Nacht im Nachgrübeln enden. Vielleicht weicht die anfängliche Neugier tatsächlich der Verletzung, dass der eigene Freund nicht nur Frauen, sondern auch Männer begehrt. Da verdoppelt sich die Konkurrenz schließlich schlagartig. Es kommt zu Verwirrungen über die Situation, über die Zukunft. Wenn man Gefallen an den gemischten Dreiern findet – wie soll es dann wieder mit einem Mainstreamhetero funktionieren, dem ein Partner absolut genügt?

Achten Sie, wenn Sie in solche Situationen kommen, nur im Laufe der Zeit auf Warnsignale aus Ihrem Inneren. Es wird Ihnen sagen, was Ihnen gut tut und was nicht. Und falls Sie diese Komposition aus Leibern nach anfänglicher Verwirrung vielleicht schließlich doch mit sich vereinbaren können, dann vielleicht auch deshalb, weil die Konstellation von, sagen wir mal, Walter, Jens und Hella immer gleich bleibt und jeder einigermaßen damit zurechtkommt und sich als Teil einer verrückten kleinen Familie fühlt.

Leider geht das nur eine beschränkte Zeit. Jeder will irgendwann einen für sich haben – egal, ob es einer aus dem Trio ist oder jemand ganz anderes. Will das Gefühl auf nur einen Menschen konzentrieren, will es von nur einer Person zurückerhalten. Intensiv und ausschließlich. Geborgenheit entsteht nur in der Sicherheit – wie sollte sie bei drei Leuten funktionieren? Das wird niemals gehen, Unsicherheit ersetzt die Konstante. Der Zusammenhalt von zweien ist der Garant für eine lebendige, liebevolle Partnerschaft, in der Sex ebenso lustvoll sein kann wie ein Kreuz-und-Quer. Auf anderer Ebene, die Ihr Herz erfüllen wird.

Was tun, wenn Sie in etwas geraten, das Sie überfordert? Wenn Sie sich in Orgien einsam fühlen? Wenn Absprachen und gegenseitige Treueschwüre im Rausch der Leiber über den Haufen geworfen werden?

Dann sitzt einer von beiden da, guckt, leidet und fragt sich, ob das jemals wieder zu reparieren ist.

Ganz Harte sagen: »Pff, aufstehen, duschen, vergessen.« Wenn wir doch nur alle so abgebrüht wären! Aber bloß weil es einige wenige Paare geschafft haben, sich auf einer Ebene zu arrangieren, die Liebe und Sex trennt, bedeutet das nicht, dass jeder von uns dafür geschaffen wäre. Am Anfang ist es Neugier, vielleicht auch Lust – aber wie schnell können wir uns dabei übernehmen? Wie rasch realisieren wir, dass wir doch nicht mithalten können, weil wir einfach anders gestrickt sind? Jeder sollte das Recht auf Rückzug haben. Sollte eingestehen, wenn er das kein drittes oder viertes Mal mehr machen möchte. Und wenn der Liebste nicht mehr ausschließlich mit einem Partner Sex haben möchte – dann muss man gehen. Sofort. Die Seele gilt es zu schützen, und ewige Toleranz hilft da selten weiter.

Deswegen: Bevor Sie dieses Tabu für sich persönlich brechen – machen Sie sich darauf gefasst, dass es anders sein wird, als Sie erwartet haben. Dass Sie vielleicht nicht damit zurechtkommen werden, egal, wie sicher Sie sich heute sind. Machen Sie sich bewusst, dass die Macht der Lust Sie hinwegspülen kann, aber nicht zärtliche Geborgenheit ersetzt. Stillen Sie Ihre Neugier, doch achten Sie auf Ihre Seele. Ansonsten rate ich zum individuellen Tabu. Nur für Sie selbst. Alle anderen können machen, was sie mögen – und bitte immer geschützt, wenn schon nicht die Seele, dann zumindest vor Krankheiten.

Ein Hauch von Schmerz:
Fesseln, Spanken, Heißwachs

Letztens habe ich den neuen Freund von L. kennen gelernt. Er ist Polizist, und zu fortgeschrittener Stunde, als ich sämtliche Anzüglichkeiten von »Was trägt der denn für ein Kaliber?« bis hin zu »Kommt er im Notfall denn auch schnell?« durchgearbeitet hatte, raunte er wodkaberauscht: »Ich habe übrigens drei Paar Handschellen. Davon nur ein Paar im Dienst.« Uuups, dachte ich so laut, dass mir eine Leuchtschrift auf der Stirn erschien und verwirrend deutliche Bilder durch mein Hirn schossen. Ich schaute ihn groß an und dann meine liebe L., und dann fragte ich mich, ob das ein Schnack war oder ob er ihr tatsächlich die Handschellennummer machte, zack die Arme links und rechts an den Bettpfosten, und dann … in Uniform womöglich? Es entbehrte nicht einer gewissen Erotik, die Vorstellung, und wahrscheinlich hatte er auch noch die guten Titanschellen. »Alder Schwäde«, nuschelte ich also und dachte mir, dass Leute so harmlos aussehen können, und dann kommt so was. Hätte ich es ihm an den Schuhspitzen ansehen sollen?

Hm. Bändigung der Widerspenstigen. Auslieferung an überwältigende Männlichkeit. Schöne Worte, die allerdings außer Acht lassen, dass die Dingerschellchen auch wehtun können oder dass Schlüssel verloren gehen oder dass man leicht in eine gezwungene Stimmung kommt, die nicht mehr prickelt, sondern ängstigt. Aber im Prinzip: Fesselspiele sind klasse. Klares Nein zum Tabu. Eindeutiges Ja zur Aufklärung, was wirklich fesselt, und warum straffe Seile nicht unbedingt durch ihre Scham gezogen werden sollten. Mag ja erregend aussehen, selbst Newton hat interessante Akte von geschnürten Leibern gemacht, aber Aussehen und Anfühlen ist ja immer so eine Sache. Schon die Art des Seils, wie rau oder geschmeidig es ist – das kann zur Lust oder zum Frust (endlich habe ich es mal geschafft, diesen Allerweltsreim unterzubringen) führen. Kälberstricke sollten schon mal nicht herhalten. Das zwickt! Und hinterlässt rote Stellen und juckt und überhaupt! Dann scheuert es auch noch, besonders wenn Madame in kniender Haltung, gefesselt, die Augen mit einem schwarzen Tuch verbunden, dasitzt und auf die Dinge wartet, die da kommen sollen. Also, die Verpackung sollte angenehm sein, nicht quälerisch. Dann ist gegen Fesseln doch nichts einzuwenden.

Mit dem Ihnen sicher schon zur Gewohnheit gewordenen Hinweis: Tun Sie es nur mit dem Menschen, dem Sie vertrauen.

Und was ist mit einem Hauch von Schmerz – leichten Klapsen auf den Po, festem Griff der Handgelenke, Kneifen und Beißen und Kratzen, überfallen und genommen werden ...? Nun, eine gewisse Feindseligkeit tut im Bett ganz gut. Wohl dosierte Schläge auf den nackten Po können angenehm prickeln, die Analgegend durchbluten, dazu kommt die leichte Lust auf Bestrafung ... wir sind schon komisch, wir Menschen.

In der Liebe und Sexualität existieren so viele Gefühle, Sehnsüchte und Praktiken nebeneinander, der Übergang ist fließend. Woher rührt der Wunsch nach Bestrafung vom geliebten Menschen – ohne etwas angestellt zu haben? Wieso können Zärtlichkeit und Schmerz vereinbar sein? Warum macht Zorn den Sex herrlich bissig und aufregend? Weshalb tut eine horizontale Versöhnung nach dem Streit so gut?

Wundern Sie sich nicht über sich selbst. Isse alles normale. Die Untiefen des Triebs sind so tief, unergründlich, erschreckend, magisch. Wenn Sie Lust darauf haben, »bestraft« zu werden oder den anderen im Zorn fest anzupacken, zu nehmen, zu zähmen, zu unterdrücken – dann schließt das nicht aus, dass Sie ihn voller Liebe im Herzen tragen und ihm niemals richtig wehtun würden. Sie sind auch kein Maso- oder Sadotyp, nur weil es Ihnen Lust bereitet, mal zu dominieren oder sich unterwerfen zu lassen. Wenn wir alle nur nett wären – dann wären wir Zombies.

Aber wir sind Menschen, mit all unseren Widersprüchen. Wenn es sich also ergibt, dass Sie sich für eine Nacht daran ergötzen, den Po Ihrer Liebsten rosarot zu versohlen und sie sich in wilden Zuckungen windet, ohne Stopp zu signalisieren – wo liegt das Problem? Blümchenkuschelsex ist okay, aber, mit Verlaub, wie meine Kollegin Tina es ausdrücken würde, Frauen möchten auch ganz gern mal gefickt werden.

Die Schmerzgrenze ist bei jedem von Tag zu Tag verschieden, am Nachmittag höher als am Morgen, im Zuge der Erregung sogar geringer. Mal reicht warmes Öl, um für wohliges Weh zu sorgen, manchmal muss es das Wachs einer Kerze sein oder ein kräftiges Ziehen und Zupfen an den Hoden. Mal darf es der herrische Druck im Nacken sein, am nächsten Abend der warme Honig auf dem Geschlecht.

Es gibt kein Problem und also auch kein Tabu. Sind Sie sich mit Ihrem Lover einig? Dann lassen Sie sich »bestrafen« – vielleicht haben Sie keinen Slip getragen und müssen zur Strafe einen Quickie auf dem Rücksitz einlegen. Ach!, wie süß-schlimm. Sorry, ich muss gerade selber grinsen, weil es irgendwie wahnsinnig intim ist, dieses Thema, und doch Offenheit verdient. Alles nur ein Spiel. Spielen Sie es elegant, ohne ordinär zu sein. Denken Sie darüber nach, welche angenehmen Pseudo-Unterwerfungen es gibt. Sie vergeben sich damit nichts – denn Sie müssen sich nicht dafür schämen, dass es Ihnen gefällt. Sie sind nicht allein.

Moralische Tabus

Sollte man sich »hochschlafen«? Eine Affäre mit einem Verheirateten haben? Die Freundin der Exfreundin beschlafen? Mit dem besten Freund des Freundes fremdgehen? Erst mit der einen Frau und dann mit deren Freundin ins Bett hüpfen? Nur der Kerle wegen nach Jamaika fliegen? Sich mit Seitensprüngen rächen? Samenraub betreiben (Kicher. War ja eine schöne Mär, die uns da aufgetischt wurde mit Boris Beckers Anna)? In den Vater vom Freund verlieben? Die Schwester der Gattin lecken? Die erwachsene Tochter der neuen Liebe begehren? Die Cousine des Geschäftsfreundes verführen? Den Sohn vom Chef angraben? Aus Mitleid mit jemandem bumsen? Den frischen Witwer verführen?

Fragen über Fragen. Der allerlogischste Mensch, der klügste Liebhaber, die verstandesgesteuertste Geliebte – also, wir alle kamen oder kommen in Situationen, die uns überfordern. Wenn Sex oder No Sex zur Entscheidungsfrage wird, jenseits von persönlichem Geschmack oder sozialkritischen Maßstäben.

Natürlich muss jeder für sich entscheiden, welche Gelegenheit man mitnimmt und welche man sich spart. Wenn die Lust drängt und sich die fatale Ausrede »Man lebt ja nur einmal« erst im Hirn festgesetzt hat, dann ist es schwer, über den Tellerrand hinauszuschauen und sich der eigenen Moral bewusst zu werden. Klar kann man sich hochschlafen – denn irgendwann kommt der nächste Vorgesetzte, mit dem sich nicht zwischen Laken und Federkernmatraze diskutieren lässt, und spätestens dann zeigt sich, was man auf dem Kasten hat. Deswegen ist ein Schritt nach vorn durch einen zielgerichteten Beischlaf kein sonderlich guter Karriere-trick – irgendwann muss man sich eh beweisen. Moral hin oder her – wenn es beide wollen, auch ohne jegliche Liebe, dann müssen sie es halt tun. Aber wie sieht es aus mit der Lust auf engste Freunde des Partners oder gar auf Familien-mitglieder?

Es gibt ein paar Regeln, die eine Menge Familienzerwürf-nisse, zerstörte Freundschaften, geknickte Karrieren, to-bende Rivalenkollegen und Eifersuchtsmorde von vorn-herein ausschließen können:

1. Familie und Freunde sind absolut tabu: Verschwinden Sie sofort, wenn Sie feststellen, dass Sie in ein Geschwister oder ein Elternteil Ihres Lebensgefährten verknallt sind; genauso poppen Freunde und Cliquen nicht untereinander herum. Das tut man einfach nicht, und sei die Liebe noch so groß – wenn sie es wirklich ist, dann können sich beide auch min-destens ein Jahr Zeit lassen und sämtliche Trennungen vor-nehmen. Erst danach, wenn nichts mehr heimlich sein muss, wird hemmungslos gepoppt. Aber vorher für klare Li-nie sorgen. Niemals, wirklich niemals ohne diese Trennun-gen heimlich Affären oder Rumbumsereien starten. Es ist unfair, tut weh, und Sie würden auf einen Schlag viele Men-schen gegen sich haben. Und zu was? Zu Recht.

2. Wenn Sie sich hochflirten oder -schlafen wollen, dann tun Sie es nur für sich, für niemand anderen, und verlieren Sie kein Wort darüber. Wenn es mit der Beförderung nichts wird, wechseln Sie die Firma. Warum? Hallo, wie wäre es mit einem neuen Selbstwertgefühl?!

3. Auch die Freunde der Exfreundin oder des Exfreunds sind für eine gewisse Zeit tabu. Oder wollen Sie sich etwa im sel-ben Dunstkreis wie die/der Ex umtun? Außerdem macht es einen sehr, sehr schlechten Eindruck. Okay, der kann Ihnen egal sein. Aber was ist, wenn Sie eigentlich ein ganz lieber

Mensch sind, dem plötzlich nachgesagt wird, dass er die Clique jetzt durchbumst? Ist nicht schön das, solche Nachreden kann man sich sparen.

4. Alles, was Sie heimlich machen, kann Ihnen Schwierigkeiten einbringen. Sonst würden Sie es ja nicht verbergen. An dem Grad der Heimlichkeit erkennen Sie, welche Probleme Sie unausweichlich bekommen werden. Denken Sie also gut darüber nach.

5. Stellen Sie eine Verliebtheit nicht unter den Schutz eines Heiligen. Denn sie rechtfertigt nicht den Schmerz, den Sie jemand anderem damit bereiten. Das gilt auch für die Lust: Sie beugt sich nur Ihrer ureigenen Moral. Die können Sie schulen, indem Sie daran denken, was Ihnen schon für Enttäuschungen über den Weg gelaufen sind. Warum glauben Sie, jemand anderer würde einen Schmerz wegstecken oder gar verstehen, unter dem Sie gelitten haben? Sie glauben, indem Sie etwas verheimlichen, ersparen Sie einem anderen die Verletzung? Das ist Quatsch. Tun Sie es besser nicht.

Ich warne übrigens an dieser Stelle auch davor, moralische Unterschiede zu machen. Es ist nicht »toll«, wenn ein Kerl eine Masse Frauen abschleppt. Es ist nicht »schlimm«, wenn eine Frau dieselbe Menge an Kerlen hatte. Es kommt nicht auf die Menge an, sondern auf die Situation, in der wir uns befinden und die uns entweder zu einem Menschen mit wenig Gefühl und Anstand macht oder zu jemandem, der trotz aller Bekenntnisse zur Lust nicht willkürlich herumliebt. Dazu gehört nun mal auch, nicht zwei Freunde oder Frauen hintereinander zu nehmen, mit einem Abstand von ein paar Tagen oder Wochen. Oder mit dem Freund des Freundes oder dem Liebsten der eigenen Freundin rumzumachen oder auch nur zu flirten. NEIN!

Wieso nicht? Es ist weniger der Anstand, den ich hier

predige. Sondern das Menschsein. Anständig ist wurscht, aber Sie können nicht dauernd herumlaufen und anderen wehtun, nur weil Sie grad geil sind. So läuft das nicht. Ja, er ist tabu, dieser Egoismus der Geilheit. Tut mir Leid, dass ich keine Freischeine ausstellen kann. Natürlich ist Sex wunderschön, und der Trieb sollte von Ihnen akzeptiert werden. Aber wenn er Ihre Persönlichkeit so zu steuern beginnt, dass Sie sich von Ihren sexuellen Wünschen kopflos und ohne Charakterstärke oder Rücksicht treiben lassen – dann haben Sie ein Problem. Alles hat seine Zeit. Wenn Ihnen die Liebe in einem Umfeld begegnet, das sonst für Sie tabu sein sollte, dann werden Sie sich Zeit nehmen müssen, um eine Basis für die Liebe zu schaffen, die nicht auf Heimlichkeit angewiesen ist. So viel muss drin sein.

Ach ja: Wenn's Ihnen nicht passt – machen Sie weiter wie bisher. Mal sehen, ob Sie glücklich werden.

Verbale Tabus

Anmachen, gut und schön. Wie weit kann man gehen? Soll man damit kokettieren, dass man *ihn* auch verführen würde, wenn er der eigene Bruder wäre? Urteilen Sie selbst: Alles, was Sie ängstigt, bleibt unausgesprochen.

Wenn Sie in der Öffentlichkeit nicht mit »Na, du kleine Schlampe« angesprochen werden wollen, auch wenn Sie im Bett drauf abfahren, dann müssen Sie das deutlich sagen. Und zwar sofort, damit dem anderen dieselbe Peinlichkeit widerfährt, sonst kapiert er Ihre Motivation nicht. »Schatz, Schlampe ist ein Wort für unsere eigenen vier Wände. Lass das bitte.«

Wenn Sie das Wort »ficken« nicht ertragen können, dann lassen Sie es weg und bitten Ihren Partner, sich zwanzig andere Worte auszudenken und aufzuschreiben und Ihnen den Zettel in den BH zu schieben.

Wenn Sie es nicht mögen, dass Ihr Partner Sie »Sau«

schimpft, dann sagen Sie ihm: »Ich mag eine Sau spielen, aber nenn mich Luder, das gefällt mir besser« (jedenfalls falls Sie gegen das Wort »Luder« nichts einzuwenden haben). Oder, Tuffi?

13. Kapitel

Er denkt, sie denkt. Frauen und Männer werden niemals gleich sein

Dass wir dieselben Worte verwenden, bedeutet noch lange nicht, dass wir uns verstehen. Erst recht bedeutet es nicht, dass wir die daraus entstehende Handlung und die darauf folgende Reaktion verstehen. Und ganz bestimmt nicht, wenn Frau und Mann zusammen sind. Aber das sollte Sie nicht weiter verunsichern – auch wenn klar ist, dass Männer unter Liebe beispielsweise etwas anderes verstehen als Frauen – nur weil sich zwei nicht verstehen, hindert es sie noch lange nicht daran, sich trotzdem gegenseitig das Leben schwer zu machen …

Okay, okay, ich gebe zu, das Thema ist nicht ganz neu – aber im Gegensatz zu den diversen Ratgebern in Sachen Diplomatie zwischen den Geschlechtern frage ich mich, ob man sich überhaupt zwingend verstehen muss? Braucht es das, um glücklich zu sein oder um zu bekommen, was man will? Eigentlich nicht – es reicht, wenn er kapiert, was wir meinen. Sagt sie.

Eigentlich nicht, sagt er – es reicht, wenn ich weiß, dass sie Ja meint und nicht Vielleicht.

Wir wissen, dass Frauen Beziehungssprache benutzen, mit all diesen »würde, könnte, hätte«, um vorab Streitereien zu entgehen und so was wie Nähe zu erzeugen – während Männer Infolinguistik betreiben, Berichte, Witzchen. Klar, funktional, informell. Für Kerle heißt »mmh-mmh«

»Ja«, während Frauen darin nur die Bestätigung sehen, dass ihnen zugehört wird – aber noch lange keine Zustimmung!!

Mehr von solcher Crux? Bitte sehr:

Sie kommt heim. Stressiger Tag, saublöder Chef. Er fragt nach – aber nicht, weil er unbedingt mit ihr ein Gespräch führen will, sondern weil er Informationen einholt. Was hat der Chef gesagt? Wie hat er es gesagt? Warum hat er es gesagt? Bis sie keine Lust mehr hat, die Fragen nach dem Chef zu beantworten, sondern lieber in den Arm genommen werden will oder über etwas ganz anderes reden möchte. Er ist beleidigt, sie unerfüllt. Beide verstehen sich nicht und den anderen erst recht nicht.

Sie will reden. Über etwas, was ihr in der Beziehung missfällt. Sie ist bereit, sich auszutauschen, gemeinsam eine Lösung zu finden. Er hasst diese Beziehungsgespräche, weil er meint, sie verlangt sofortige Lösung. Er erkennt nicht das Gespräch als Weg, sondern empfindet es als Angriff auf seine Person.

Sie stichelt. Er rempelt.

Sie beherrscht die üble Nachrede, er das Befehlen, Unterbrechen und Bolzen auf dem Fußballfeld.

Sie spricht bindend, Vorheriges aufgreifend, diplomatisch. Er unterbricht, wechselt das Thema oder ist konfrontativ in seinem Sprachstil.

Eine brüllende Frau, ein vermittelnder Mann? Seltsam. Ein zuhörender, nachhakender Kerl, eine unterbrechende, schimpfende Frau? Selten.

Was sich in der jeweiligen Gruppe als absolut zweckmäßig herausstellt – Frauen hören sich gegenseitig zu, unterstützen sich oder bauen über ein Gespräch erst Beziehungen zueinander auf; Männer geben über ihren Sprach- und Redestil Auskunft über ihre Hierarchien, schimp-

fen, schreien und versuchen sich gegenseitig zu dominieren –, ist in der Gegenüberstellung von Mann und Frau hin-
derlich.

Wie oft habe ich erlebt, dass ich sagte: »Geht dich das
was an?«, und als emanzipatorische Aggrotante hingestellt
wurde (von Männern). Das ist männliche Bewertung, ohne
den Sinn des Gesagten zu akzeptieren – allein durch die
männliche Art, wie ich es aussprach und die sich nicht mit
meinem Geschlecht deckte.

Frauen sagten darauf meist: »Ich denke, ja, weil ich deine
Freundin bin«, oder: »Vielleicht nicht, aber es hat mich ehrlich interessiert.« Das ist weibliche Kommunikation.

Männer, die dieselben fünf Worte sagen, werden unter-
würfigst um Entschuldigung gebeten (von Männern).
Frauen sagen dann oft: »Sei doch nicht so eklig.«

Spätestens da ähneln wir uns alle also wieder: Wenn eine
Frau versucht wie ein Kerl zu reden und umgekehrt. Da sind
wir irritiert – aber mehr von der aggressiven Frau als von
dem diplomatischen Mann. Seltsam, nicht wahr, dass in unserer ach so aufgeklärten Gesellschaft etwas unterschiedlich bewertet wird, je nachdem, wer's sagt oder tut, Mann
oder Frau.

Deswegen, liebe Schwestern, muss es gar nicht sein, dass
wir anfangen, wie Kerle rumzubrüllen, zu unterbrechen,
endlos zu schwallen oder sonst wie Berichtssprache einzuführen. Wenn wir schon wollen, dass uns Kerle verstehen,
dann mit graduellen Änderungen in der Sprache. Bestes
Beispiel: »Bringst du morgen Blumen mit?«, statt: »Ich
würde mich sehr freuen, wenn du mir vielleicht mal wieder
ein paar Blumen mitbringen würdest.«

Auf Grund der einseitigen Hirntätigkeit fällt es Männern
schwer, die Information dahinter rauszupicken: »Blumen …
irgendwann … freuen … vielleicht …« Egal. Vergessen

wir's. So hat das keinen Sinn. Er wird morgen keine Blumen mitbringen. Und nächste Woche auch nicht.

Denn er hat nicht die Brücke zwischen den Gehirnhälften, auch wenn im Rausch der Verliebtheit dieselben vier Gehirnteile bei Männern und Frauen wieder ähnlich tickern – nur eben nicht auf Dauer.

Auch interessant: Nachdem sich Frauen mit einem Schwall emotionaler Rede zu seiner Person geäußert haben, differenziert, an den richtigen Stellen betont und an anderen abschwächend, minutenlang zum Beispiel darüber gesprochen haben, wie schön es wäre, wenn er sich mal wieder mit ihrem Körper beschäftigen würde ... dann bringt er es garantiert innerhalb von zehn Sekunden auf den für ihn verständlichsten Punkt: »Ich kümmere mich also zu wenig um dich.« Oder: Sie sagt, dass sie es traurig findet, dass er ihren Roman von vor einem Jahr nicht gelesen hat, weil er sich nicht für Krimis interessiert und auch bei dem Werk seiner Liebsten keine Ausnahme macht – verständlich? Sie gesteht, dass es sie damals verletzt hat. Nach kurzem Schmollen sagt er: »Ich interessiere mich also überhaupt nicht für deine Arbeit?« Neiiin! Sondern ... und dann noch mal. Noch ausformulierter und ausgewogen zwischen zärtlichem Tadel und ehrlichem Lob. Er verkürzt es wieder. Sie ist mit der Reduzierung nicht zufrieden, weil sie ihn nicht verletzen will und weil das alles ja auch noch viel, viel differenzierter ist. Und er verkürzt es immer wieder, um es zu verstehen. Sie gibt ein Beispiel, um es zu erklären – er zieht sich an dem Beispiel hoch. Sie verneint das von ihm Verkürzte – er ist beleidigt, weil sie das doch so gemeint hat. Vielleicht nicht gesagt, aber doch gemeint. Oder?

Und das ist das wirklich Traurige an den Strukturen von Gesprächen zwischen Männern und Frauen. Sie macht's mit Gefühl, er mit Logik.

Aber irgendwie klappt es ja doch – wir reden und reden und reden uns den Mund fusselig; zu keiner Zeit haben Paare so oft und viel (und sinnfrei) miteinander geredet, ohne sich dabei auzutauschen. »Wir müssen reden« ist heute so was wie eine Beziehungskampfansage, und »Wir hatten uns nichts mehr zu sagen« ein größeres Schuldeingeständnis als »Sie hat sich in jemand anderen verliebt«.

Reden ist toll. Frauen lieben es, Männer – na ja, sie legen halt nicht so super viel Wert drauf, es sei denn, sie können sich über etwas auslassen, was sie wissen. Je länger sie Redefreiheit haben vor einer Gruppe von Menschen, die sie beeindrucken wollen, desto mehr definieren sie sich über ihre Redeminuten als über irgendwas anderes. Ich kenne da so ein paar Exemplare, die aus dem Stand heraus schwadronieren können, dass es einem zu den Ohren rauskommt. Da liegt die Vermutung nahe, dass Männer reden, um zu kämpfen, und den Kampf wollen sie vielleicht im Job, aber doch bitte nicht im Wohnzimmer. Sondern nur in einer Gruppe von *ihm* nicht näher bekannter Individuen, die mit offenen Mündern an *seinen* Worten kleben – was anderes bleibt ihnen auch nicht übrig, weil er vom Ästchen zum Stöckschen kommt und sich nicht reinreden lässt.

Quatschen ist seltsamerweise okay – nächtelang können sich gemischte Doppel wunderbar damit vergnügen. Bis plötzlich die Frau über den Mann redet. Und von ihm möchte, dass er über sich redet und sie dabei mit einbezieht. Dann wird's kompliziert. Wenn es nicht mehr über die Welt im Großen und Ganzen oder Filme oder Rollbratenrezepte oder den Laden unten in der Bahnhofspassage geht, sondern um die eigene Befindlichkeit und was der andere davon hält.

Schnell fühlt sich der eine oder andere angegriffen und

komplett abgelehnt. Er fragt sich, ob all das, was er macht und tut, überhaupt geschätzt wird.

Aber so wild ist das alles nicht, denn auch wenn beide etwas völlig anderes fühlen, während sie dasselbe sagen, kann es noch zum guten Ende führen. Er sagt, während er in ihr ist, »Ich liebe dich«, und meint es so, während sie zweifelt, ob er das sagt, weil es so ist oder weil er sie rumgekriegt hat und das wenigstens als Zeichen der Dankbarkeit dafür äußert, sich in ihr erleichtern zu können – oder weil er sowieso nur den Sex mit ihr liebt.

Sie sagt »Ich liebe dich« währenddessen, weil sie es erfüllend findet, für Frauen ist Sex oft ein Ausdruck ihrer Gefühle, eine Steigerung der unausgesprochenen Worte.

Hey, klar sind wir nicht immer verknallt, wenn wir es tun. Wilde Zeiten mit dem Austesten unserer seelischen Grenzen müssen sein, sorry, und auch wir nehmen uns »Objekte«, ohne groß wissen zu wollen, ob er eine schwere Kindheit hatte oder als Stripteasetänzerin gearbeitet hat, um sein Medizinstudium zu bezahlen, oder ob seine Augenringe daher kommen, dass er nachts in Obdachlosenheimen Suppe ausgeschenkt hat oder im Kinderkrankenhaus die Zu-Bett-Spiele organisierte. Peanuts, wer will schon gleich heiraten?

Diese gewisse Gefühlsdistanz bringen auch Frauen zu Stande, die einen mehr, die anderen weniger. Aber eins sagen wir mal: One-Night-Stands haben wir weniger als Männer, mehr so Drei-, Vier-Tages-Affären, manchmal auch zwei Wochen. Wir sind nicht so ex und hoppig – wir haben sogar die superdumme Schwäche, aus Mitleid oder falsch verstandener Rücksicht herumzuknutschen. Manchmal lassen wir Sachen mit uns machen, bloß weil es der Chef ist oder weil man nicht unhöflich sein möchte. Weil wir hoffen, dass nach der Gewährung bestimmter Handlungen das Interesse nachlässt – aber oft ist das Gegenteil der Fall. Eine sehr bescheuerte Macke, echt, die sich lang hinzieht. Meine

Güte, wenn ich bedenke, mit welchen Kerlen ich schon ge-
knutscht habe, sozusagen als Gefallen, aber wozu? Vielen
meiner Freundinnen geht es nicht anders, sie wissen nicht,
wie sie Nein sagen sollen, ohne zu verletzen oder vor den
Kopf zu stoßen, vor allem bei Männern, die ihnen zwar gefallen, die aber nicht für Leidenschaft oder Liebe in Frage
kommen.

Wo waren wir? Beim Reden und Denken und den Unter-
schieden? Ach so. Da wären wir also bei der Frage: Was
denkt eine Frau, wenn sie sagt: »Nichts.« Die Frage hieß:
»Was ist?«

Entweder wir denken: nichts. Das ist aber eher selten,
oder wir werden in Gedanken unterbrochen, die absolut gar
nichts mit dem Menschen zu tun haben, der uns so ängst-
lich-erwartungsvoll anstarrt. Oder aber sehr viel.

Meist ist ein schnippisches, leises oder säuerliches
»Nichts!« die Abkürzung für: »Ich kann jetzt nicht darüber
reden, weil es mich verletzt hat, das eben, oder was anderes, und ich explodiere gleich und will dir das ersparen und
muss erst mal drüber nachdenken, ob das eine Explosion
wert ist oder nicht. Lass mich mal kurz in Ruhe, du Spa-
cken.«

Natürlich hätten wir auch noch zur Auswahl, dass dieses
spitze »Nichts, wieso?« auch berechnend eingesetzt wird
und der Kerl ein schlechtes Gewissen bekommt und darüber nachgrübelt, was er jetzt schon wieder falsch gemacht
hat; gepaart mit der irren Hoffnung unsererseits, er komme
tatsächlich drauf, entschuldige sich wortgewandt und auf
Knien, gefolgt von einer absolut wundervollen Umarmung
mit anschließendem Hervorzaubern eines exquisiten Ge-
schenks.

Aber eigentlich – und das ist nicht als Entblößung der
weiblichen Empfindungen gemeint, sondern zielt auf das

Verhalten jener Männer, die besonders oft das schmalzüngige »Nichts!« zu hören bekommen – bedeutet es: »Nimm mich in den Arm! Kümmer dich um mich! Behandle mich so, wie ich es verdiene – nämlich wundervoll! Du Penner!«

Und da sag noch mal einer, Frauen reden zu viel. Denn all diese unausgesprochenen Suaden liegen in diesem kleinen Wörtchen der Verleugnung.

Ach so, und was denken Männer, wenn sie so bündig antworten?

1. Nichts.
2. Sie hält mich wohl für einen Idioten, ich bin ihr nicht gut genug, und überhaupt, was hat sie da eben nur rumgemeckert?
3. Lass mich, ich will lesen/Länderspiel gucken/dumpf durch die Gegend starren/mich in meinem Selbstbild als Lonely Wolf suhlen.

Letztens auch was Hübsches registriert. Sie sagte: »Steck ihn rein« und meinte den Finger, der da grad in der Gegend war. Er nahm seinen Schwanz zur Hilfe. Absolut missverstanden, aber das Ergebnis war auch recht einprägsam.

So kann's kommen, dass wir uns trotzdem verstehen.

Nun könnten wir weiter schwadronieren über weiblichen Zynismus und männliche Rationalität. Man glaubt gar nicht, wie es Männer verwundert, wenn man plötzlich in ihrem Jargon kommuniziert. Da wird unterstellt, wir würden extra brüskieren oder mehr Mann sein wollen als die Männer. Da wird man als forsch und nicht auf den Mund gefallen tituliert, obwohl man doch einfach nur sagt, was und wie es einem in den Sinn schießt (falls vorhanden).

Die Stimme als Merkmal des Charakters, die Wörter als Waffen, der Gedanke dahinter undurchschaubar: So empfinden sich Männer und Frauen gegenseitig. »Was meint er/sie damit …?« ist die häufigste selbst gestellte Frage. Denn Gesagtes und Gemeintes kann – nicht erst seit Mel Gibson in dem Gedankenhörfilm *Was Frauen wollen* – weit auseinander klaffen. Erschwerend kommen die Unfähigkeit zum Zuhören – zum genauen Zuhören – sowie so genannte »unterstellende Fragen« hinzu. Journalisten können das selbst besoffen, solche Zitate unterschieben wie: »Ihnen war der Protagonist sympathisch, sie empfanden Verständnis für seine kannibalischen Gelüste?« Oder: »Werden Sie schon wieder einen Standpunkt beziehen, der absolut konträr zum Mainstream ist?« Oder: »Sie geben also zu, dass Sie heterosexuell sind.«

Das Problem ist, dass regelmäßige Wörterbenutzer (wie Autoren) gewandter sind, schnell sprechen und nicht lange überlegen müssen. Aber solche Satzbauer gibt's auch unter Nichtschreibenden, die einem dauernd Fragen und Phrasen reindrücken, die eigentlich nur mit »Nein, aber« oder »Nein, ganz anders« beantwortet werden können, so dass sich kein konstruktives Gespräch entwickelt. Zum Beispiel: »Du hast der doch auf die Beine geschaut, oder?«

Die einfachste Form, verstanden zu werden, ist und bleibt, die Dinge so zu tun, wie man gesagt hat, dass man ist. Oder zu meinen, was man sagt, es sei denn, es widerspricht der Höflichkeit. Was geht es den Chef an, dass man seinen Mundgeruch nicht mehr ertragen kann?

14. Kapitel

Am Anfang, in der Mitte, am Ende genauso – Über die Macht der Hormone. Zusätzlich ungefragtes Lamentieren über Fortpflanzung, Leidenschaft sowie den Wunsch nach pragmatischer Wissenschaft

Kurz vor der Periode fängt es an, am Abend davor ist es am schlimmsten: Heulen bei sentimentaler Kitschwerbung, deren Macher genau das erreichen wollten; feuchte Augen beim Kleine-Hunde-Streicheln und Kätzchenkosen, missmutiges Ins-Bett-gehen-und-wieder-Aufstehen. Ironisches Timbre in der Stimme, selbst beim Guten-Tag-Sagen.

Dann sind sie da, die Tage – als Gott zürnte, Eva, dafür wirst du bluten, und sie erwiderte, okay, kann ichs in Raten zahlen, seitdem plagen wir uns. Nicht nur alle achtundzwanzig. Sondern auch alle vierzehn Tage, kurz danach, davor, dazwischen auch. Männer können sich manchmal gar nicht vorstellen, was für ein Hormontango da abgeht, der weit über äußerliche Merkmale wie Brustschmerzen, störrisches Haar oder die Farbe der Nässe zwischen den Beinen hinausgeht.

Der Augenblick des Verlierens seiner selbst ist so nah.

Wir drehen einfach durch. Und dumme Sprüche wie »Na, wieder ein Ei am Wandern?« oder »Ach Gott, hast du deine Tage oder was?« sind ungefähr so hilfreich wie eine Salami im Flur, aber dennoch treffend.

Das Allerblödeste dabei: Wir sind auch noch immer anders! Wenn Mann sich wenigstens darauf einstellen könnte, dass alle vier Wochen freitags ein Wutausbruch zelebriert wird, bei dem selbst US-Marines abtauchen, wäre es ja hilfreich. Aber leider, leider ist es nicht so. Hormone machen uns geil, wütend, hilflos, weinerlich, schmerzgeplagt, empfindlich, lüstern; mit ihnen steht und fällt das Selbstbewusstsein, die Motivation, Energie und Leistungsfähigkeit. Und das ist nicht witzisch!

Und? fragen sich jetzt männliche Leser. Was soll's! Erdbeerwochen, okay, man darf nicht ran, sie ist zickig – und?

Das nur dazu, weil sich immer noch viele Männer fragen: Was hat sie denn nur? Nicht jeder ist so verdammt aufgeklärt (ja, ich denk da an dich, Georg, du neunmalkluger Bürgermeister vom Zwergenland) – weil man sich nicht getraut hat zu fragen, weil man noch jung ist, weil man sich in dieser Richtung nicht weitergebildet hat. Man darf nicht immer von sich selbst ausgehen.

So. Und deswegen können und wollen wir auch nicht immer. Weil es Tage gibt, an denen wir null Gefühl haben. Keine Lust. Alles andere, nur keine Begierde. Lasst uns einfach, es ist nicht persönlich gemeint. Stellt euch vor, ihr (Männer) wärt beim Sport gewesen, hättet danach feist gegessen und nur noch Bock auf eins: ab aufs Sofa, Fernsehgucken, Maul halten. Ja, so in etwa geht's uns auch, nur völlig ohne Sport und Fritten.

Ach so: Wer auf die Idee kommt, an die Tür zum braunen Salon zu klopfen, weil im Hauptportal ein Wattebäuschling wohnt, sollte sich mal kräftig in die Leiste kneifen. Jaha, Bauchweh ist nicht gerade fördernd für die Lust auf die analen Machenschaften. No way. Ausnahmen bestätigen zwar die Regel, aber das ist von der Tagesform abhängig.

Ich will ja nicht allzu sehr im roten Bereich rumrühren; es ist nur so, dass der Tango der Hormone und dessen Begleiterscheinungen Mini-Melodramen hervorrufen können, auf die ein Kerl gern mal versuchen könnte einzugehen. Wir sind ja schon so diskret, wie die Werbung es uns erlaubt –

aber müssen wir uns ständig zusammenreißen, damit wir euch nicht überfordern?

Hilfe bei dieser Überzeugungsarbeit bekomme ich von rationalen Biologen, die uns eintrichtern, dass wir nur glauben, wir würden uns frei entscheiden in dem, was wir tun, oder in der Wahl jener, die wir vögeln wollen. Nixen, sacht der Prof, alles vom Hormonspiegel festgelegt, nenn es Schicksal, nenn es Karma, aber wenn die Biochemie erst mal ins Brodeln kommt, musst du emotional sein. Drogen, die im Körper stimuliert werden, sorgen dafür, dass wir erregt oder wütend oder träge sind, Lust in Schmerz umschlägt und umgekehrt.

Doofe Hormone.

Auf der anderen Seite ist es doch so: Man muss nicht alles über Sex wissen, um ihn zu haben. Wie die verflixten Hormondinger heißen, die zu willenlosen Sexsklaven machen – wen schert's? Dass Liebe mit Pheromonen zu tun hat, die auch wieder verschwinden können und die Liebe gleich mitnehmen – na und? Muss man unbedingt über den Kontrollmechanismus des Gehirns Bescheid wissen, der darüber wacht, dass die Botenstoffe des Verliebtseins nicht zu oft im Hirn andocken und einen wuschig machen – diese Kontrollstelle bewahrt uns vor diesem andauernden »Frühlingsgefühl«, damit wir nicht völlig durchdrehen. Leider verschwindet damit auch das Flattern im Bauch, und der Rausch der ersten Monate vergeht auf Nimmerwiedersehen. Und damit geht die Tollheit, bleibt nur die Sehnsucht nach Ruhe und Geborgenheit, nach erfüllter Liebe …

Und wo bleibt der romantische Schwur »Für Immer«? Für immer verliebt geht also hormonell gar nicht, und für Liebe gibt's mithin keine Erklärung, prima. Wenigstens haben die Kollegen mit den weißen Kitteln, diese Reagenzgläserschwinger, herausgefunden, dass ekstatischer Rausch des Anfangs ein Paar zusammenschmiedet, auch wenn diese Ekstase nicht erfüllt. Erfüllung kommt später, wenn wir ahnen, was für ein Mensch der andere ist. Aber da haben wir uns schon längst auf ihn konzentriert, haben die doofen, schlauen Hormone eine Autobahn ins Hirn geschnitten, auf der am liebsten die Signale des anderen fahren dürfen. Immerhin.

Und sonst? Was kann uns sonst die eherne Schulmedizin so bieten, auf dass wir erfüllt und treu an der Seite unserer Lieben leben? Sie schmeißt uns zu. Mal hier ein Häppchen Evolutionstheorie, mal da eine neue Erkenntnis über minirocknachglotzende Kerle. Kann sich doch keiner merken! Geschweige denn umsetzen …

Was soll's denn nun, wenn man die lateinischen Namen der Geschlechtsorgane nicht mal buchstabieren kann, aber dafür weiß, welcher Druck der Klitoris gut tut (oder das Gegenteil: welchem sexologischen Sprechwunder ist damit gedient, dass er weiß, dass die Klitorisspitze – also das, was von dem bis zu neun Zentimeter langen Organ zu sehen ist – Glans heißt, aber nicht weiß, wie man mit dem Nippelchen umzugehen hat und es wund schubbert?).

Viel Wissen heißt nicht automatisch super Sex. Und Hormone, Evolution, Körperchemie und alles Mögliche an vererbten Fortpflanzungsstrategien zu kennen und als Erklärung für das nervöse Zittern in den Knien herzunehmen hilft uns nicht bei der Frage, was wir beim ersten Rendezvous anziehen sollen.

Schweife ich ab? O, Verzeihung. Ich sinniere halt so vor mich hin, untersuche die Publikationen vergangener Jahre und frage mich, warum die Leute so scharf darauf sind herauszufinden, welches Hormon denn nun bitte den Penis anschwellen lässt oder welcher Duft die Haut der Blondinen durchdringt. Manche Dinge muss man nicht wissen, um sie zu mögen. Und wenn Sie dreimal ahnen, dass nur irgendein mystischer Hormoncocktail dafür verantwortlich ist, dass

Sie auf den Kerl da drüben an der Bar anspringen wie ein Frosch mit Schluckauf – es wird Sie nicht davon abhalten, ihn anzumachen.

Praktisch ist, wenn man die Landkarte der Hormone durchschaut hat, dass man sich nicht mehr so leicht was vormachen lässt. Dass Sexzucker oder Liebestränke einfach lachhaft sind, wenn die Venus keine Lust auf einen hat. Dass der blaue Diamant Viagra zwar eine Erektion beschert, die aber nicht der Lust zwischen den Ohren entspringt. Natürlich ist es auch zweckmäßig zu wissen, dass Östrogene auf die Brustgröße Einfluss haben und jeder mit dem leben muss, was man hat, oder dass das Hormon DHEA für den Sexualtrieb sorgt. Schön! Toll! Aber können die Wissenschaftler uns deswegen verraten, wie wir einen Partner umgarnen, halten und befriedigen können? Wie wir Unsicherheit und Selbstzweifel überwinden? Wie wir unsere Lust akzeptieren und erfüllend ausleben? Wie man Männer und Frauen so berührt, dass sie vor Wonne fast verglühen?

Nee. Sie kommen uns mit erogenen Zonen und Rezeptoren und Reizen der Sexualzentren, anstatt zu sagen: »Hey, ihr Mädels, schließt mal euren Daumen und Zeigefinger um euer Handgelenk, bis ihr den Gegendruck der Sehnen spürt – so fasst ihr einen erigierten Penis an.« Oder: »Hey, Jungs, berührt mal euren Mund – nein, nicht so fest, sondern leicht, als ob ihr euch kitzeln wollt – so fangt ihr an, eine Pussy zu streicheln, nicht so fest wie sonst euch selbst.«

Hach, was wäre das nett. Aber nein, die Wissenschaft lässt uns allein, wir können nur raten, was die Berührung einer E-Zone ausmacht. Pusten? Saugen? Drücken? Stupsen? Lecken, küssen, kneten? Was denn nu, Hormonforscher? Wie führen wir eine unerschütterliche Partnerschaft, eine stabile Beziehung, in der neben Liebe auch weitere Komponenten Halt geben? Wie erhalten wir das Feuer, basteln an Idylle, an Nähe, an Zweisamkeit, wenn sich Pheromone, Adrenaline und andere Chemikanten verdünnisiert haben?

Na? Tja. Und dann sanken wir zurück in die Hilflosigkeit zwischen Partnersuche, Partnerglück, Partnerverlust und die Frage nach dem Sinn. Wenn die Liebe tatsächlich eine Baustelle ist, an der Tag und Nacht gearbeitet werden soll, ohne dass sie jemals fertig wird – dann könnten wir ein paar Tipps für Fugen und Mörtel brauchen. Wie wir bindende Trennungen überleben. Seitensprünge, Lust auf Neues, ohne das Alte zu hassen. Wir wir uns zusammenraufen oder rechtzeitig aufgeben. Wir brauchen keine entschlüsselten Genome, wir wünschen uns nur eine helfende Hand, die in den entscheidenden Momenten da ist, uns sanft eine scheuert, wenn wir wieder mal Mist gebaut haben.

Stattdessen wird uns der Romeo-und-Julia-Effekt erklärt: Eltern streiten über die Partnerwahl, der Nachwuchs rückt noch näher zusammen. Oder dass Krisen auch bindend wirken. Klasse – Krisen können heutzutage allerdings auch der Kinobesuch sein, wenn ein Thriller gezeigt wird, Achterbahnfahrten, gemeinsamer Leistungssport, Abiturfeiern.

Dummerweise schiebt das emotionale Zentrum im Gehirn die Ausschüttung von Adrenalin und die Erhöhung des Pulsschlags aufs falsche Objekt: Nicht der mitkeuchende, mitleidende, mitfeiernde Mensch ist der Auslöser unglaublich romantischer, stimulierter Gefühle, sondern einfach nur Nervenkitzel oder physische Anspannung. So ein Mist. Und dafür ging ich täglich joggen, um *ihn* zu sehen?!

Also, gut zu wissen. Aber auf der anderen Seite noch mal laut und klar gefragt: WEN SCHERT'S?

Sexualstrategien hin, Anthropologie her: Sehr hübsch ist auch die Theorie, dass wir uns alle noch wie Steinzeitmenschen benehmen, da die jüngere Evolution gar nicht ausreichte, uns in Wesen zu verwandeln, die andere Verhaltensmuster gelernt und vererbt haben, abgestimmt auf

Bürotätigkeiten und Dosenöffnen, Türaufhalten und Pille-nehmen.

Wenn also sich irgendwer mal wieder über uns be-schwert: Wir können nicht anders. Das ist der Urreflex zwi-schen Sexualtrieb und Angst vor Nahrungsquellenverlust, irgendwo zwischen Altruismus und Egomanie. Wir sind nicht dran schuld, dass Männer auf Miniröcke glotzen; schließlich haben unsere Mädels aus Neandertal auch knie-frei getragen beim Beerensammeln, um im Gestrüpp nicht zu stolpern. Und was können wir Frauen schon dafür, auf gut gebaute Kerle zu stehen – sie waren es doch, die uns vor wilden Mammuts und Säbelzahntigern beschützt haben und uns so unnachahmlich supergeil an den Haaren durch die Wildnis und hintern Busch zerrten.

Ach ja, wie einfach, und genauso wollten wir es doch im-mer haben.

Zurück zum Stammtisch.

PS: Hatte ich erwähnt, dass ich grad mitten im Zyklus ste-cke?!

15. Kapitel

Lüsterne Zugbegleiterinnen, Sofortsex, Multiorgasmen und Haralds Bester. Warum uns Sexblätter nicht wirklich weiterbringen

Ich hab mich ja geniert, tatsächlich. Im Bahnhofskiosk wurde ich fast erschlagen vom Angebot diverser »junger Illustrierter«, die fast alle irgendwelche breitspreizigen Mädels mit Waffeleisenfrisur und Minislip über dem Solariumbauch auf dem Titel hatten. Dazu reißerische Storyanrisse wie: »Bi-Pärchen beichten alles!«, oder: »Irrenarzt verkauft Frauenleichen an Sex-Sekte«, oder auch: »Mach's mir richtig – tabulose Teenager im Tannenwald.«

Na ja, ich zog also meinen Schal fester ums Gesicht, nahm mir die Luft und die Sicht, meine Tarnbrille beschlug augenblicklich von innen, mir fielen fünf junge Illustrierte runter – klaffend auf den eindeutigsten Seiten, genauso wie das fallende Marmeladenbrötchen, verdammich –, dicht gefolgt von der Handtasche, deren Inhalt sich klimpernd und gänzlich unauffällig über den Boden verstreute. Ich also auf den Knien, schreiend breite Frauenbeine grinsten mich lüstern aus der Heftmitte an, Sex vor dem Spiegel, im Auto, auf der Wärmflasche, zu dritt, zu acht, in Leder und im Pool, in Borneo und auf dem Sessel vom Chef, »mit meinem Bürobotenschwengel stieß ich die Sekretärin heftig«. Die Brille rutschte, das Kleingeld kullerte, und der Kunde hinter mir machte eine Bemerkung in der Richtung: »Guck mal, die ist ja schon ganz aufgeregt. Hat's die aber nötig.«

Kreisch! Peinsam! Und das mir, ach so schamlos, abgehärtet, bewandert im kasachstanischen Dreisprung vom Schrank, Liebelei im Lüster und Massage unter Härtebedingungen mit verbundenen Augen. Mir! Knallrot und unfähig, das Wechselgeld nachzuzählen oder gar auf einer Quittung zu bestehen, wie es mir mein Steuerberater immer eingeschärft hatte, rollte ich die Illus also ein, ließ mir drei Gummis geben, sicher ist sicher, was ist, wenn einer reißt, und dann das Ganze noch mal, draußen auf der Straße, NEIN. Und ich rannte zum Wagen, meine Trophäen unter den Mantel geklemmt, wehend der Schal, rutschend die Brille. Und alles nur im Auftrag der Recherche. Wie konnte ich mich bloß so zickig anstellen, anstatt souverän zu schauen, was, bitte schön, über sechs Millionen Deutsche regelmäßig lesen? Doch nicht nur wegen der Kreuzworträtsel, Herzchen.

Im Dämmerlicht war ich gewappnet. Gin Tonic in Griffnähe. Ich wollte wissen, wie weit ich hinterm Mond lebe, ob alle bereits viel weiter sind als ich in Sachen Liebe, Sex, Erotik und Gefühl, ob meine Erkenntnisse, Wünsche und Hoffnungen in etwa so aktuell und lebensnah waren wie ein dreibeiniges Einhorn. Ich war auf das Schlimmste gefasst, bereit, alle bisher geschriebenen 280 Seiten zu löschen und neu zu schreiben, sollte es sich hier zeigen, dass ich träumte.

Und es kam schlimmer. So kann ich gar nicht träumen …

Giggel! Abgesehen von den so genannten Reportagen, die so schlecht geschrieben und so mies bebildert sind, dass man sich fragt, warum der Presserat nicht einschreitet oder der Leser selbst das Häufchen Schund zum Verbrennen trägt – ähm, vor lauter Empörung verliere ich schon selbst den Faden, verliere mich zwischen neu zusammengesetzten Hauptwörtern wie »Sofortsex« oder »Hurenart« oder »Dildoboy«, »Bagger-Kniffe« »Orgasmus-Spiele« »Kantinen-Quickie«, »Nervenkitzel-Sex«, »19-cm-Riemen«, »Intim-Küsse« oder auch »Bi-Sex-Meister«. Hilfe, Schlussredaktion! Dazu die merkwürdigen erotischen Aufnahmen, um eine entsprechende »Bi-Pärchen«- oder »Blutjung und Lust auf Sofortsex«-Geschichte zu untermauern. Von *ihr* sieht man alles, und *er* hängt schlaff in der Gegend rum (superwichtig sind offenbar auch die Kursiv- oder Versalsetzung von ihm und ihr. Spart ungemein Platz, und man muss nicht dauernd irgendwas über Frauen und Männer schreiben).

Dazu immer wieder irgendwelche Multiorgasmen, harten Quirlstäbe, pochende Männlichkeit, klatschnasse Döschen, Huren-Sex, Sex-Wünsche, Klittys und Tittys und Leute, die es sich die ganze Nacht mit den Lippen besorgen. Ganze Nacht? Lippen? Besorgen? Ach du je, der Labelloabsatz wird sprunghaft angestiegen sein.

Wie auch immer. Das liest also jeder zehnte Deutsche. Aufstellen und abzählen!

Wer's glaubt, den quäl ich. Kein Wunder, dass sich so manches verquere Wissensloch mit noch mehr Müll füllt – also bitte, wer glaubt denn daran, dass eine Frau direkt nach dem Eindringen minutenlange Multiorgasmen hat?! Von diesen Damen wimmelt aber jedes Heft; »Luder-Ladys« (ach, dieses Doppelwort habe ich gar nicht gefunden, na ja), die so leicht zu befriedigen sind wie Brötchenkaufen. Oder wer wird ernsthaft annehmen, dass es allen Kerlen Freude bereitet, ihren Schnickel so weit nach hinten zu knicken, um den »Po-Schieber« zu machen? Auf Zeichnungen wird verzichtet. Oder, hier, die süße Chantal, die bekommt sogar einen Höhepunkt, wenn *er* sich in *ihrem* Mund verströmt, schau an, wie praktisch. Und scharfen Po-Sex will sie auch dringend mal ausprobieren, na ja. Und dann hätten wir noch Sex auf der genoppten Wärmflasche – da dauert der Orgasmus nämlich eine Stunde. Eine Stunde? Wer hat so viel Zeit? Tickt's noch?

Verzeihen Sie meine Empörung, aber was helfen die

besten Aufklärungs-Sex-Rat-Geber-Geschichten-Schreiber (jetzt leide ich auch schon am Kopplungssyndrom von Substantiven), wenn dann Sachen kommen wie: »Wie bi sind Sie? – der große Sexual-Psycho-Test«. Der Test selbst ist etwa so psycho wie der Dackel meines Nachbarn. Oder wilde Märchen über »Sex von hinten strafft Orangenhaut«. Auch ein Knaller: Der »Webcam-Orgasmus«. Zeigefreudige Paare würden dabei doppelt intensiv kommen.

Hm, seufz. Was will ich denn schon. Die Sprache ist verständlich, bei Gelegenheit wird Treue und was weiß ich nicht alles angedeutet, und selbstverständlich sind auf den Bildern nur Pärchen zu sehen, die sich ganz dolle lieb haben und jetzt Po-Sex-Spiele vor dem Spiegel machen, weil's von hinten doch am schärfsten kommt. Kommt, haha.

Es ist weder sonderlich liederlich noch frivol, aber das Umfeld macht es trotz allem unerträglich, aus den Myriaden von Sexreportagen über quer eingesprungenes Muschizucken das herauszufiltern, was Zärtlichkeit, Lust und Erotik anspricht. Natürlich ist es lobenswert, wenn einigermaßen ungezwungen mit Sexualität und deren Ausübung umgegangen wird. Aber muss es dann gleich so billig und beliebig sein? Immer nur »kommen« in feuchten Muschis, Schnecken, Muscheln, Paradiesen; erfüllt von seinem »Besten«, seinem »Großen«, dem undefinierbaren *»ihn«*?

Da sitzen also ein paar Redakteure und Autoren zusammen, stellen Sexwörter für scharfe Sexstorys im Muschi-Rausch zusammen und machen den Leuten weis, dass alles so sei, wie's geschrieben ist. Experten heißen Dr. Schlegger (haha) oder Dornkaat, und das heiße Discogirl machte es ihm die ganze Nacht mit den Lippen, während er Sekt und Öl in ihrer Pofalte verrieb und sie siedend heiß zum Megaorgasmus mit Nippelzwirbeln und Busenkneten rubbelte.

Vielleicht bin ich ja wirklich hinterm Mond. Aber es ist

gar nicht so einfach, am Rande der Pornografie Dinge zu beschreiben, die sich gefälligst in Deutschlands Betten, daneben und davor abzuspielen haben. Das sieht man an den Bumsblatt-Kollegen, an normalen Autoren, die immer wieder sagen: Über Sex und Erotik zu schreiben ist das Schwierigste überhaupt; und das sieht man an mir, die sich oft windet und kämpft und darum ringt, einen Ton abseits von zynischer Larmoyanz und beliebigem Oberschmalz zu finden. Ganz abgesehen davon, dass Wahrhaftigkeit, Gefühl, Toleranz und Wertfreiheit zu herrschen hat.

Aber zurück zu den Absonderlichkeiten der jungen Illus. Sind die darin beschriebenen »Lust-Kicks« tatsächlich der geheime Traum aller Leser? Kann es sein, dass wir gieren nach Storys über Po-Sex, Fesselsex, Sofortsex? Wenn alle so unkompliziert wären wie die jungen Pärchen, dann ginge es uns doch recht gut! Wenn Frauen augenblicklich kommen würden und Kerle so super einfallsreich verführten, wenn Liebe so leicht und Gefühle so anpassungsfähig wären.

Jetzt wollen wir aber mal eins nicht vergessen: Den Leuten werden Dinge in den Mund gelegt, für Bilder müssen sie nur gut aussehen, egal, ob sie bi oder homo oder hetero sind. Und, by the way: Glauben Sie ja nicht, dass die Deutsche Bundesbahn unersättliche Zugbegleiterinnen und superpotente Dauerständer-Schaffner mit Spontansex-Gelüsten dulden würde. Oder dass ADAC-Pannenhelfer reihenweise junge Autofahrerinnen vernaschen. Perverse Pfarrer Kinder in die Fänge von Pornomafias treiben oder Imbissbuden Döner mit Hundefutter verkaufen (extra fürs Foto wird ein rauchender Wirt mit fleckigem Unterhemd gezeigt und schnell noch ein paar daumengroße Kunststoffschaben auf dem Schneidebrett drapiert – meine Güte, für wie *dooof* halten die uns???!!). Und dann die Studien, die nachweisen wollen, dass zwei Bier täglich die Intelligenz steigern oder dass Friseurkämme zu Schädelpilzen führen.

Wenn das alles so wäre – meinen Sie nicht, dass ernst zu nehmende Gazetten diese Dinge längst aufgegriffen und seriös dargestellt hätten? Anstatt mit nachgestellten Fotos und reißerischen Halbwahrheiten zu hantieren?

Reihenorgasmen, Lustschläuche, russischer Sex-Quer-Stecker, Perversenstrich, Netz-Luder, Sexschweiß, Dildo-Orgien, Alaska-Muschi-Zupfen, Intimgeschwüre nach Sola-rium-Masturbation, Mein Bi-Lover will keine Strapse tra-gen – irgendwie ist die Lektüre sehr deprimierend, auch wenn das Astro-Team Jean Jaques für mich in die Sterne ge-guckt hat und mir einen Liebesvirus attestiert, na, wie toll. Vielleicht hätte ich nicht fünf junge Illu-Dinger auf einmal kaufen sollen, um mich davon zu überzeugen, dass irgend-eine kesse Berlinerin namens Babsie tolle Sextricks mit ihren Melonen veranstaltet oder dass Nackt-Tango eine Weltmeisterschaftsdisziplin sein soll. Es ist definitiv merk-würdig, das Ganze, und ich frage mich, warum die Vorreite-rinnen (schwacher Scherz, automatisch denke ich an Zurei-ten und tabulose Becken-Wipp-Spiele) der Emanzipation nicht wöchentliche Schmähschriften verfassen, um junge Menschen davor zu bewahren, ein völlig verschäumtes, »sexscharfes« Bild der menschlichen Sexualität in all ihren Ab- und Tiefgründen aufzubauen. Denn das Bild, das hier von Frauen gezeichnet wird, verrät mir nur eins: Wir dach-ten, wir wären weiter in Sachen Gleichstellung und eines gelassenen Umgangs zwischen Mann und Frau. Dachten wir, aber jetzt sind wir müde, blind und, wie ich, völlig ge-nervt von dieser Ansammlung diverser Lust-Gier-Frivol-Reports, die nicht einen Schimmer dessen offenbaren, wie herrlich, verschreckend, hingebungsvoll, verklemmt, ein-fach, kompliziert, liebevoll, erotisch, beängstigend Sex sein kann. Reinstecken, rumdrehen, fertig. Strapse, Sekt und Ko-koslotion. War's das? Und was ist mit den Widersprüchlich-keiten der menschlichen Seele, der Kraft und Unheimlichkeit des Triebs, der Romantik und Gewalt nebeneinander existieren lässt und einen schon allein deshalb zur Verzweiflung treiben kann? Langweilig, okay, lässt sich auch scheisenmäßig bebildern.

Ich fang noch mal an. Trinke den dritten Gin Tonic, mehr Gin als Tonic diesmal, und werfe Vorurteile über Bord. Wenn's den Leuten was bringt, wenn sie Ideen bekommen, es vor dem Spiegel oder mit Früchten zu tun, ist das doch schön. Der Zweck heiligt die Mittel, und wenn die Hektik durch Erotik abgelöst wird, kann man doch nix gegen sagen. Blätter, blätter auf der Suche nach Erotik. Gluck, gluck, Gin – und dann schäumte wieder meine heiße Lese-Wut, um im Kontext zu bleiben, ich war total aufgewühlt von meinen Zauberlippen bis zu den Intimlocken, als ich mich weiter in die Materie versenkte. So tief, bis es mir zu den Ohren raus kam:

Dieses Konglomerat an Flirt-Tipps (»So kriegen Sie jede Frau rum, so machen Sie aus jeder Frau eine wilde Sex-Katze, so kriegen Frauen Sex auf Bestellung, das macht Frauen Lust auf super Orgasmus-Spiele«) bietet sprachlich absolut herausragende und erotisch-kunstvolle Verbalattacken wie: »Wärest du ein Fisch, würde ich dich glatt an Land ziehen«, »Nach dem Stehen kommt das Liegen ... am besten bei dir zu Hause ...«, »Kannst du mir 'nen Drink empfehlen, der echt scharf macht?«, oder auch: »Kenn ich dich nicht von der Grundschule?« Wow! Ich würde mich nach solchen geschliffenen Monologen sofort hinlegen, die Beine breit machen und ewige Liebe schwören, ernsthaft. Louto! Steht ihr etwa auch an der Bar, macht »rustikale Sprüche« (what ever that means, vielleicht: »Du bist ja 'ne scharfe Alte«?), bestellt zwei Drinks und »winkt den Traumtypen einfach ran« oder flüstert »heiße Sex-Komplimente«? Wassndas überhaupt? So was wie »Wenn du keinen Slip unter deinem scharfen Discofummel trägst, dann rasier ich dich mit meiner Zunge blitzeblank«?

Bleibt abschließend nur sagen, dass diese Geschichtchen bloß ein Wort hervorlocken: Seufz. Und eine ganz große Bitte: Seht es als Satire an. Pickt euch raus, was euch irgendwie weiterbringt oder auf Ideen bringt, aber behaltet euren Verstand und vergesst ihn nicht am Kiosk. Macht, was ihr wollt, aber grämt euch nicht, wenn es mit den superscharfen Sofortsex-Spielen nicht gleich in megascharfen Multireihenorgasmen mit tabulosem Muschizucken endet. Sex, Liebe, Erotik – das ist alles kompliziert genug. Lest lieber schöne Bücher, Lyrik, die Tagebücher der Anaïs Nin. Schwelgt in Romantik oder abgründigen Fantasien. Lebt eure Sexualität, anstatt dabei zuzuschauen, wie es willige Sex-Luder angeblich mit megaheißen Traumboys orgasmusscharf treiben. Es sind nur Worte, und sie sind schlecht gewählt. Reduziert eure Wünsche und Sehnsüchte nicht auf Billigintimitäten, glaubt nicht alles, traut euren eigenen Instinkten, steht zu eurer Art, zu lieben und zu leben.

Mann, das hört sich megadeprimiert an. Skrupellose Sex-Story-Schreiberin am Abgrund der menschlichen Psyche. Fieser Lektor verkauft gequälte Autorenseele an Buchbindermafia. So lösen Sie megascharf jede Schreibhemmung. Auf dem supernervenkitzligen Chef-Ledersessel. Von hinten, das törnt an. Frivol und megakribbelig: Computersex mit hilflosen Textverarbeitungsprogrammen. TILT. Widmen wir uns wieder den schönen Dingen des Lebens. Und schmeißen gekoppelte Substantive raus.

🐌

Der »neue Mann« – gefangen zwischen machohartem Softie und unsicherem Traditionalist

Er ist zurück: der Macho. Dass er ein ganz anderer ist als in den Siebzigern, ist zwar klar – weil solche Typen einfach kein Bein mehr an den Boden bekommen würden in ihrer archaischen Patriarchenrolle. Aber eindeutig: Der neue Macho, quasi der neue Mann, verdrängt den Softie, den »Ich-versteh-dich«-Typ, diesen »Ich-kümmere-mich-um-den-Haushalt-und-lieg-am-liebsten-unten«-Weichspüler,
der zwar ein netter Freund, aber kein richtiger Kerl ist. Sorry, musste man ja mal sagen. Es ist so einfach: Männer sollen Männer sein, Frauen Frauen, dafür sind wir angelegt. Was wir daraus machen, wie wir die Rollen ausfüllen, ist eine andere Geschichte. Diese Nummer, dass er der Jäger ist und sie das Feuer hütet, ist ja uralt und so was von daneben – aber ein bisschen Jagdtrieb würde vielen Sich-von-Mutti-beraten-Lassern echt gut tun.

Und doch, der Kerl hat's schwör. Manch einer bezeichnet sich selbst als Mann mit keinerlei Begabung oder Talent für Sex. Der Nächste versteht die Frauen nicht – weder was sie sagen noch fühlen noch meinen oder wollen; das macht ihn aggressiv, eigensinnig und unzugänglich. Der Übernächste poppt alles, was leichtfertig Ja sagt, und ärgert sich darüber, dass man keiner Frau mehr trauen kann und dass alle ihn nur als Sexobjekt missbrauchen (das arme Herzchen). Der Überübernächste und alle weiteren verstehen eine Welt sowieso nicht mehr, in der die Quotenregelung ihnen den Job wegnimmt, Gentleman-Allüren und gute Erziehung (Tür aufhalten, Essen bezahlen, auf dem Bürgersteig straßenseitig gehen) nicht mehr gefragt sind, sondern entweder als albern belächelt, unkommentiert hingenommen oder als Vorwand verdächtigt werden, mit einer Lady in die Kiste hüpfen zu wollen. Der Rest ist irgendwo gefangen in einem Wertewandel, den sie nicht provoziert haben und der sie vor Anforderungen stellt, die ihnen niemals jemand beigebogen, erklärt oder vorgelebt hat. Alles ist anders als früher, der Mann nicht zwingend Ernährer oder Beschützer, die Frau nicht unbedingt Mutter oder Geliebte. Beziehungen dauern nicht mehr hundert Jahre, sondern vier bis sieben, danach sind die Menschen nicht nur transitorische Singles, sondern teilweise völlig verändert. Vier Karrieren in einem Berufsleben, vier Persönlichkeiten, sich weiterbilden, weiterentwickeln, ändern, sich selbst widersprechen, selbstverwirklichen, besser sein wollen als der Rest – Menschen, und insbesondere aus der Sicht der meisten Männer: Frauen!, haben sich verändert. Und verhalten sich merkwürdig, meinen die Männer, und die Gesellschaft hat sich verändert, wissen die Kerls, und was heute der Vater sagt, kann morgen der Sohn falsch machen, ahnen die meisten von ihnen.

Dabei waren Frauen schon immer so, man hat sie nur nicht gelassen. Wer sich definitiv anders verhält, ist der Schwanzträger. Trudelnd, trödelnd, trara-schreiend bei Erfolg und Tränen vergießend ob seiner Rolle, die ihm keiner auf den Leib geschrieben hat. Verunsichert und nölig, weil alles so seltsam ist, weil die Vielfalt von Körpern und Vorlieben proportional zur Zahl der Zivilisationserrungenschaften gestiegen ist, weil Sexualität unter dem Wandel der Lebensläufe so formbar und unberechenbar ist wie die Wettervorhersage. Kurz: Der Schock über die Wandelbarkeit der Frau und der Gesellschaft sitzt so tief, dass Männer zu Mäusen werden. Frauen brauchen sie noch nicht mal mehr, um gesellschaftlich anerkannt zu sein oder ein Kind zu zeugen – der kostbare Samen, einst nur unter Verheißung der Ehe verschleudert, lässt sich mal eben lässig im Versandhandel bestellen oder von der Samenbank abheben; oder noch besser: in der Petrischale mixen. Zu jeder Zeit, in jedem Alter. Wozu also noch groß rumhantieren mit einem Kerl und ein Leben lang Furze, Fachidiotie, Flachwitze ertragen? Das Machtverhältnis hat sich verschoben. Wir brauchen einander nicht mehr zwingend, so gaukelt es die schöne neue Welt vor – und doch könnten wir gerade jetzt einander so viel geben.

Hey, hey, ich fahre mich wieder runter, ist schon klar, ich finde Männer an sich klasse. Sie sind toll, wenn's echte Männer sind. Aber genau da liegt das Problem: Die meisten führen sich auf, als hätten sie eine Art Dauerperiode. Sind unflexibel wie ein Zahnstocher, egozentrisch wie Fünfjährige, hilflos wie einhändige Maulwürfe, weinerlich, redundant, larmoyant, schmollende Egomanen mit Hang zum Blowjob. Sie beschweren sich darüber, dass die Frauen, mit denen sie schlafen, Partnerschaften eingehen wollen, aber es ihm nicht leicht machen. Sie stellen verwundert fest, dass Frauen männliche Eigenschaften offenbaren, während sie selbst weibliche Seiten bei sich entdecken und verabscheuen.

Wo sind die, die wissen, was sie tun oder warum sie etwas lassen? Die Anima und Animus akzeptieren als zwei Seiten ihres Charakters? Die nicht krampfhaft versuchen, einer Frau nach dem Mund zu reden und sie dann doch nicht zu verstehen? Die einfach menschlich-männlich sind und nicht verschreckt-verschüchtert? Die es schaffen, die Balance zu halten zwischen Männlichkeit und Chauvinistentum? – Das wird ja gern miteinander gekoppelt, tss, als ob ein Kerl ein Chauvi sein müsste, um männlich zu sein, was für ein hirnrissiger Schwachsinn. Viel zu einfach, viel zu reduziert.

Je mehr Möglichkeiten wir haben – angefangen von Internet-Flirtereien mit anschließendem Treffen, das leider meist schweigend verbracht wird, weil die direkte Kommunikation nicht mehr funktioniert, über Websex – es gibt Leute, die zittern schon beim Anblick einer Maus! – bis hin zum Ausleben atavistischer Triebe an jeder Ecke, jedem Heftchen, jeder www-Adresse, jeder Zelebrierung irgendwo zwischen SM und SMS; also, je mehr Entfaltungsmöglichkeiten das Liebesleben und damit die Partnerschaften haben, desto trostloser ist die Suche nach Zweisamkeit. Jeder Lust wird eine Prothese verschafft, und der unmittelbare Kontakt zwischen zwei Menschen, Auge in Auge, schnörkellos, der Flirt, das Wort, das Flattern in der Magengrube wird zum schwierigen Unterfangen.

So viel Lustmöglichkeiten, und so viel Verwirrung. Armer, armer Kerl.

Selbst die Tatsache, dass Frauen inzwischen Spaß am Sex ohne Zeugung haben, sich selbst nicht mehr über Schwangerschaft definieren oder sich davon frustrieren lassen, Gebärmaschinen zu sein, sondern einfach die Pille nehmen – selbst das konfrontiert den Samenträger mit Verheißungen, Verlockungen, Verstörungen. Plötzlich muss er gerecht werden, Lust befriedigen, wo vorher gebettelt und gefleht wurde, ihn bloß rechtzeitig rauszuziehen. Wer lässt es denn heute noch auf den Bauch plätschern?

Ist das vielleicht überspitzt? Aber genau so empfinden es viele Männer. Wabern und winken nach Einsicht wimmernd herum und fragen sich, was das alles soll, warum sie sich nicht mehr zurechtfinden, wie sie damit umgehen sollen. Und da sie nicht wissen, was mit ihnen los ist, können sie auch selten ihre Unsicherheiten artikulieren. Ja, der Mann schweigt lieber (bis auf ein paar Blubberwunder, die sich selbst hochkant analysieren können und es munter kundtun), der Mann leidet. Herzlichen Glückwunsch, wahrscheinlich haben Sie auch so einen geerbt.

Schwamm drüber.

Diverse Studien und mitleidsvolle Wissenschaftler stürzen sich auf das gequälte Männchen, das sich mit sich selbst, seiner Umwelt und den verdammten Weibsbildern nicht mehr auskennt, und gibt ihm vier Namen: Traditionalist, Unsicherer, neuer Mann, Softie. Die Verteilung in Prozent ist schwammig, aktualisiert sich je nach Volljährigkeit und Umfrageverteilung; aber einen hohen Bestandteil machen die »Unsicheren« aus: round about siebenunddreißig Prozent, das wäre mindestens jeder dritte Kerl, na klasse.

Und hier kommen sie:

Der Traditionalist ist mehr der patriarchische Typus, der die Familie ernährt, seine Söhne noch nach dem Rollenmuster von 1902 erzieht und seine Frau und Frauen überhaupt da sieht, wo sie ihm nicht allzu unheimlich werden können: in der Küche, in der Kirche oder unter ihm liegend. Er verteidigt seine Wertmaßstäbe auf sture, aber dennoch kavaliersmäßige Art. Er sagt: »Na, na«, oder: »Papperlapapp«, und sieht das zweite Geschlecht als ebensolches. Es ist ihm nicht übel zu nehmen, diesem konservativen Männlichkeitsfanatiker, da er immerhin auch die Rolle des Beschützers und Familienoberhaupt einnimmt.

Der Unsichere, wie schon vielfach breitgetreten und inzwischen das Rollenbild eines Großteils aller Jungs, Freunde, Ehemänner, Exgeliebter, bewegt sich mehr und mehr auf eine Krise zu. Studien in den USA posaunen bereits den Untergang des Mannes heraus; Männer seien auf dem besten Wege, die Verlierer der modernen Gesellschaft

zu werden. Sie würden in ihren typischen harten Männer-
berufen stur und starr verharren, anstatt sich an den neuen
Märkten zu beteiligen. Sie würden zu mehr Gewalt und weniger Bildung neigen, Vorbilder in der Familie würden
nichts mehr taugen, da diese noch nicht mit der Frau von
heute zu kämpfen hatten (die Wurzel allen Übels????). Und
wie fast jede Dämlichkeit, die je aus dem unübersichtlichen
Großland mit der Verklemmtheit einer alten Gartenpforte
nach Europa schwappte, so wird bald auch dieser Dämon
vom armen, armen Mann uns überschwemmen.

Das arme geplagte Seelchen. Wird eher obdachlos, verletzt sich bei Arbeitsunfällen, säuft sich zu Tode, verliert
schneller seine Arbeit und bekommt schwieriger welche; zu
allem Überfluss überholen ihn Frauen fast überall: Sie sind
gefühlsmäßig aufgeklärter, gebildeter – und, wie gesagt:
Fürs Muttersein braucht es nicht mal mehr einen Kerl auf
Lebenszeit. Mythos Mann, der unbeugsame Tarzan, hat sich
offenbar in der Liane vertan. Und fragt sich, wo sein Platz ist
in einer Welt, in der nicht mehr die Frauen darauf warten,
angebaggert zu werden, und in der er wissen muss, wie G-
Punkt und Geschäftsabschluss gleichermaßen zu bedienen
sind. Poor boy. – Zurück zum Erfreulichen:

Der »neue Mann«. Der sich entschieden hat, nicht in das
Gejammer seiner Brüder einzustimmen, sondern zualler-
erst Mensch ist, bevor er sich in irgendein Rollengefasel
hineinfallen lässt. Für ihn ist es selbstverständlich, eine
Frau als Chefin oder einen Schwulen als besten Freund zu
haben. Er muss nicht gleich heiraten, weil ein Kind unter-
wegs ist, aber er wird Freude daran haben, Vaterschaftsur-
laub zu nehmen. Er hat sich arrangiert mit der sich verändernden Welt und vermag es wunderbar zu vereinbaren,
dass Frauen sowohl auf den Putz hauen können als auch im
Bett »genommen« werden wollen. Er hat Verstand, Verständnis und Sinn für Sinnlichkeit; meist musste er aber

durch eine harte Schule gehen, sein Ich an Enttäuschungen und einer Zeit der Orientierungslosigkeit bilden.

Der Softie ist dagegen ziemlich abgestanden. Irgendwo übrig geblieben zwischen Lass-uns-mal-reden und Ich-muss-nicht-immer-als-Erster-kommen. Er hat es zur Zeit recht dümmlich: Diese ganzen Unsicheren machen ihn verrückt mit ihren Zweifeln und ihrer Unlust, Dinge dazuzulernen; andererseits findet er sich in Gesprächen um das Wesen Frau immer häufiger allein gelassen, da Frauen, wie er sie einst gut zu behandeln meinte, fast gar nicht mehr existieren. Er will Mentor sein – aber mögliche Protagonistinnen ziehen längst an ihm vorüber. Dabei will er sich doch so gerne auf Frauen einstellen, sich ändern, an ihnen wachsen … übersieht aber, dass er an sich selbst wachsen müsste. Er will reden, wo schon längst alles gesagt wurde. Er hält inne, um der Natur zu lauschen, und verpasst dabei das Leben. Er ist eine Maus, kein Mann, und kennt sich auch nicht mehr aus bei den Weibern, die einerseits stundenlange Gespräche mit ihm schätzen, aber dann doch lieber mit einem hirnrissigen Muskelprotzmacho ins Bett hüpfen, nur so zum Spaß und als Two-Nights-Affäre. (Die kundige Lebefrau weiß genau: Erst beim zweiten Mal wird's richtig gut.)

So. Welches Schweinderl hätten's denn nun gern? Die Übergänge zwischen den vier Grundtypen sind natürlich fließend; allerdings wird aus einem Traditionalist am ehesten ein unsicherer und kein neuer Mann, leider; und neue Männer wachsen nicht auf Bäumen. Zudem kommt das Problem der Lippenbekenntnisse bei Umfragen hinzu, das zwar berechenbar sein mag, aber trotzdem Umfragen bis zu einem bestimmten Grad als paradox erscheinen lässt. Stellen Sie sich vor, Sie werden zu einer ungemein wichtigen Sache befragt: Wie oft Sie aktuelle Zeitungen lesen, wie viele Stunden am Tag Sie Dokumentarfilme sehen oder ob Sie sich selbst als hilfsbereiten Menschen einschätzen. Natürlich stellen Sie sich als offen für alles dar, würden niemals freiwillig entblößende Aussagen machen oder ins Extreme schießen. Und so summieren sich die kleinen Beschönigungen auf, aus einer Hand voll von Natur aus sportbegeisterter Menschen wird dann gleich eine Horde. Eben drum kann ein Kerl hundertmal behaupten, er würde sich zum Typus »neuer Mann« rechnen, weil er ja so absolut für Gleichberechtigung und Stellungswechsel ist und so was von in sich selbst ruht – man sollte immer ein paar Prozent Beschönigungsangaben abziehen.

In unserem Fall bedeutet das: Nicht nur jeder dritte Mann bewegt sich unsicher durch seine Welt, sondern nahezu bald jeder zweite tendiert zu einem gewissen: »Was geht denn hier ab?!«

Es wächst ja auch nichts Erhellendes nach. Söhne werden eher von Zärtlichkeiten ausgeschlossen als ihre Schwestern; während mit Töchtern früh über Gefühle, Ideen, Zukunft diskutiert wird, soll der Sohn ein Mann werden und Schluss; Aufklärung ist sowieso Mangelware, und die Masse an blauen Briefen und blauen Flecken macht es dem Jungen nicht leicht, seinen Platz zu finden. Da bleibt nur die Flucht in eine vermeintlich erwartete Härte, in eine Art Gefühlstaubheit (weder kann er Gefühle formulieren noch interpretieren), in rein äußerliche Existenzbeweise, in steifbeinige Vergleiche mit dem weiblichen Geschlecht. Während Töchtern – übrigens Dank der aufklärerischen, von der Emanzipation positiv beeinflussten Mütter – auch männliche Eigenschaften zugesprochen werden, haben die Jungs mit weiblichen Seiten nichts am Hut. Dürfen sie nicht oder haben sie nicht? Jeder Mensch ist mehr als das Geschlecht zwischen seinen Beinen. Warum sollte ein Junge nicht auch Interesse an gelackten Fußnägeln oder Puppen haben? Wieso gelten Mädchen, die mit Autos spielen, als progressiv, während Mamis Kleider für Junior tabu sind? Wo liegt das Problem, wo der Nachteil fürs weitere Leben? Haben Väter Bammel, aus ihrem Bub werde kein »richtiger Kerl«? So wird den kleinen Jungs von heute einerseits ein Bild aufgedrückt, dem sie entsprechen sollen, ohne dass ihnen andererseits konkrete Hilfe dabei angeboten würde: Sie sind, trotz aller Freiheiten und des Stolzes der Eltern, eingeschränkter in ihren Entwicklungsmöglichkeiten als viele gleichaltrige Mädchen.

Zudem ist die männliche Jugend extrem unfähig, aus der Vielzahl an Möglichkeiten etwas zu machen, sich anzustrengen, die Behaglichkeit des Elternhauses abzuschütteln und raus ins Leben zu gehen. Oder übertreibe ich, wenn ich behaupte: Die heute Zwanzig- bis Dreißigjährigen haben es nicht einfach, gerade weil sie es einfach hatten. Keine Grenzen, kaum Pflichten, selten Ansporn oder Wunsch nach Leistung. Wenn schon jede winzige Aufgabe ein Stressgewinsel erzeugt, muss man sich fragen, was aus den kleinen, egomanischen Kindern eines Tages mal werden soll. Wie sie es jemals packen werden, trotz allem Verantwortungsgefühl zu entwickeln, Durchhaltevermögen, Eigenantrieb.

Solche Eigenschaften gehen ihnen mehr und mehr ab, seitdem sie mit Taschengeld zugeworfen, von Nachhilfe zu Nachhilfe durchs Abi geschubst werden, das Studium hinterhergeschmissen bekommen, so gut wie selten im Hotel Mama mit anfassen mussten oder die Wochenenden häufiger vor der Glotze oder am Computer verbringen statt mit ihrer Peer Group.

Okay, es sind nicht alle so. Aber die Entwicklung ist frappant, und sie wird sich noch verstärken, wenn wir nicht aufpassen. Andererseits: Was sollen diese armen Würstchen denn machen? Alle möglichen Vorbilder sind mit ihren eigenen Unsicherheiten beschäftigt und können ihren Söhnen auch nicht deutlich machen, »was Frauen wollen«.

Und da stehen wir nun, wir Frauen, und haben statt eines Partners einen Jämmerling an der Seite, der sich von uns einschüchtern lässt, kaum dass wir Nein sagen. Also gut, nicht Jämmerling, bleiben wir bei dem Unsicheren. Dieser Unsichere, an dem immer mehr Karrierefrauen vorbeiziehen, hat längst auch nicht mehr die Wahl des Weibs – denn welche ambitionierte Frau will einen Loser an ihrer Seite, einen, der es nicht mal geschafft hat, sie durch seine Lust am Wettkampf zu beeindrucken? Je mehr Frauen Karriere machen, desto mehr Männer bleiben allein (trotzdem werden wir nicht damit aufhören, sorry, auch wenn dadurch dann wieder mehr Frauen allein bleiben).

Ich erinnere mich an meine sieben Tagebücher, und ganz besonders an Aufzeichnungen, die ich mit vierzehn gemacht habe – über die Frage: »Wann ist ein Mann ein Mann« (klingt verdächtig nach Herbert Grö., ob's sein Lied damals schon gab?). Damals tat ich so – war vielleicht sogar davon überzeugt –, als ob Aussehen zweitrangig wäre. Gut, sehnig sollte er sein, nicht schwammig, aber in seinem Auftreten auf jeden Fall darauf verzichten, typisch männliche Eigenschaften zu pflegen wie rauchen, fluchen, Drei-Tage-Bart, nie weinen, selten lachen. Nein, er sollte in erster Linie Mensch sein, so dachte die vierzehnjährige Anne, gerade mal geküsst und noch nie von einem Mann begehrt. Und er sollte sein Mannsein dadurch beweisen, wie er sich zu Frauen verhielt. Kein Mit-Mama-Berater. Kein Sonnen-untergangs-Romantiker. Kein Warum-kommst-du-so-spät-nach-Hause-Frager. Im Ganzen ein Kerl, der macht und lässt. Der Komplimente austeilt wie kluge Kommentare, der sich bemüht, gibt, aber auch dankbar nimmt.

Natürlich wusste ich da noch nicht, dass die Attribute der

Männlichkeit von jedem Jungen hart erkämpft werden – wie ein heiliger Gral, mit Riten, Ritualen, Anforderungen, die so geheim wie undefinierbar sind. Während wir Mädchen nun mal so sind, wie wir sind, müssen Jungs zu Männern werden, unabhängig von ihrem ureigenen Charakter. Uns Mädels – ich meine immer die Zwanzig- bis Fünfunddreißigjährigen – wurde schnell klar, dass wir tausende ungeahnte Möglichkeiten haben. Studieren, Ärztin werden oder auch eine Tischlerlehre machen, heiraten oder auch nicht, Kinder kriegen oder auch nicht (wir wuchsen mit Müttern auf, die nicht mehr so super erpicht darauf sind, dreifache Großmutter zu werden, da sie genau wissen, dass unser Staat trotz aller Fortschritte kinderfeindlich und mütterfern ist). Wir wuchsen damit auf, dass Mädchen zu mögen okay ist und man weder eine Superköchin sein muss, um einen Mann zu kriegen, noch ist es eine Schande, sich für Naturwissenschaften zu begeistern.

Anders bei den Jungs. In Sport und Mathe mussten gute Noten her, bei den Bundesjugendspielen die Ehrenurkunde, und eine Schulhofrempelei hatte man als Sieger zu beenden. Raubeine, freche, vorwitzige, neugierige Kerlchen waren gefragt. Nicht die stillen Zeichner. Nicht die musikbegeisterten Jungs, nicht die, die lieber mit Mädchen über Kafka diskutierten oder in der Theater AG Frauenrollen übernahmen oder sich beim Handwerken pausenlos auf die eigenen Finger kloppten.

Obwohl Jungs die gleichen Möglichkeiten haben wie Mädchen, hatten sie sie irgendwie doch nicht. Sie mussten wild und gleichzeitig diszipliniert sein. Sie werden zwangsverpflichtet, sollen Krieg spielen, ob es ihnen liegt oder nicht. Moralisch einwandfrei sein und sich dennoch nicht vor Prügeln verstecken. Rau und stark und gebildet zugleich, um irgendwann den Vater, Ernährer und das Vorbild abzugeben.

Ich sehe durchaus die Not des Mannes. Nicht nur, dass er sich in der ihm einst zugedachten Rolle nicht mehr wieder findet – er hat es auch noch mit aggressiven Feinden zu tun: Frauen. Mit Frauen, die in jedem Mann einen potenziellen Vergewaltiger, sexuellen Belästiger oder Kindsvernachlässiger sehen; einen, der sich vor seinen Pflichten drückt, einen archaischen Chauvi, der ängstlich auf die Vorherrschaft des Mannes in allen relevanten Lebensstellungen bedacht ist – vom Job bis zur Missionarsstellung. Jeder Mann ein Unterdrücker? Jeder Kerl ein versteckter Macho, in dem irgendwo ein emotional verkrüppeltes Kind verschüttet ist? Puh. Bin ich froh, heutzutage kein Kerl zu sein! Da nehme ich es ja geradezu mit Wohlwollen in Kauf, für die gleiche Leistung häufig weniger zu verdienen als ein Schwanzträger – muss eine Art Schmerzensgeldzuschlag sein (aber da kriegen wir euch auch noch dran).

Aber wenn wir (Frauen) jetzt anfangen, für ihn (den Mann an sich) zu denken und zu handeln, dann kann was nicht stimmen. Wir sind schließlich selbst noch nicht ganz fertig mit unserer Suche; zwischen androgynem Werbebild, Hohen-Hacken-Karrieristin-Stereotypen und der verführerischen Hyäne kann auch eine Frau leicht verzweifeln. Gefallsucht und Unabhängigkeitsstreben herrschen nebeneinander, Eitelkeit und aufgedrehtes Wirbeln in die so genannte Selbstverwirklichung hinein bringen uns zwischen Wickelkind und Wettkampf ins Stolpern. Wir haben einfach keine Energie und Zeit mehr, dem unsicheren Mann lang und breit klarzumachen, dass er schon seinen eigenen Weg gehen muss, anstatt im Weg rumzustehen und Maulaffen feilzuhalten (hat jemand schon mal diese Maulaffen gesehen? Wo werden die eigentlich verkauft??).

Wir müssen uns selbst noch zurechtfinden und haben gerade erst den Spaß daran entdeckt, fette Kohle zu machen, Kinder zu kriegen, von wem wir wollen (wann wir wollen leider noch nicht, da stehen uns die Politik und das Gehaltsgefüge im Weg), Kerle anzubaggern, mit nach Hause zu nehmen und sie anschließend wieder zu entsorgen, oder einfach nur für uns selbst zu sorgen statt für eine Familie. Wir schützen uns selbst, wir arbeiten härter, wir ertragen Schmerzen leichter, wir genügen uns sogar selbst und brauchen nicht dringend einen neuen Nachnamen, um zu existieren. Sorry, tut mir ja auch Leid, in meiner Vorvorgeneration mag das noch anders gewesen sein, aber da waren andere Zeiten: Krieg, Kampf um Gleichberechtigung, Achtundsechzigerrevolte …

Natürlich hat sich das Frausein verändert, aber ist es nicht wunderbar? Anstatt sich so verunsichern zu lassen, könnten sich die Männer freuen. Endlich haben sie einen guten Kumpel, der mit ihnen säuft, um die Wette verdient und mit dem sie auch noch schlafen können. Okay, eine Frau, aber dennoch ein Freund.

Das dürft ihr nicht vergessen, ihr unsicheren Männer: Wir mögen euch, wirklich. Wir wollen euch nichts wegnehmen, sondern nur für uns etwas dazugewinnen. Keiner muss Verlierer sein. Lasst euch lieber mitreißen, bevor ihr überrollt werdet. Seid mal Mensch, und lasst die komischen Geschichten von Rollen, Machtverschiebung und gegenseitigem Belauern weg.

Denn was ihr uns definitiv voraushabt, ist der größere Mut zum Risiko. Zwar scheitert ihr auch öfter, aber hat euch das bei der Jagd nach Bären, Börsenerfolgen und dem Mädchen aus der Bauchtanzgruppe groß beeindruckt? Eben. Schwelgt weiterhin in unserer Bewunderung. Die habt ihr sicher, auch wenn ihr unsicher seid (kleine Lügen dürfen sein, oder?).

Das wäre ein gutes Schlusswort gewesen. Aber mit Lügen ist es ja so, dass sie einen verfolgen und dabei immer län gere Beine kriegen – oder Nasen? Egal, jedenfalls ist die geschlechtsspezifische Hilfestellung, die sich hier auf Krücken aus meiner Tastatur geschlichen hat, nur eine Momentaufnahme des Geschehens. Denn die Gesellschaftspsychologen sind häufig längst viel weiter als die Wissenschaft. Sie reden von sich ständig verändernden Werten und Normen, von einander widersprechenden Stereotypen und unerfüllbaren Anforderungen an Männer wie an Frauen.

Andere weisen darauf hin, dass eine Identität nichts mit den Genitalien zu tun habe; dass für Transgender, Homosexuelle oder Transvestiten längst ganz andere Regeln (oder Nichtregeln) gelten; dass das »Ich« keine Frage des Namens, sondern der Persönlichkeit sei. Und deswegen gebe es sowohl ein biologisches als auch ein »soziales Geschlecht«.

Also, wenn das so ist: Ich vermute (kein Spott!), in mir steckt ein Mann, der Männer liebt und Frauen klasse findet, ohne sie zu begehren. Irgendwie tuntig ist er auch. Muss ich jetzt ein Problem haben, weil ich zufällig eine Frau bin, in der ein tuntiger Bi-Mann steckt? Oder ist das normal? Da bin ich unsicher und erhöhe hiermit feierlich den Prozentsatz.

17. Kapitel

Stimmt doch – oder?
Subjektive Annäherung an Klischees

Wie ein Mann isst, so liebt er. So wie sie sich anzieht, legt sie es doch drauf an. So wie er tanzt, ist er im Bett. So wie er Auto fährt, ist er zu Frauen. Wie die Nase eines Mannes, so … Wie die Oberlippe einer Frau, so …

Schnickschnack. Es gibt allerdings nichts Schöneres, als über Klischees und angestaubte Schubladen zu tratschen und sich so seine Gedanken zu machen. Einiges stimmt ja wohl auch – wollen uns Psychotherapien oder Erfahrungen jedenfalls glauben machen –, anderes ist so an den Haaren herbeigezogen, dass man sich fragt, ob wir alle nicht kleine Scherzbolde sind, haha.

Seine Nase
NEIN, die männliche Nase sagt nichts über den Umfang oder die Länge seines Penis aus. Wie denn auch? Die beiden stehen in keinerlei kausalem Zusammenhang! Falls Sie also wirklich wissen wollen, wie es unter der Hose aussieht: Schmal gebaute, sehnige Männer haben oft einen recht langen. Muskelprotze – meist die künstlichen aus dem Fitnessraum – sind eher durchschnittlich bestückt. Oft wird das Stückchen nicht länger, als es sowieso ist – nur größer. Natürliche Muskelmänner können leider nicht in Kategorien eingeordnet werden: mal groß, mal normal, mal mini. Ach, was soll's: Wenn es Sie so brennend interessiert, gehen Sie einfach mal nachschauen. Überraschungen gibt's sowieso

immer bei denjenigen, bei denen man es am wenigsten erwartet hat.

Ihre Oberlippe

Irgendeine Mär sagte mal: Wie die Lippen einer Frau, so sei auch ihre Vagina gebaut. Wozu sollte das so sein? Es ist nicht so. Ein weiteres Vorurteil allerdings entbehrt wohl einer gewissen Wahrheit nicht: Frauen mit sehr schmaler Oberlippe sind anstrengend. In dem Sinne, dass sie ziemlich ich-betont sind, stur auf Prinzipien beharren, wenig Sinn für Sinnlichkeit besitzen. Zumindest nach den Aussagen eines »Frauenkenners« und mehrerer anderer männlicher Befragter sei das tatsächlich so. Hm. Schneller Blick in den Spiegel – nein, ich bin verschont von Schmalheit, wenn auch launisch.

Aber wenn schon auf der weiblichen Lippe kess heruminterpretiert wird – wie steht es eigentlich mit seinem Mund? Bedeuten aufgeworfene, sinnliche Männerlippen, dass er ebenso sinnlich ist? Und schmale, kleine Lippen, dass er ein psychopathischer Obenlieger ist? Auch nach bedeutsamen Testreihen mit zahlreichen Schmal- und Üppiglippern lässt sich nur eines mit Gewissheit sagen: Die mit mehr Mund küssen gern auf Zunge.

Tja, das hätte ich jetzt auch nicht erwartet.

So wie er Auto fährt

Kommen Raser zu schnell, sind Ampelschleicher langweilige Spießer, Riesenauspufffreaks öde Missionare mit Minipli? Klares Jein. Die Art und Weise, wie einer Auto fährt, lässt nur bedingt Rückschlüsse auf seine Art zu lieben zu. Natürlich kann es sein, dass jemand, der rücksichtslos oder aggressiv fährt, auch entsprechend eindimensional im Bett ist. Von vorn, von hinten, abspritzen. Ach, sie will auch was davon haben? Soll erst mal rückwärts einparken lernen.

Zum Glück sind aggressive Fahrer, falls sie überhaupt auch auf dem Laken dauernd auf der Überholspur heizen, besonders eines: lernfähig. Nichts ist für sie geiler, besser, als der Gegner zu sein – also, der vorhergehende Lover.

Für ewige Mittelspurfahrer oder solche, die andere liebend gern erziehen (blinken, überholen, streng angucken, blinken, rüberziehen, noch weiter rüberziehen, auf gleicher Höhe fahren ...), kann natürlich gelten, dass sie auch im Bett die Führung behalten wollen. Könnte man meinen. In Wahrheit ist es eher so, dass jene Kollegen leicht außer Fassung geraten, wenn man ihnen etwas »Verbotenes« vorschlägt. Es macht sie zwar irgendwie an, aber sie kommen mit ihren eigenen sexuellen Untiefen nicht zurecht.

Ampelanschleicher, Verkehrsregelngläubige, Parkhausparker: Sie sind so leidenschaftlich wie eine Abgasbroschüre. Könnte man ja mal so behaupten, nicht? Die Crux ist: Jede Frau lästert über so einen Kerl, die wenigsten geben allerdings Auskunft, wie er denn nun ist, im Bett, so. Weil sie entweder

a) nicht mit ihm schlafen oder
b) es zwar getan haben, sich aber schämen, dass sie es getan haben, oder
c) den Deppen auch noch geheiratet haben.

Rein subjektiv betrachtet, gehört er wahrscheinlich zu der Kategorie Mann, die zwar gern Sex hätte, wenn er nur keimfrei, ungefährlich, leise und bloß der (ehelichen) Fortpflanzung dienlich wäre.

Gemein, was? Tja, so sind wir Frauen.

So wie er tanzt

Klar. Und so viele Finger, wie er gleichzeitig bewegen kann, so oft kann er auch hintereinander kommen.

Ein gewisses Rhythmusgefühl ist schon klasse. Beweglichkeit in den Hüften auch. Ein sexy Dancer fühlt sich wohl in seiner Haut, das schon – aber ob er es der Dame genauso sexy besorgen kann? Definitiv: nein. Für seine Lust sorgt er auf jeden Fall, ob er sich auch um die ihre kümmert, hängt vom jeweiligen Typus Mann und Liebhaber ab. Dazu muss er nicht tanzen können.

So wie er isst

Schnellesser = Schnellspritzer, Trödelpicker = Ewighinauszögerer?

Ja und nein. Langsamesser sind tatsächlich eher von der Sorte langatmiger Liebhaber. Das kann gut für die Ausdauer sein, aber auch schlecht für die Sache an sich: Es dauert ewig, bis er zur Sache kommt, es dauert noch länger, bis er kommt – aber es dauert selten wegen der Qualität, es dauert, weil es dauert. Superschnellesser sind zwar leidenschaftlich, aber man muss aufpassen, wenn sie erst mal drin sind: Dann geht es rasch. Sehr rasch. Weil sie nur eins wollen: rein damit, fertig werden, satt sein. Macht ja nix: Man kann ihn ja zappeln lassen oder ein ernstes Wort mit ihm sprechen.

Und was ist mit denen dazwischen? Die Das-Beste-bis-zum-Schluss-Aufheber, die Alles-Vermanscher, die Vegetarier und Schlürfer und Beim-Nachbarn-Nascher, die Rumspieler und Gourmets, die Drei-Gänge-Besteller und Von-jedem-etwas-Esser? Oh Mann, das soll doch hier kein Gute-Nacht-Kochbuch werden! Aber gut, hier der gänzlich persönlich gefärbte Schnellkochtopfdurchlauf (die Bewirtungsquittungen gehen an den Verlag):

»*Das-Beste-bis-zum-Schluss-Aufheber*«: Langes Vorspiel, genussvolles Explodieren, kein Nachspiel. Ein Genießer, der aber kurz davor gern nur an sich denkt.

»*Alles-Vermanscher*«: Öder Einheitsbrei bei Licht aus. Bisschen schwer zum Triebhaften zu bringen.

Vegetarier: Oh Gott. Fleischlos glücklich und aus dem Mund riechend. Nee, danke.

Schlürfer: Wenn genussvoll, dann Asiate. Wenn einfach nur unerzogen (einhergehend mit sonstigen Schmatz- und Grunzgeräuschen), dann triebhaft bis aufs Blut, aber leicht unästhetisch dabei. Wollen Sie das?

Beim-Nachbarn-Nascher: Potenzieller Fremdgeher, neugierig auf Neues, offen für exotische Experimente.

Rumspieler: Hält selten eine angefangene Sache bis zum Ende durch – außer zu kommen, klar. Aber einem Mädchen einen Orgasmus per Hand verschaffen – zu anstrengend. Lieber mal hier, mal da rumpusseln. Braucht Führung.

Gourmet: Hält sich für erfahren und einen guten Liebhaber. Er liebt gegenseitigen Oralverkehr und schaut gern zu. Allerdings ist er in seiner Kultiviertheit manchmal ein wenig, nun ja: langweilig. Quickies sollten für ihn nicht inakzeptables Liebes-Fast-Food bleiben.

Drei-Gänge-Besteller: Solider Liebhaber, vielleicht etwas schwer, wenn er auf einem liegt. Aber zum Glück kein Kostverächter, mit schöner Routine sorgt er fürs Vorher, Währenddessen und Hinterher.

Von-jedem-etwas-Esser: Legt sich ungern fest, lässt sich leicht verführen, wird aber schnell lust- und einfallslos.

Essen-Mäkler: Wer mit Mitte zwanzig immer noch kindische »Das mag ich aber nicht«-Allüren an den Tag legt, die sich von Tag zu Tag oder je nach Tageslaune verändern: Finger weg. Der ist so egomanisch im Bett, da werden Sie keine Freude dran haben.

Hatte ich erwähnt, dass das alles allein aus Beobachtung und Zuhören resultiert? Und dass auch das komplette Gegenteil möglich wäre? Ja? Dann ist ja gut …

So wie sie eine Banane isst,
ein Eis leckt, eine Feige lutscht

Ach je. Manchmal vermute ich, alle Kerle wollen am liebsten eins: dass sie ihn in den Mund nimmt. Und ich ahne, ich habe Recht.

Dann schaue ich mich um und frage mich, ob wir Frauen an diese Sehnsucht denken, wenn wir mit Eis, Bananen oder sonst wie phallusähnlichen Sachen herumhantieren; oder mit Früchten, die so saftig-süffig-tropfend sind, dass man nichts anderes tun kann, als an ihnen herumzunuckeln.

Scusi, wir denken nicht dran. Vielleicht beim Tüteneis vom Eiscafé Venezia, wenn wir die Banane-Erdbeer-Zitrone-Kugeln rundherum so abgeschleckt haben, dass in der Mitte eine Erhebung gegen unsere bereiten Lippen drängt ... Aber nein, nicht wirklich. Nicht ständig. Nur wenn ein Mann uns so anschaut, als ob – und wir bemerken diesen Blick aus dem Augenwinkel, lecken versonnen weiter, als würden wir das nicht sehen, spielen mit der Zunge herum – aber das geht wirklich nur beim Eis. Bananen und Trieffrüchte sind einfach nur Nahrungsmittel, die wir essen, genießen, ohne dabei an einen Penis oder Liebessahne im Gesicht zu denken. Geschweige denn an Obstsalat und Lebensmittelexperimente auf, an und in unseren Körperöffnungen.

Trotz allem gibt es natürlich Beißerinnen: ab in den Mund, draufbeißen, weg; Genießerinnen: auspacken, probieren, lutschen, fühlen, schlucken; Konsumiererinnen: Zähne zeigen und weg damit. Die einen mit Show, die anderen selbstvergessen, die Nächsten leicht beschämt, weil sie wissen, dass er meint, sie könnte wissen, dass er denkt ... wie auch immer. Arg vorsichtigen und verschämten Esserinnen wird zumindest nachgesagt, dass sie auch mit einem Priori eher zögerlich sind. So, und das wollten Sie doch wissen, oder?!

Die Rothaarige, die Blondine, die Brünette

Warum wird eigentlich nie Männern nach dem Schopf gequasselt? Wieso soll es überhaupt so einfach sein, bei Menschen und insbesondere Damen allein von ihrem Äußeren darauf schließen zu können, wie sie sich im Bett verhalten, ob sie treu sind oder welche Vorlieben sie teilen??!! Okay, okay, Rothaarige (natur) kokettieren tatsächlich öfter herum, aber sind auch genauso oft schüchterner, wenn's ums Eingemachte, heißt: Gefühle geht. Blondinen ficken weder besser noch schlechter, wenn wir in dem Jargon des Klischees bleiben wollen, und Brünette sind zum Heiraten auch nicht besser. Interpretieren Sie nicht allzu viel ins Äußere hinein – denn Haare kann man färben, Augen auch, und schließlich: Wollen Sie Ihre Zeit mit der Frisur verbringen oder mit dem Menschen?

Schriftsteller denken sich alles aus/haben alles erlebt

Nein.

Beschnittene Männer sind geiler im Bett

Ja, und Fahrradkuriere haben erbsengroße Hoden.

Na ja, ganz so unplausibel wollen wir das mal nicht stehen lassen. Also: Die Vorhaut, diese süße Mütze, legt sich um die Penisöffnung, schützt die Eichel vor bösartiger Reibung und Infektionen. Immerhin sind in diesen fünfundsiebzig Quadratzentimeter Haut achtzig Meter Nerven verlegt, etwa tausend Nervenenden warten auf Berührungen.

Etwa fünf Prozent der deutschen Männer laufen trotzdem ohne Kopfschutz rum – entweder weil sie eine Verengung haben, die eine Erektion und Sex schmerzhaft werden lassen, oder Diabetiker sind (die neigen wohl häufiger zu Entzündungen); bei den Nächsten schrumpft sie weg, oder Papa hat gesagt: Das lassen wir bei dem Jungen auch machen. Einige lassen es machen, um Infektionen vorzubeugen – dabei reichen Duschen und sorgfältige Reinigung völlig aus, um Smegma vorzubeugen (jaja, das sind diese seltsamen Ansammlungen von überflüssigen Körperhinterlassenschaften). Die wenigsten lassen eine Beschneidung als Erwachsene ausführen – wenn doch, ist häufigstes Motiv dafür die Erhöhung der Lust.

Aber dann erleben viele entweder keinen Vorher-nachher-Unterschied, bei einigen nimmt die Sensibilität ihres Stolzes sogar ab! Das bedeutet: Sie brauchen länger. Was ja auch ganz nett sein kann, aber Schnellkommer werden deswegen noch lange nicht zu ausdauernden Konditionskünstlern. Eine Studie in den USA hat ergeben, dass beschnittene Kerle durchschnittlich mehr Stellungen einnehmen und sich angeblich auch sonst mehr einfallen lassen. Im Ganzen gesagt: Es könnte durchaus sein, dass ein Beschnittener wagemutiger ist. Könnte, wie gesagt. Klar: um ihren gefühlsarmen kleinen Buddy da unten auf Touren zu bringen, versuchen sie alles, was geht …

Sensationelle Vorteile hat eine Beschneidung für ihn überhaupt nicht. Der natürliche Reibungseffekt geht verloren, und Onanieren ohne Hütchen ist für jeden zehnten ohne Gleitmittel ziemlich schwierig. Was vorher von allein rutschte, wird jetzt direkt gerubbelt.

Und die Optik? werden einige Ästhetiker nun aufschreien. Sieht einer ohne Schlupfi schicker aus? Im unaufgeregten Zustand baumelt statt einer Zipfelkappe dann halt das Köpfchen vor sich hin …

Telefonische Blitzumfrage bei Freundinnen: Nun, es geht sechs zu drei aus – für den Unbeschnittenen, was die Optik angeht. Allerdings fanden einige auch den Zipfelschläfer lächerlich – im aufgewachten Zustand allerdings ansprechender als den puren Eichelhacker. Außerdem kann man die Zunge nicht mehr unter die Vorhaut schieben, um schöne Sachen auszuprobieren …

Die Farbe des Nagellacks

Ich frage mich ja, ob man bekifft sein muss, um gewisse Dinge und Ansichten zu glauben oder in die Welt zu setzen. In einer meiner neuen Lieblingspostillen habe ich letztens so eine Farbpalette gefunden, die zum Beispiel farblos Lackiererinnen oder Nicht-Nagellack-Trägerinnen unterstellt, sie würden auf Analverkehr abfahren. Ich frage mich: Wo ist da der Zusammenhang? Was hat die Farbe des Lacks auf den Fingernägeln damit zu tun, wie wir Frauen es gern tun (lassen)? Außerdem: Wir wechseln regelmäßig die Farbe, auch mal nach Klamotte und Mode-Must, also was soll es, Knallrot-Trägerinnen anzudichten, sie würden wild stöhnend Reitersex vor dem Spiegel betreiben und am liebsten scharfe Strapse tragen? Wie kommt es, dass Rosa plötzlich zum Quickieschnicki wird mit Hang zum sexy Gequassel?? Und die Weißmaler einem Dreier nicht abgeneigt sind und auf Toys stehen???

Ist das wieder so eine Redakteurskiste frei nach dem Motto: Lass uns mal schnell einen neuen Trend erfinden? Und dazu »Experten« aus Spanien zitieren, ist ja eh so weit weg? Und warum meinen alle Sexautoren der Billigblätter, Frauen würden total easy megaheiß explodieren in jeder Stellung? Also: definitiver Unsinn (seit Adriane Sommer, eine der Frauen, die ohne Begabung berühmt wurde, »definitiv« zu ihrem Lieblingswort gemacht hat, wage ich nur unter größten Schmerzen, es einzusetzen).

Wer in Sexshops geht, hat es ja wohl nötig

Soll ich mal lachen? Wie wäre es mit 'ner Verallgemeinerung, dass alle Sportler nicht schreiben können? Alle Zehenringträger auf Bhagwan stehen? Also. Wer so was sagt, war, mit Verlaub, noch nie in einem Shop. Da gibt es Videos, Zeitschriften, Kondome, Fingerlinge, Vibratoren, Butterflys, Unterwäsche von schön bis schamlos oder einfach nur zum

Kreischen, Bondage-Sets, Peitschen, Lederpuscheldinger, die so aussehen wie diese Schlagzeugkochlöffeldinger, die so ein streichendes Geräusch auf dem Spannbezug machen und zum sanften Peitschen sind, Gleitgels mit Geschmack, Penisringe, die so dehnbar wie ein Haushaltsgummi sind, Ledermasken, Lackschuhe, Handschellen mit Fellbezug von Rosa über Tiger bis Kuhfellmuster, Stripslips ... es muss nicht immer die Hardcore-Nummer sein, die einen Shopbesuch rechtfertigt. Manchmal geht es nur um das Geschenk für die beste Freundin, die dreißig wird. Oder man fände sich selbst in einem Leder-BH ganz nett. Oder man will wissen, ob die unten offenen Slips wirklich eine gute Idee sind. In Hamburg kann ich übrigens den Laden auf der Reeperbahn 61 empfehlen. Klein, übersichtlich, und die Bedienung freundlich, ohne Schmierigkeit. Das ist ja meist das Problem: Die Leute hinterm Tresen schauen dich entweder gar nicht an, oder du spürst die Blicke im Rücken und fühlst dich beschämt.

Zudem gehört Mut dazu, sich da in Ruhe umzusehen und nicht gleich wieder schamesrot zu flüchten. Schauen Sie sich doch mal um, nehmen Sie ein paar Noppenpräser mit, und probieren Sie sie aus. Dafür wurden sie erfunden. Für normale Leutchen wie Sie und mich. Und natürlich haben wir es nötig: Liebe, Erotik, Neugier, Lust. Was für 'ne Frage!

18. Kapitel

Die Waffen der Frauen

Wie, Pumps? Lippenstift? Miniröcke? Ach herrje, für wie beschränkt haltet ihr uns?

Es gibt so viele niedliche Fallen, die wir Frauen Männern stellen. Nicht, um ihnen wehzutun (nur manchmal). Auch nicht, um sie vorzuführen (das nur aus gutem Grund). Sondern um das Leben zu erleichtern, es spannender zu machen oder den Kerl auf Vordermann zu bringen.

Das ist bei Jungspunden natürlich um einiges einfacher. Die werden ja schon kirre, wenn man einigermaßen ludermäßig angezogen daherstiefelt und ihnen lässig auf dem Bett liegend weismacht, dass man keine Beziehung, sondern nur eine erotische Begegnung sucht. Und dazu rascheln leise die bestrumpften Beine mit 15 den.

Kicher! Zwar ist die Crux der Beziehung oft so: Männer gaukeln Liebe vor, um Sex zu kriegen. Frauen gaukeln Lust vor, um Liebe zu erhalten.

Aber manchmal, liebe Männer, sind wir berechnend, zielgerichtet und wissen genau, was wir tun. Wir wissen, wann wir flüstern sollen. Wir wissen, wann es ein forscher Ton besser tut. Wir fallen nur dann in liebe, süße, leise Kleinmädchensprache zurück, wenn wir etwas Bestimmtes wollen. Und das kann Sex sein, Zärtlichkeit, Instinkte wecken.

Ja, so was tun wir – auch wenn wir gleichzeitig unabhängig, zynisch, großverdienend und natürlich sind. Trotz der großen Gleichstellungsfrage vermögen wir die Waffen der Frauen so einzusetzen, dass sie nicht wehtun, aber wirkungsvoller sind als ein Leo 3. Das ist überhaupt kein Widerspruch – vielleicht spielen wir im Lauf der Jahre nicht mehr so oft, weil es nicht nötig ist oder anderes uns mehr fesselt. Aber wir verarschen euch zu gern ein weniglich.

Hätte ich das jetzt nicht zugeben sollen? Andererseits: Wir setzen unsere Fähigkeiten selten dort ein, wo jemand einen Nachteil davon hätte (es sei denn diese blöde Zicke da drüben am Nebentisch, die dauernd rüberglotzt, als sei mein Mann der Einzige auf der Erde), und wir vereinen Kumpel, Dame, Luder, Herrin und Schwester in uns – versucht gar nicht erst, uns auf ewig zu durchschauen.

Zudem sind wir alle noch nicht mal gleich – ich könnte tausenddreiundvierzig Frauen befragen (das wäre dann »repräsentativ«) – und bei der Nächsten, die Sie als Mann treffen, wäre doch alles ganz anders als bei allen anderen.

Wie ich überhaupt drauf komme, dass eine Aufklärung in Sachen durchtriebene Weiber nötig wäre? Durch bitterlichste Beschwerde meines Lieblingspraktikanten T., süße dreiundzwanzig. Der fragt mich allen Ernstes so Sachen wie: »Anne, stell dir vor: Ich geh mit einem unglaublich süßen Mädchen aus. Sie kommt an meinen Ellenbogen, als ich so mein Alster trinke. Schwupp, auf die Hose, die gute auch noch. Sie kommt hektisch mit einem Tuch an und reibt, was das Zeug hält, dass mir ganz anders wird. Und dazu murmelt sie Sachen wie: ›O, wie kann ich das nur wieder gut machen? Ach, ich wüsste schon, wie, T. Für dich würde ich das bestimmt tun.‹ So, und ich Depp steh da und frag mich: Ist das eine Anspielung?«

»Tja«, fragte ich ihn, »was denkst du?« Und er sagte: »Weiß nicht, so was gibt's doch nur im Film«, und ich sagte: »Willkommen im Kino.«

Oder letztens, als die Freundin seiner Exfreundin bei T. zu Besuch war – um für die Hausarbeit zu pauken, ja klar, warum sonst kommt sie in hohen Stiefeln und Mini und einer Masse Make-up; noch dazu am Nachmittag? –, da packt sich also dieses süße Kind aufs Bett der winzigen Einzimmerwohnung, raschelt ein wenig mit den Nylons und lässt butterweich in die sanft dahinplätschernde Kommunikation über politische Medienarbeit einfließen, dass sie für Sex keine Beziehung braucht. »Anne, was meint sie damit? Sollte ich ... oder lieber nicht ... und was ist, wenn sie trotzdem verliebt ist ... ähm, und sie hat so leise geflüstert, fast wie ein Miauen, hat sie auch, so ist sie sonst nie, nur wenn wir allein sind! Hilfe!«

Ich riet ihm ab, leise in mich hineingrinsend. Zu kompliziert, vor allem mit der Verbindung zur Exfreundin und der gemeinsamen Hausarbeit fürs Studium. Ach nee, don't fuck for the company.

T. ist wie gesagt dreiundzwanzig – erst mit dem Alter kommt die Erfahrung, mit der man einschätzen kann, wann ein Blick was zu bedeuten hat und welche Aufforderung bestimmt nicht dahinter steckt.

Da wir Ladys ja schon auf Grund unseres familiären Backgrounds darauf getrimmt sind, über das Wort zu verteidigen, zu manipulieren, zu intrigieren, zu kämpfen, aber auch zu verbinden, fällt es uns natürlich auch leichter, Jungs zu überlisten. Okay, ich sag's, wie es ist: übern Tisch zu ziehen. Zu verarschen. Zu verunsichern. Während die nämlich weniger in feinsinnigen zwischenmenschlichen Psychospielchen geschult worden sind, sondern lernten, zuzuhauen, der Schnellste zu sein oder möglichst laut zu sprechen, sind wir trainiert auf Nuancen. Wir durchschauen bei einer Frau schneller, was sie will oder nicht – Jungs und Kerle brauchen dafür scheinbar ewig. Wir können sagen: »Hey, du toller Typ, gut siehst du aus«, und denken dabei trotz strahlendsten Lächelns: »Was für ein dämliches Wichserarschloch.«

Doch die Waffen der Frauen sind nicht immer link, wie es jetzt vielleicht den Anschein hat. Bewahre, nein! Aber wir tuschern gern ein wenig herum. Sind gezielt launisch und nicht zu fassen, spielen mal widerspenstig, mal Luder – und, Gott sei es gedankt, können herumkokettieren, bis der Arzt kommt. Männer können (dürfen und sollen) das nicht, es sei denn, es sind schwule Tunten. Die haben daran genauso viel Spaß: an Augenaufschlägen, dem in den Nacken geworfenen Kopf zum glockenhellen Lachen, den angefeuchteten Lippen, den großen Augen, den wie zufällig leicht gespreizten Beinen, dem flüsternden, verheißungsvollen Wispern schlimmer Kleinigkeiten, Schnurren, Purren – und mal eben kräftig fluchen, damit der Typ nicht denkt, er hätte sich einen poussierenden Flokati eingehandelt. Frauen sagen mal »Vielleicht« und meinen »Ja«, sagen »Nein« und denken dabei über ein »Vielleicht« nach. Oft genug ist Ja allerdings Ja, und Nein ist auf jeden Fall immer Nein, es sei denn, sie will es wenige Minuten später doch anders.

Ich liebe es, als Frau auf die Welt gekommen zu sein – und Glück gehabt zu haben, in ein Land hineingeboren zu werden, wo, im Vergleich zu vielen anderen Ländern der Erde, die Frau nicht als Mensch zweiter oder dritter Klasse behandelt wird. Aber so sehen das nicht alle deutschen oder europäischen Frauen: Gerade mal achtundsiebzig Prozent wollen im nächsten Leben wieder eine Frau sein – der Rest kommt lieber als Mann oder als Tier wieder auf die Welt. Als Tier! Was soll an der Filzlaus so spannend sein, außer dass sie innerhalb weniger Sekunden das Geschlecht wechseln kann …

Ahh … ein Witz. Ja. Bisschen grübeln, und dann ist er ganz süß, der Filzlausjoke.

Ich liebe es, weil diese Waffen für uns offen sind: kokettieren, herumtun, sich winden und aalen und unfassbar sein. Mit Dessous und Farbe und anderem modischen Spielkram herumprobieren. Straps oder nicht, Korselett oder nicht, hochgeschlossen oder nicht, rückenfrei oder Combathose. Sexy oder praktisch, natürlich oder verführerisch. Theoretisch hat jede Frau alle Möglichkeiten, sich so zu geben, wie sie ist – was wiederum bedeutet, von Tag zu Tag wechselnd.

Ach so, Sie sind ein männlicher Leser? Sie wollen diese Was-fühl-ich-mich-wohl-als-Frau-Tirade nicht länger lesen, halten das alles für Zeilenschinderei? Ach je, es würde Ihnen zumindest einen Minieinblick in unsere komplexe Psyche bieten, umsonst und drinnen.

Aber gut. Sie wollen durchschauen, parieren, sich ein Duell liefern können und am liebsten dabei gewinnen.

Nix da. Gewinnen: no way. Für ein Duell sind wir immer zu haben, aber da es dabei weder um Siegen noch um Verlieren geht, sondern beide was davon haben, müssen Sie als Kerl erst Ihre Einstellung überdenken, bevor Sie das Spiel mitmachen.

O, das ging aber schnell. Na gut. Einfaches Experiment, um Sie als Mann auf Frau zu trimmen (das muss sein, wenn Sie die Waffen verstehen wollen): Sie sind ab jetzt schwul. Stockschwul. Schwuchtelig, um genau zu sein. Stellen Sie sich weiter vor, Sie als Schwuler sind der beste Freund von Ihrem Hetero-Ich. So. Und Ihr Hetero-Ich erzählt jetzt Ihrem Schwulen-Ich, auf was es alles bei Frauen so steht, und der Schwule erzählt Ihnen, was er an Ihnen ganz toll findet. Das könnte dann so laufen (bitte nicht den näselnden Unterton vergessen):

»Hallo, Schätzchen, du siehst ja heute etwas daneben aus mit deinem merkwürdig ungebügelten Crossoverhemd. Mag ja sein, dass eine Frau so was gern bügelt, aber ich würd dich nicht mal mit der Kneifzange anfassen.«

»Ach, was du nicht sagst, Homolette. Dabei hat mir Tina

erst letztens gestanden, dass sie dieses Hemd liebt! Sie sagt, ich seh darin ganz männlich aus.«

»Soso, Tinalein, die kleine geile Sau. Die würde es doch auch fürn Schluck Cola machen, mein Großer, darüber musst du dir im Klaren sein. Hat sie ihn denn jetzt mal in den Mund genommen oder was?«

»Was geht dich das an? Okay, die wenigsten Frauen schlucken, das muss so ein Liebesbeweis bei denen sein, oder etwa nicht?«

»Haaach, Liebe? Nein, das ist einfach so schleimig! Ich mach so was ja, wenn du mich mal lassen würdest … aber gut. – Und, was meinst du, wird Sybille uns heute anrufen?«

»Sybille? Ich weiß nicht. Sie sagte, ich ruf dich morgen an, und das war vor drei Tagen. Gut, dass du mich dran erinnerst, ich hatte sie ganz vergessen. War ja auch im Stress.«

»Stress? Bist du wahnsinnig, mein hübscher Volltrottel? Du kannst es vergessen. Sie wird nicht anrufen, weil du sie nicht angerufen hast! Und überhaupt, ich habe heute einen G-String in der Sofaritze gefunden!«

»Hm, ja, also … Mist. Und der G-String war von Margot. Sie hat ihn ausgezogen, mir in die Hand gedrückt und gesagt: ›Denk an mich.‹ Dann ist sie gegangen.«

»Uuund?«

»Was uuund?! Hätte ich ihn mit in die Buntwäsche tun sollen?«

»Ach, Herzchen, an-ru-fen. Wieso hast du sie gehen lassen?«

»Sie hat nicht gesagt, ich soll anrufen.«

»Ohhh, Mann …«

Ja, so oder so ähnlich. Der Schwule vertritt die weibliche Seite in Ihnen (weil Sie eine Frau ja noch weniger nachahmen könnten als keifend oder flüsternd, superöde), der Superhecht in Ihnen versucht sich zu verteidigen. Versuchen Sie es einfach mal und stellen alles in Frage, was Sie jemals mit einer Frau erlebt haben, oder, andersrum, nehmen Sie alles für bare Münze. Zum Schluss werden Sie so verwirrt sein, wie eine Frau unterschiedlich sein kann. Dann haben Sie den Zustand erreicht, den wir im Allgemeinen als kokett bezeichnen. Allerdings haben wir ihn unter Kontrolle.

So. Und nun zur Praxis. Wir wissen ja alle, dass die wenigsten Beispiele im wahren Leben noch mal passieren werden – also gehen Sie davon aus, dass Sie selbst jede Situation da draußen stets unabhängig beurteilen müssen und es nicht nützt, diese Seite auszuschneiden und ins Portemonnaie zu stecken.

Machen Sie einfach diesen kleinen Test, und finden Sie heraus, ob Sie den Waffen der Frauen widerstehen können, wollen oder einfach zu verspannt sind, um auf das Spiel einzugehen.

1. Sie treffen sich mit einer Frau, die an diesem Tag besonders gesprächig ist, Sie ab und an an der Schulter berührt, Sie anlacht, Grübchen zeigt und immer dann nickt, wenn Sie »Ich« sagen.
   Sie denken:
   a) Ach, Mensch, die ist ja lustig!
   b) Will die was? Und wenn ja – was bloß, zum Teufel?
   c) Die bringe ich nachher nach Hause und leg sie flach.
   d) Das könnte der Beginn einer interessanten Begegnung sein.

2. Sie haben beim After-Work-Clubbing, zu dem Sie eigentlich nicht hingehen wollten, weil da nur Pseudoyuppies und junge Sekretärinnen rumflippen, Blickkontakt aufgenom-

men mit einer Frau, die engen Rock und enge Bluse trägt, hohe Schuhe, außerordentlich vergnügt ist, aber immer dann aufhört zu lachen, wenn sie Sie anschaut.

Sie denken:

a) Was lacht die denn so laut?

b) Irgendwoher kenn ich die doch. Oder doch nicht?

c) Schon wieder eine Sekretärin, die sich hochbumsen (lassen) will.

d) Wenn sie noch mal schaut, geh ich einfach mal rüber und mach eine Grimasse, die sie wieder zum Lachen bringt.

3. Sie bekommen Besuch von einer Arbeitskollegin, die irgendwie ganz anders aussieht als im Büro.

Sie denken:

a) Aha, so sieht also der Freizeitlook aus, na ja.

b) Hat die sich für mich etwa hübsch gemacht?

c) Wenn ich die ficke, hab ich nur noch Stress.

d) Sollte ich da bisher etwas übersehen haben? Mal hören, ob sie auch sonst persönlicher wird.

4. Ihre Freundin hat im Schlafzimmer Kerzen angezündet, nestelt auffällig oft an ihren Sachen herum und hat die Fernbedienung versteckt.

Sie sagen:

a) Schatz, gleich kommt aber »Heat« im Fernsehen.

b) Bisschen warm hier, nicht?

c) Was hast du denn da an? Wird das hier jetzt die große Verführungsnummer oder was?

d) Komm her, du geiles Tierchen, küss mich, und dann bringen wir ein paar Kerzen zum Schmelzen.

5. Eine leckere Frau sagt Ihnen, dass sie Sie klasse, herzenswarm, sexy, schlau und schön findet.

Sie antworten:

a) Sollst du lügen?

b) Äh, ja, geht mir bei dir auch so.

c) Tja, Baby, dann bin ich ja wohl die beste Erfahrung, die du dir wünschen kannst.

d) Sie sagen gar nichts und küssen sie lange und zärtlich und zum Schluss heftig. Dann lassen Sie von ihr ab, schauen ihr in die Augen und sagen: »Danke.«

6. Eine Frau bereitet Ihnen ein köstliches Mahl. Und das nicht nur einmal, sondern immer mal wieder. Morgens, abends, macht mal hier, mal da ein Brötchen, immer liebevoll arrangiert und köstlich.

Sie denken:

a) Wieso »denken«? Ist doch normal.

b) Die will mich doch nur mästen, damit ich dicker werde und andere Frauen sich nicht mehr für mich interessieren.

c) Ey, die Alte ist voll geil. Kannst ficken, und danach macht se wat zu essen. Superbequem, das.

d) Für diese nicht selbstverständlichen Aufmerksamkeiten könnte sie glatt lebenslänglich von mir bekommen.

7. Sie liegen mit einer Frau im Fummelclinch, aber sie will sich nicht recht hingeben. Sex ist wohl nicht, aber heiß ist sie.

Sie denken:

a) Na ja, erst anmachen und dann stehen lassen, typisch.

b) Sie spielt nur mit mir.

c) Das kleine Luder will es doch, also geb ich es ihr.

d) Wenn nicht heute, dann bald, und so lange werde ich sie weiter befummeln, bis sie sich willig ergibt.
Macht ja auch mich an, schau an.

8. Sie gehen das erste Mal mit einer interessanten Frau aus.

Als Sie von der Toilette wieder kommen, bemerken Sie, dass ein weiterer Knopf ihrer Bluse geöffnet ist.

Sie denken.

a) Ahh, Vorspiel beginnt.

b) Kann sich auch nicht richtig anziehen, tss.

c) Aha. Ficken willse.

d) Hmm. Nur für mich? Ich liebe dieses Spiel.

So, und nun zur feierlichen Auswertung, wobei doch sicher jeder gemerkt hat, wie durchschaubar diese Fragenummer ist. Hauptantworter **D** ist eindeutig eine Frau oder mein Kerl oder jemand, der das Spiel begriffen hat.

C scheidet völlig aus, solche Leute trifft man im »Pupasch« und erinnert sich tags drauf nicht mehr an diese grässlich verschwitzten, ungelenken Hände, die keine Ahnung haben, was sie da tun.

A und **B** sind leicht daneben und tendenziell verunsichert, können aber schnell mit direkten Signalen rumgekriegt werden.

Was sagt uns das nun? Tja, ich denke, ich habe eigentlich überhaupt nichts von den Waffen der Frauen verraten, und das ist auch gut so, sonst würden wir jetzt ziemlich dumm dastehen.

19. Kapitel

Wenn Kopf auf Herz trifft.
Wird er oder sie mir auf Dauer genügen?

Meine Maus quietscht, habe ich gerade festgestellt. Aber das will ich gar nicht sagen. Ich denke gerade an Zweifel. Gesunde Zweifel, die sowohl treffsichere Selbst- als auch Fehleinschätzungen in sich bergen, Geschwätz von Freunden und die Macht der Klischees.

Kurz: Frau trifft Mann. Frau ist intellektuell, Mann ist Zimmermann. Oder: Mann trifft Frau. Mann ist Manager, Frau ist Floristin. Kann das gut gehen?

Ja. Nein. Weiß nicht.

Manchmal können gerade Menschen, die aus scheinbar so weit entfernten Kreisen kommen, extrem wunderbar miteinander harmonieren. Weil sie sich gegenseitig etwas geben, das ihnen ihr Umfeld nicht bietet. Da bekommt die Intellektuelle endlich die Herzenswärme und prinzenhafte Aufmerksamkeit, die sie sonst erst hätte ausdiskutieren müssen. Da erlebt der handwerkende Bodenständler, dass es faszinierend ist, in eine Welt der Literatur, Kunst, Musik oder Philosophie einzutauchen, und entdeckt, dass es ihm liegt.

Natürlich ist es schwierig für solche »unüblichen Paare«, sich zu behaupten: Zweifel werden nicht nur im Umfeld gesät (»Was will er denn mit so einer …«, »Wird er ihr länger als ein Jahr genügen …«, »Das ist doch nur Sex, zu sagen haben die sich bald eh nichts mehr«), sondern auch wenn die beiden Welten auf Partys, Veranstaltungen, Essen mit ihren oder seinen Freunden aufeinander prallen. Jeder schaut dann: Wie macht sich der Artfremde denn? Sagt er was Falsches? Offenbart sie Unwissen? Trumpft er mit Halbbildung auf? Weiß sie sich zu benehmen?

Ganz, ganz falsch. Vor allem zu Beginn einer jungen Beziehungspflanze muss man es sich nicht noch schwerer machen. Wozu also die neue Eroberung aus dem anderen Milieu vorführen und bewerten lassen? Wer bildet sich ein, so etwas zu können? Die Gefahr ist doch auch, dass jeder selbst überkritisch reagiert. Die Chancen schmälert. Die Unsicherheit beim anderen erhöht, wenn man meint, ihm alles und jeden aus der eigenen Welt plötzlich nahe bringen zu sollen oder erklären zu müssen.

Ein gegenseitiger Austausch ist sicherlich wunderbar; wahrscheinlicher als ein völliges Gleichgewicht ist aber, dass einer mehr in eine neue Welt hineingezogen wird als der andere. Das Wechselspiel von Mitziehen, Mitmachen und Aufzeigen anderer Formen des Erlebens kann eine wunderbare, aber auch eine gefährliche Herausforderung sein.

Wenn der Manager es nach all den Jahren leid geworden ist, die Welt immer wieder neu zu erklären, ohne dass Begeisterung kommt. Wenn die Intellektuelle festzustellen meint, dass nur sie etwas gibt, aber nichts erhält. Wenn man vor lauter gegenseitigem Abstimmen und Auf-den-Stand-Bringen erschöpft ist.

Aber was soll's: Nicht jeder kann jeden Film gesehen haben und darüber diskutieren. Nicht jeder weiß, wie Parkett verlegt ist oder dass Dieselmotoren anders ticken.

Es gibt Unterschiede, die auf den ersten Blick als Hemmnis wirken, als zusätzliche Belastung statt als Geschenk. Aber die Liebe verbindet, und niemand sollte sich von vornherein abschrecken lassen.

Okay. Auf der anderen Seite muss jener, der sich mitreißen lassen will von der neuen Gefühls- und Wissenswelt, sich auch bemühen. Das ist die Regel, und er muss da durch. Die Angst, wegen vermeintlicher Unkenntnis, uneleganter Sprache oder eines unspektakulären Berufs nicht zu genügen oder nicht ernst genommen zu werden, ist natürlich groß. Darüber sollte sich vor allem jener im Klaren sein, der mitziehen möchte (wieso eigentlich – schämt man sich sonst eines Menschen, der nicht weiß, wer Cocteau, Cousteau oder Chabrol ist? Ich weiß es auch nur mit Nachschlagen), damit er nicht zu schnell die Geduld verliert und seine Begeisterung verpufft.

Ein häufiger Fehler ist, die bisherige Lebensweise des anderen zu kritisieren: Ja, ihr Beamten, ihr habt doch keine Ahnung, wie nett eine Vernissage sein kann. Jaja, ihr Redakteurstussen, wisst doch gar nicht, wie es morgens auf dem Blumenmarkt zugeht.

Könnte so was bitte außen vor bleiben? Der Mensch ist so, wie er ist. Sie haben sich verliebt, und wenn Liebe auch nicht alle Grenzen überwindet, so ist sie dennoch das Mittel, nicht auf jemanden herabzusehen. Tun Sie das niemals, falls Sie mal in diese Situation kommen.

Sehen Sie sich beide als Kreise, die sich an einer Stelle überlappen. Diese Stelle wird nach und nach größer – aber niemand sagt, dass Ihre beiden Kreise jemals perfekt übereinander passen müssen. Dann hätten Sie sich nämlich so sehr einander angepasst, dass da etwas nicht stimmen kann. Sie müssen keine größtmögliche Übereinstimmung besitzen, um eine Liebe zu leben. Es reicht, wenn Sie sich dieses kleinen Stücks sicher sind.

Natürlich erleichtert es das Leben ungemein, wenn man viele gemeinsame Interessen hat, unabhängig voneinander gewachsen, auf dass nicht nur einseitiger Austausch stattfindet. Aber hat irgendjemand behauptet, Liebe wäre einfach?

Eben.

Deswegen akzeptieren Sie Unsicherheiten bei demjenigen, der »nachzieht«, und genauso Ungeduld oder Zeichen des Unverständnisses bei jenem, der Sie begeistern will.

Bei der Gelegenheit will ich noch mal meine Eltern ins Spiel bringen: Er war Schutzmann, sie Barwirtin mit Hang zum Luxus und zur Wissenschaft. Nach einer Razzia verliebten sie sich, und das war vor mehr als achtunddreißig Jahren. Er lernte, nachts zu leben, Gewohnheiten abzustreifen, sich Regeln zu widersetzen und Spaß an Bildung zu haben. Sie lernte, dass es verboten ist, ohne Führerschein zu fahren, und dass Nichtstudierte eindeutig mehr Herz haben. Das macht mir Hoffnung.

20. Kapitel

Was Männer alles (nicht) wollen

Was will der Mann? Es gab mal eine Zeit, da hätte man fast annehmen können, dass alle nur dasselbe wollen: regelmäßigen Sex, aufregend, aber nicht zu anstrengend, jemand, der für sie kocht und dafür sorgt, dass sie nicht im Müll ersticken, ein paar nette Gespräche, die so ein gutes Gefühl hinterlassen, unkomplizierte Wesen, die fördern, aber nicht überfordern.

Oder so. Und dazu heiße Dessous, schmutzige Wörter, allzeit bereit, aber nur für ihn.

Alles janz anners, wa.

Treu, ehrlich, witzig ... das hatten wir doch schon mal. Aber das ist es auch nicht, was Männer wollen, und leider kann ich nicht alle Millionen Meinungen einholen – doch auch so war meine Umfrage für ein paar Überraschungen gut. Männer sind zwar leichter zu durchschauen als Frauen, aber sie ticken nicht alle gleich, ihre Reaktionen sind unterschiedlich, ihre Wünsche differieren so stark, dass selbst routinierte Verführung oft völlig fehl am Platze ist.

Zum Beispiel ...

... *zur Frage der textilen Erotik:* Nicht alle Kerle empfinden beim Anblick von sündigen Dessous, Strapsen und Spitze, Strümpfen und hohen Hacken Erregung. Einige finden es sogar grauenhaft, wenn sie einen Stringtanga oder G-String aus der Pofalte wurschteln müssen, oder bleiben beim Anblick eines unten zu öffnenden Lederslips völlig kühl und fragen sich nur, ob der Reißverschluss nicht die Härchen einklemmt. Kurz gesagt: Nicht bei jedem zieht die Sexy-Unterwäschen-Nummer.

Wieso nicht?

Was weiß denn ich, aber stattdessen mögen sie:

Den Charme eines edel gealterten Pyjamas. Die natürliche Frische purer, nackter Haut, ganz dicht. Süße einfache, weiße Slips. Vielleicht auch welche mit Wochentagen drauf oder Blümchen oder den Peanuts. Den mädchenhaften Look von Jeans und weißem Hemd mit flachen leichten Schuhen. Das übergroße Hemd aus dem Männerschrank mit heruntergerollten dicken Wollsocken. Den stinknormalen Bademantel. Kein BH. Kein Body (das Rumknötern mit den Druckknöpfen – ach du je …). Fette Schuhe mit Mörderabsatz sind auch nicht der allgemeine Hit, auch nicht modisch einmal hochgekrempelte dunkle Jeans. Dann lieber wieder das Tag-am-Meer-Kostüm mit bis über die Knie gerollten Jeans.

…zur Frage des allgemeinen Looks: Nein, es muss nicht immer Mini sein, hohe Stiefel, eng anliegendes Top, halblange Jacke. Darin sind sich die meisten Männchen einig: Verpackung ist ja gut und schön, aber sie muss zu der Trägerin passen und nicht wie eine Theaterverkleidung aussehen (obwohl: Ist es die eigene Frau, die da so verschärft ankommt, wandelt sich bei vielen der Stolz in eifersüchtiges Besitzdenken. Selbst mir hat mein erster Freund empört den Lippenstift vom Mund gewischt, als ich mich zum Ausgehen fein machte. Ohne ihn, hihi).

Fashion victims werden meist durchschaut, leider bleiben zopfige Wollpullover im Land des spröden Lächelns – es sei denn, er harmoniert mit den herrlich süßen Grübchen …

Sie (die Männer) mögen Hosen, worin sich der Po wölbt, als könne er mal einen Klaps brauchen. Aber der Slip sollte sich nicht abzeichnen! Röcke lieber mit Schlitz als ohne, und anfassen muss es sich gut. Natürliche Stoffe, Kaschmir, Wolle, Seide, Satin, Leder. Jaja, ich konnte es auch nicht fassen, dass es so viele Männer mit Anfassfimmel gibt, da fällt mir immer die Perwoll-Werbung ein.

… zur Frage von Frisur & Make-up: Einigen sind Kurzhaarige ja tatsächlich verdächtig. Wieso schnippelt sich eine Frau ein Symbol der Weiblichkeit ab? Wieso passt sie nicht in das Bild? Ist sie so schnell wie ihre Frisur? Und überhaupt: Haarfarben! Tönungen, Färbungen, dazu Dauerwellen, Ansatzwellen, Entkrausungen – es gibt tatsächlich mehrere ganz Spezielle, die es empörend finden, dass ihnen vorenthalten wird, wie das Weib denn nun wirklich aussieht. Dunkler Haaransatz wirkt auf die wenigsten verführerisch, mehr, als ich vermutet hätte, stehen auf warmes Rot. Weich müssen sie sein, die Haare, zum Anfassen schön, und darin herumgraben wollen sie, ohne erst um Erlaubnis fragen zu müssen. Krätz: »Pass auf, meine Haare!« Ganz scheußlich, finden viele, aber hatten sie das gesucht? Betonfrisuren also bäbä.

Und im Gesicht? Wenn es nach der Masse ginge, so könnte die Puderindustrie bald dicht machen. Nach so mancher verbrachter Nacht sahen sich die von mir befragten Experten einer Frau gegenüber, die am Abend noch ganz anders, oft passabler, weniger oft langweiliger aussah. Herummalen sei auf Dauer nicht der Hit, so die gemeinsame Konsequenz. Zum Ausgehen – ja. Bisschen die Augen betonen – gerne. Aber das Vollprogramm? Da schwor auf Dauer keiner drauf, sieh mal an.

Wieso ich hier nicht darauf eingehe, wie die Traumfrau für die meisten Männer sein soll? Nun, dieses Geschwätz kann ich deshalb nicht verbreiten, weil ich nicht daran glaube, dass es so was wie einen gemeinsamen Nenner für so viele Männer und ihre Sehnsüchte gibt. Sicher, »unkompliziert«, sagen die einen, die Nächsten sagen »tiefgründig«. »Lustig« die Nächsten, »intellektuell« die Übernächsten, und werde ich an der nächsten Ecke fragen, dann wünschen sich die einen ein »schüchternes Mädel«, auf der Treppe da drüben die wollen eine Frau, die sie »fordert und formt und kleine Brüste hat und schräg stehende Augen und gern Apfelkuchen backt«. Ähm, ja. Vorlieben entstehen oft erst bei der Begegnung. Es muss nicht immer die zierliche Blondine sein oder die hoch gewachsene Kurzhaarige.

Außerdem möchte ich vermeiden, dass alle dann losrennen, um so zu werden, wie sie meinen, dass es beim anderen Geschlecht ankommt. Das wäre ja zu einfach, und entspricht nicht der Realität (siehe Anne West Band 1).

21. Kapitel

Noch ein Wort zu merkwürdigen Menschen

Wären Sie von der Hautfarbe eher dunkel, oder, um das Kind beim Namen zu nennen, ein »farbiger« Mensch – würden Sie sich von Ihrem Weißbrotfreund »Schoko« nennen lassen?

Nein, nein, ich meine nicht unter vier Augen und Ohren, sondern direkt, als Rufname, manchmal so laut, dass sich der halbe alte Elbtunnel danach umdrehen würde.

Ich kenne so ein Paar, und ich finde das Weißbrot außerordentlich merkwürdig. Der Versuch ist klar, er will sarkastisch und schockierend wirken, den Rassismus aufspießen – doch das Gegenteil drängt sich auf: erniedrigend, entwürdigend, alles andere als witzig oder progressiv oder harmlos, gerade nicht das Stilelement, um der Gesellschaft den Spiegel vorzuhalten.

Wozu diese wahre Geschichte?

Weil Menschen merkwürdig sind. Da ist das Paar, das so unherzlich miteinander umgeht, dass man sich unweigerlich fragt, ob sie sich überhaupt lieben. Seltsam, beängstigend asexuell.

Da sind all die zynischen Jungmänner, die auf die Straße rotzen. Da sind die, die sich damit brusten, am Wochenende so was von betrunken gewesen zu sein, und die, die es nervt, wenn ihnen jemand sagt, dass sie ihr verdammtes Kifferleben in den Griff kriegen sollen. Die Nächsten würden am liebsten ihre Schwänze auf den Tisch legen zum kollektiven Vergleich, und die Übernächsten haben beleuchtbare

Schrankvitrinen und sind beleidigt, wenn der Höhlenkäse aus ist.

Einige dieser Leben sind das reinste emotionale Katastrophengebiet. Ich unterstelle mal, dass eigentlich jeder Mensch voller tiefer Gefühle ist und dass Freundlichkeit, Herzlichkeit, Wahrheit gut tut, dass die Einhaltung gewisser zwischenmenschlicher Grundregeln nicht spießig ist.

Aber nixen: Schau ich mich um, in meiner Generation, die bald damit dran ist, Kinder in die Welt zu setzen, dann friert es mich. Es kommt drauf an, »neue Leute« kennen zu lernen – und was ist mit echten Freunden?

Wovon, zum Elend, schreibe ich hier überhaupt, ich glaube, ich eiere gerade am Thema vorbei – kein Wunder, es gibt so viele merkwürdige Menschen, die sich und uns und Ihnen das Leben unnötig doof und schmerzhaft machen. Solche, die es mit spitzer Zunge und nebensächlicher Dreistigkeit schaffen, uns zu brüskieren, herabzusetzen, zu ignorieren, und die dennoch glauben, die Größten zu sein. Die selbst in Ehrenämtern versuchen, Karriere zu machen. Die ihren Freundinnen deshalb zum Valentinstag Blumen schenken, weil es sich gehört, nicht, weil sie den Gedanken gehabt hätten, jemanden glücklich zu machen. Solche Menschen, die anderen raten, Verbindungen auszunutzen, solange es geht (Beispiel Jens: »Hey, deine Freundin ist Autorin? Und sie will, dass du bei ihren Storys fotografierst? Geil, Alter, nutz das so lang, wie's geht, aus.«

Hallo?

Oder der andere, Georg, der rät, am Erfolg der besten Freundin zu partizipieren, anstatt neidisch zu sein. Oder Denny, der meint, alle Frauen sind linke Luder, und glücklich wird heutzutage keiner mehr, und jeder betrügt jeden, und Männer sind doof – außer ihm, natürlich.

Weitere merkwürdige Menschen sind auch solche, die nicht danke oder bitte sagen, aber pausenlos für den kleinsten Pups bedankt sein wollen und ständig darüber klagen, wie viel Stress sie haben. Jammer, jammer, klag, klag – aber ein Danke wirst du von ihnen nicht hören, und das beschränkt sich noch nicht mal auf Männer, leider, auch Frauen sind davon befallen.

Was bedeutet das für eine Liebe, Ihre Liebe, Ihren Sex, Erotik und den Weltfrieden allgemein?

Nun, manche Menschen *sind* einfach unerträglich, Anwesende und Lesende weitgehend ausgeschlossen. Solche, die genervt die Augen rollen, wenn man sie bittet, den Müll mit runterzunehmen, wenn sie sowieso da langgehen. Die mit lässiger Selbstverständlichkeit den Weinkeller leer trinken oder sich nach einer Party nicht bei der Band bedanken oder Einwegkameras mitgehen lassen oder sich vor anderen aufbauen und ihnen in den Schritt fassen.

Oder die pausenlos meinen, andere zu kennen und zu durchschauen, und die unter dem Deckmantel der Ehrlichkeit verletzende Bewertungen abgeben (ich kriegte mal nach einem netten Nachmittag eine Mail, in der wurde jede meiner Handlungen, jedes meiner Worte, Lächeln, Stirnrunzeln registriert und mir vorgehalten. Setzen, West, mangelhaft. Was glauben solche Menschen, wer sie sind? Und was ist ihre Intention? Ehrlichkeit bis aufs Messer? Wo bleibt die Zurückhaltung, wo die Toleranz?).

Es gibt auch welche, die erschweren einem das Leben unmerklich, und man sieht ihnen vieles nach, wenn man verliebt ist. Da macht es halt nichts, wenn sie sich etwas aus dem Kühlschrank zu trinken holen, aber nicht mal den anderen fragen, ob er auch was will. Die still und gedankenversunken im Supermarkt an der Kasse stehen und den Partner stets den gemeinsamen Einkauf bezahlen lassen. Die nicht die Tür aufhalten oder in den Mantel helfen, all die Dinge nicht tun, diese kleinen Alltagsproben, die eine

Freundschaft oder eine Liebe erst zu etwas Besonderem machen.

In den Kleinigkeiten zeigt sich der Charakter – etwas Großes wie tausend Blumenblüten aus einem Flugzeug regnen zu lassen ist zwar nett, kann aber jeder. Auf die Bewährung kommt es an, und sei es, dass einer zärtlich unseren bloßen, schlafenden Körper in der Nacht zudeckt.

Dass sie so wenig offen sind für diese Menschlichkeit, dass es ihnen an dieser Prise Aufmerksamkeit mangelt, das macht viele Menschen merkwürdig. Die weigern sich aus unerfindlichen Gründen, gefühlvolle Dinge zu tun, und rufen stattdessen das Jahrtausend des Zynismus, der Coolness, Selbstverwirklichung und Unabhängigkeit aus. Motto: Mich verarscht keiner, ich mach mich nicht zum Affen, auch nicht zum Bedienhansel, ihr verdammtes Kaltgetränk kann sie sich allein holen, und wozu gibt es Automatikverriegelung?

Es gibt auch die, die mit einer Beziehung aufhören, weil ihnen langweilig ist, weil sie keine Lust mehr auf den anderen haben und es nicht gebacken kriegen, wenigstens darüber zu reden. Weitere Merkwürdigkeiten: das Lächerlichmachen vor anderen Leuten; die Belegung mit intimen Schimpfwörtern vor Publikum; eine Verabschiedung ohne Zärtlichkeit; die Beurteilung der Beziehung anderer Leute ohne nähere Kenntnis der Personen; nach erhaltenem Blowjob fragen: »Wie war ich?«; die Reduzierung einer Person auf das eine.

Und natürlich all die Leute, die berühmt werden, obwohl sie nichts können außer: Bumsen mit Containerbewohnern; Shoppen auf Schauspielerrechnung; Präsentieren der Oberweite, sobald eine Kamera auftaucht (solche Leute fangen auch zu grinsen an, wenn die Ampel auf rot ist).

Wahr ist aber auch: Gutmenschen gibt es nicht. Gute Menschen auch nicht. Aber wunderbare, aufmerksame, herzliche, warme Menschen. Die dann allerdings immer jene Persönlichkeiten abkriegen, die wir im Allgemeinen als schwierig bezeichnen. Aber das ist ein Kapitel für sich: Warum manche Menschen sich oft, allzu oft, in jene verlieben, die verkorkst, verdreht und verzweifelt sind. Und dann Psychoanalytiker spielen (oder meinen, sie müssten es) und dabei ihr eigenes Leben vergessen. Aber, wie gesagt, das ist ein Kapitel, ein ganzes Buch für sich. Und ein bisschen was muss ich mir ja aufheben für den dritten Teil dieser Horizontalliteratur.

Genug der Merkwürdigkeiten. Nur ein Wort zum Schluss: Es ist wichtig, den Menschen, den man liebt, auch zu mögen. Um sich auf Dauer ertragen zu können.

Nachspiel

An dieser Stelle könnte ich all jene Personen, Studien, Publikationen, Kollegen, Wellensittiche, Zigarettenautomatenaufsteller und Weichzeichner aufführen, die maßgeblich daran beteiligt waren, mich in Stimmung zu versetzen. Seid herzlich umarmt, besonders du, meine Muse, der mich so inspirierte, dass ich zeitweise nicht zum Schreiben kam.

Genug des Lobes und des Dankes. Lieber noch ein Wort zur Leserin, an den Leser: Viele suchten die Korrespondenz, doch ich scheute mich bei jedem, das Vertrauen, das ihr mir entgegengebracht habt, zu erwidern und den gewünschten Rat zu geben. Bis heute mache ich keine Ausnahme von dieser Regel, und so bitte ich um Nachsicht, wenn Ihre Anfragen unbeantwortet verhallten. Ungehört und ungelesen blieben sie deshalb nicht. Vieles von dem, was Sie mir geschrieben haben, hat mich berührt, verwirrt, nachdenklich gemacht – und zu neuen Kapiteln geführt, die als Antwort auf Ihre Erfahrungen und Fragen taugen könnten. Ich arbeite daran, dem Verlag eine Art Online-Sprechstunde abzuschmeicheln; schaun wir mal, ob es was wird.

Bis dahin noch paar Worte zum Nachspiel: Es wäre wirklich bezaubernd, wenn Kerle begreifen würden, dass wir noch ganz erregt sind, wenn sie sich bereits ergossen haben. Würdet ihr bitte dafür sorgen, dass wir auch was davon haben? Mehr als nur die Freude über euren Höhepunkt, ohne Zweifel ein herrliches Geschenk, aber … ab und an würden sich unser Körper und unsere Seele auch freuen, hättet ihr noch ein weniglich Interesse und Feuer und ebenfalls Freude an unserer Gier. Seid so nett und fasst uns an, hier oder dort, benutzt Hände, Finger, Lippen, und lasst uns nicht wie ein Stück angegessenes Brötchen herumliegen. Wäre das wohl möglich?

In Erwartung eures Bemühens verbleibt herzlichst, eure

Herzlichst
Ihre Anne

FINIS

ANNE WEST

Gute Mädchen tun's im Bett – böse überall

Wer sich traut, hat mehr vom Lieben

288 Seiten

ISBN 3-426-60930-4

»Erotik ist der eingefangene Augenblick. Leben Sie ihn. Trauen Sie sich.«

Entdecken Sie Ihr erotisches Pozential! Anne West macht Mut (und Lust!), neue Gefilde der Sexualität zu erkunden und zu tun, wovon Sie sonst nur träumen. Wer genug hat von der Missionarsstellung, findet in dieser leidenschaftlichen Anleitung tausend Ideen mit Gefühl und einer Prise Risiko. Prickelnde und hocherotische Shortstories machen Appetit auf mehr – ganz ohne »Leistungsdruck« und »Erfolgszwang«. Motto: Erlaubt ist, was Spaß macht – und womit beide Partner einverstanden sind.

Knaur

Dolly Buster
Alles echt!

Durchhänger und andere Höhepunkte

Keine Autobiografie. Keine Anekdoten aus der Kindheit.
Keine Erotikbeichte.

Stattdessen: Dolly und ihre Ansichten über (beziehungsweise ihre Erfahrungen mit) Autogrammjäger und Fans –
Doppelmoral – Männer – Politik – Die Arbeit vor der Kamera – Nackte Tatsachen – Porno-Pannen – Straßenver-
kehr – Das Leben als Promi – Des Menschen bester Freund.
Elegant, geistreich, witzig und ironisch erzählt Dolly Buster
von prominenten Durch- und Abhängern, von Scheinheili-
gen und Heiligenscheinen. Ein großes Lesevergnügen!

»Dolly Buster ist origineller als die Leute,
die über sie lachen.«
Edo Reents in der Süddeutschen Zeitung

Knaur